The Power of Others
타인의 영향력

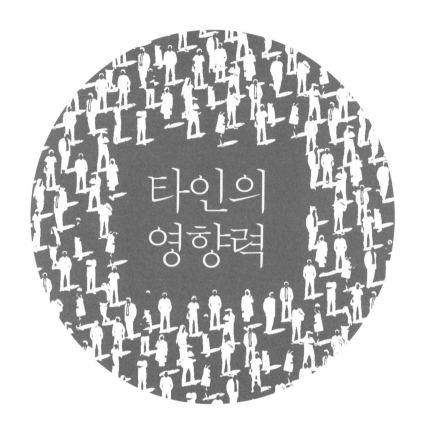

타인의
영향력

그들의 생각과 행동은 어떻게 나에게 스며드는가

마이클 본드 지음 | 문희경 옮김

어크로스

| 일러두기 |
출처를 따로 밝히지 않은 인용문은 모두 저자가 인터뷰한 내용이다.

제시카에게

차례

'그들'을 안다는 것

우리는 자신의 의지대로 삶을 주도한다고 여기지만 대개는 정반대다. 우리가 놓인 상황, 특히 주위에 있는 사람들이 짐작보다 훨씬 더 많이 우리의 생각과 행동을 지배한다.

우리는 삶의 거의 모든 영역에서 남에게 조종당한다. 타인은 우리가 어떤 옷을 입고, 어떤 음악을 좋아하고, 무엇을 먹고(그리고 얼마나 먹고), 누구에게 투표하고, 돈을 어떻게 투자하는지에 영향을 끼친다. 타인은 우리의 심리 상태, 곧 기분과 정서의 변화에 영향을 준다. 나아가 타인은 우리의 도덕관, 곧 선한 행동을 할지 악한 행동을 할지 결정하는 데도 영향을 끼친다.

이처럼 의식의 저변에 작용하는 집단 역학에 대한 과학적 연구 덕분에 인간 본성에 대한 우리의 이해가 완전히 달라지고 있다. 우리는 흔히 생각하듯 자율적인 무대감독이 아니다. 우리는 철저히 사회적 존재다. 이런 통찰이 심상치 않은 이유는 우리가 스스로를 바라보고 타인을 판단하는 방식에 이의를 제기하기 때문이다. 예컨대 새로운 통찰에서는 인격과 성격이 미래의 행동을 예측하는 데 신뢰할 만한 지표가 아니라고 제안한다. 나아가 인간 조건에 관한 몇 가지 난해한 질문을 던진다. 범죄는 심리 상태인가? 악이 악을 불러오는가? 영웅은 날 때부터 영웅인가?

이렇게 복잡한 속성을 인정하기 어려울 수 있다. 일례로, 2013년 7월 《롤링스톤*Rolling Stone*》 표지에 크고 아름다운 갈색 눈과 헝클어진 머리에 어린아이처럼 순진무구해 보이는 보스턴 폭탄 테러 용의자 조하르 차르나예프Dzhokhar Tsarnaev의 사진이 실리자 대중은 격렬한 반응을 보였다. 살인 용의자는 록스타처럼 보이면 안 되고, 누군가의 아들처럼 보여서도 안 된다는 생각이 은연중에 드러난 일화였다.

물론 살인자는 어떤 모습도 가능하다. 불편한 진실은 어느 누구도 결코 겉으로 악당의 모습을 하고 있지 않다는 사실이다. 그들이 악당처럼 보이지 않는 이유는 주로 그들의 사교성과 강박적인 집단 성향groupishness* 때문이다.

'우리'와 '그들'

인간이 무리 짓기를 좋아한다는 데는 의문의 여지가 없다. 우리는 아주 허술한 기준, 예를 들면 머리카락 길이나 독특한 말투로 사람들을 분류한다. 인간 행동은 대부분 집단의 차원으로만 이해할 수 있다. 1954년

---

* 집단에 소속되려는 인간의 본성을 뜻한다.

터키계 미국인 심리학자 무자퍼 셰리프Muzafer Sherif가 '로버스 동굴 공원 실험Robbers Cave Experiment'을 통해 처음으로 이 문제를 과학적으로 증명했다. 셰리프는 오클라호마의 로버스 동굴 주립공원에서 열린 여름 캠프에 참가한 남자 청소년 22명을 두 집단으로 나누고 경쟁을 조장해서 그들의 행동이 어떤 영향을 받는지 연구했다. 소년들은 며칠 만에 부족 전쟁과 유사한 집단 경쟁에 돌입했다. 구성원의 배경과 나이는 거의 동일했다. 요컨대, 셰리프는 단지 모래밭에 선 하나를 긋는 방법만으로 차별과 편견을 조장한 것이다.

그 후 몇십 년 동안 사회심리학자들은 인간이 얼마나 손쉽게 '우리'와 '그들'의 서사를 만들고 얼마나 빠르게 편견을 가질 수 있는지를 여러 차례 증명해왔다. 예를 들어 사람들은 눈동자 색깔, 셔츠 색깔, 특정 화가에 대한 선호도, 어떤 무늬에서 점의 개수를 많게 세는지 적게 세는지, 동전을 던져서 앞면이 나오는지 뒷면이 나오는지에 따라 본능적으로 편을 가르는 것으로 밝혀졌다.

이런 임의의 기준으로도 집단 정체성이 공고히 확립된다. 영국 엑서터 대학교의 사회심리학 교수인 마크 레빈Mark Levine은 맨체스터 유나이티드 팬에게 맨체스터 유나이티드 클럽의 미덕을 진지하게 생각해보게 하면, 낯선 사람이 부상을 당했을 때 리버풀 셔츠나 일반 셔츠를 입은 사람보다 맨체스터 유나이티드 셔츠를 입은 사람을 도와줄 가능성이 세 배 높다는 결과를 얻었다. 그 뒤 반복 검증할 때는 전반적인 축구 팬의 모습을 떠올리게 하자 낯선 사람이 어떤 셔츠를 입었든—축구 클럽 셔츠를 입었다면—기꺼이 도와주는 것으로 나타났다. 집단 정체성은 가변적이면서 일시적이다. 게다가 본능적으로 받아들여지기까지 한다. "이렇게 …… 세계의 모든 사람을 적대적 집단으로 구분하려는 충동은 인류의 존재만큼 오래되었다." 역사가 데이비드 캐너다인David Cannadine이 《분리되지 않은 과거The Undivided Past》에서 한 말이다.[1)]

집단 성향은 진화적으로 일리가 있다. 우리 조상들의 환경에서는 자연선택으로 인해 서로 협력하고 친구와 적을 신속히 구분할 줄 아는 사람이 생존에 유리했을 것이다. 집단을 이루고 살면 노동 분담과 포식자나 적으로부터의 보호와 같은 혜택을 누릴 수 있어서 생존과 종족 번식 가능성이 높아졌다. 이런 부족 성향tribal proclivity은 생리적으로 우리 몸에 새겨져 있으며, 경쟁 행동을 촉진하는 테스토스테론testosterone과 내집단內集團*에 대한 사랑(간혹 제기되는 것처럼 인류 전체에 대한 사랑은 아니다)을 북돋워주는 옥시토신oxytocin 같은 호르몬과 신경전달물질에 의해 조절된다. 부족을 이루려는 기질은 사회적 연결에 대한 인간 본연의 갈증뿐 아니라 외로움의 고통스러운 영향도 설명해준다. 타인의 존재가 우리를 잘못된 길로 이끌기도 하지만, 타인의 부재는 우리를 훨씬 더 험한 길로 몰아넣을 수 있다.

'나'와 '그들'

우리가 주위 사람들에게 이렇게 근본적이고 극적으로 영향을 받는다고 생각하면 위축되고 때로는 압도당하기도 한다. 자기 삶을 통제하지

---

* 개인이 실제로 소속되고 구성원 간에 공동체 의식이 강한 집단.

못하거나 삶의 방향타를 직접 잡지 못하거나 군중에 휩쓸려 정신을 차리지 못하거나 숱한 사이비 종교 집단에 빠진 사람들처럼 집단의 강요로 인해 인생을 망칠까봐 걱정한다. 이런 두려움은 대체로 근거 없는 믿음에서 나온다(사실 군중은 어리석지도 않고 광적이지도 않다). 그렇다고 전혀 근거가 없는 것은 아니다. 의문의 여지 없이 집단에 의지하는 성향 때문에 도덕적으로 타락할 수도 있다.

집단 성향은 나와 다른 사람들을 관대하게 포용하지 못하게 하고, 나아가 사회 분열을 조장할 수도 있다. 사람들이 집단 성향에 의해 협상보다 공격을 택한 사례는 무수히 많다. 집단 성향은 제방을 무너뜨릴 수 있다. 집단 성향은 평범한 사람들이 결코 평범하지 않은 잔인한 행동을 하게 할 수도 있다. 집단 성향은 불만에 휩싸인 외로운 사람을 대량 학살자로 만들기도 한다. 집단 성향에 의해 극단적인 세계관을 취하고 모든 종류의 쟁점을 왜곡된 시각으로 바라볼 수 있다. 집단 성향으로 인해 남이 나를 바라보는 관점에 지나치게 휩쓸린 나머지 남이 나를 부정적으로 바라볼 때는 심각한 결과가 나올 수 있다(이것은 일부 사회에서 여학생이 남학생보다 수학과 과학 성적이 떨어지고, 아프리카계 미국인 학생들이 지적 능력을 평가받는다고 생각할 때는 제 실력을 발휘하지 못하는 현상을 가장 적절하게 설명해주는 듯하다).[2]

반면 집단 성향 덕분에 혼자서는 엄두도 내지 못할 경지에 오를 수 있다. 20세기에 전체주의 체제에 대한 저항은 대부분 집단행동이었다. 영웅은 대개 비범하게 탄생한 것이 아니라 동포의 절박한 요구에 부응하여 앞장선 사람이며, 누가 영웅이 될지 예측하기란 거의 불가능하다. 군대에서는 전우애와 연대의식으로 수적 열세를 보완할 수 있다. 연대의식은 또한 스포츠 성적에도 중요하게 작용하고 극한 환경에서의 탐험과 생존이라는 놀라운 일을 가능케 한다. 군중은 흔히 묘사되는 모습과 정반대로, 사회심리학자 존 드루어리John Drury가 "제4의 구조요원"이라고 일컬었을 만큼 협조적이고 이타적인 성향이 강하다.

혼자 고립된 사람도 강렬한 사회적 유대를 통해 도움을 받을 수 있다. 납치되거나 혼자서 탐험하는 사람은 눈앞의 한계를 초월하는 추상의 세계로 도피해서 정신을 놓지 않았다. 뿐만 아니라 우리의 사회적 욕구가 긍정적인 결과를 끌어낼 수도 있다. 영국 정부는 소득세 미납액을 회수하기 위한 '넛지nudge' 전략*으로 체납자들에게 다른 대다수 국민은 제때에 세금을 납부한다고 강조하는 편지를 보냄으로써 납세율을 20퍼센트 정도 끌어올렸다. 이렇듯 남들이 어떻게 행동하는지는 거의 모든 차원에서 우리에게 중요하다.

이 책《타인의 영향력》에서는 독특한 사례부터 일상의 사례까지 다채로운 이야기를 소개하면서 이 책의 주제와 관련한 풍부한 내용을 담고자 한다. 앞으로 우리는 전쟁 영웅과 극지 탐험가, 런던 폭동 참가자와 '아랍의 봄' 시위자, 미국의 독립운동가, 산악인, 요트로 세계일주를 하는 사람들, 뉴욕 시 소방관, 우주비행사, 자살 테러범, 2차 세계대전 당시 유럽에서 유대인을 구조한 영웅들, 외로운 늑대형 테러범,** 프로 사이클 선수, 납치된 사람들, '슈퍼맥스supermax' 교도소*** 재소자들을 만날 것이다. 그리고 실험과 현장 연구를 바탕으로 인간을 움직이게 하

---

* 타인의 선택을 유도하는 부드러운 개입(리처드 탈러 & 카스 선스타인).
** 전문 테러리스트 단체의 조직원이 아닌 자생적 테러범.
*** 미국에서 경비가 가장 삼엄한 교도소로, 주로 흉악범이나 테러범을 수용한다.

는 힘에 관한 우리의 개념을 새롭게 정의하는 사회심리학자들의 이야기를 들어볼 것이다. 가자의 난민촌에서 카이로의 거리까지, 관타나모 만에서 버몬트의 수풀 우거진 계곡까지 돌아볼 것이다.

무엇보다도 이 책에서는 우리의 사회적 충동과 취약성을 다스리고 목적에 맞게 적절히 활용하는 법을 배울 것이다. 이를테면 군중을 따를 때와 자기만의 길을 갈 때를 알아차리는 법, 대규모 비상사태에서 살아남는 법, 자기 인식이 편견에 맞서는 데 도움이 되는 기제, 브레인스토밍을 잘하는 비법, 외로움과 소외감에 직면하는 법, 집단사고groupthink*의 위험을 피하는 법을 배울 것이다.

이 책은 직원들끼리 대화를 나누고 어울리게 하는 방법이 직원들 사이에 경쟁을 유도하는 방법보다 훨씬 더 효과적으로 생산성을 끌어올릴수 있고, 다른 사람이 함께 나설 때 반대 의견을 내기가 훨씬 수월해지며(영웅적 행동은 집단행동이기도 하다), 신문을 잘 팔리게 하는 선정주의는세계관과 서로를 바라보는 우리의 시각을 왜곡하기도 한다고 밝힌다. 그리고 올스타 팀이 거의 언제나 기대에 미치지 못하는 성적을 내는 이유, 자살 폭탄 테러범들 가운데 단독으로 행동하는 사람이 거의 없는 이유, 똑똑한 사람조차 동료의 압력을 받으면 단순한 질문에 황당한 답변을 내놓는 이유를 알아볼 것이다.

이 책의 목적은 집단행동의 변화무쌍하고 다채로운 모습을 조명하고, 집단행동이 우리의 모든 행동에 어떤 영향을 끼치는지 살펴보는 데

---

* 응집력이 강한 집단에서 의사결정을 할 때, 대안 분석이나 이의 제기를 막고 간단히 합의에 도달하려는 심리적 경향.

있다. 사회심리학은 우리 자신에 관해 풍부한 지식을 제공할 수 있다. 사회심리학이 없다면 우리가 진실로 서로를 이해하기를 바랄 수 없을 것이다.

The Power of Others

1

타인의 감정은 어떻게 나에게 스며드는가

집단 최면 효과, 감정 전염

특정한 나이대의 영국인 대다수는 1997년 8월 31일 아침 다이애나 왕세자비가 파리에서 자동차 사고로 사망했다는 뉴스를 접했을 때 자기가 어디에 있었는지 기억한다. 그때가 영국인에게 JFK 순간*이다. 생각지도 못한 충격적인 사건이었는데, 사건 이후에 벌어진 상황은 여러 가지 면에서 훨씬 더 기묘했다. 사람들은 마치 개인적으로 다이애나를 알았던 양 슬퍼했다. 수천수만의 사람들이 밤새 런던 세인트 제임스 궁전 앞에 줄지어 서서 조문록에 서명했다. 약 100만 명이 웨스트민스터 사원까지 긴 장례 행렬을 이루었다. 켄징턴 가든에 있는 다이애나의 자택 대문 앞에는 조화弔花가 높이 쌓여서 밑바닥에 깔린 꽃은 썩기 시작했다.

그때 나는 켄징턴 근처에 살고 있었다. 마침 일요일이던 다이애나의 사망 당일에 나는 공원을 거닐다가 사람들이 침통한 얼굴을 하고서 문 앞에 쌓인 조화들 위에 직접 준비해온 꽃다발을 내려놓는 광경을 지켜보았다. 얼마 전까지만 해도 일종의 경악만 불러일으키던 그곳에서 나까지 슬퍼지려 했다. 동시에 '여기서 대체 무슨 일이 벌어지는 건가?' 하는 의

---

* 미국인들이 존 F. 케네디가 암살당한 순간에 자기가 어디에 있었고 무엇을 했는지 선명하게 떠올리는 현상.

감정 전염

타인의 표정, 말투, 목소리, 자세 등을 무의식적으로 모방하고 자신과 일치시키면서 감정적으로 동화하는 경향을 뜻한다. 2014년에는 페이스북의 감정 조작 실험 결과가 밝혀져, 소셜네트워크서비스 SNS를 통해서도 감정의 전염이 이루어질 수 있음을 보여주었다.

문이 생겼다. 모르는 사람들끼리 서로 위로하고 안아주었다. 텔레비전의 몇몇 아나운서는 금방이라도 눈물을 흘릴 것 같았다. 작가 카먼 칼릴Carmen Callil은 그때의 광경을 뉘른베르크 전당대회*에 비유했다.[1] 말하자면 이런 광적인 애도의식에는 단 하나의 감정만 존재한다는 뜻이다.

돌이켜보면 당시 무슨 일이 벌어지고 있었는지가 명확히 드러난다. 심리학에서는 이런 현상을 감정 전염emotional contagion이라고 한다. 생각 없이 기분과 감정에 동조하는 현상이 집단 전체로 확산될 수 있다. 이번에도 대중매체에서 사건을 무분별하게 다루면서 촉발된 현상이라는 데는 이견이 거의 없다. 감상적인 실황 방송을 내보내고 원래 산발적으로 슬퍼하던 분위기에 지나치게 주목하면서 전국적인 현상으로 발전한 것이다. 문화연구가 제임스 토머스James Thomas의 말처럼 "지배적 의견이 대중적 장면을 독점한" 사건이었다.[2] 그러나 감정 전염은 인간의 사회적 행동의 필연적인 결과다. 주변 환경에 따라 색깔을 바꾸는 카멜레온처럼 인간은 자동으로 모방한다. 모방 행동이 어떻게 나타나는지 알아보기 전에 먼저, 한 공동체에서 감정이 — 아래 사례에서는 공포가 — 얼마나 빠르게 확산되고, 얼마나 극적인 효과가 나타날 수 있는지 보여주는 예를 살펴보자.

• 1934년에 시작된 나치당의 연차대회로, 히틀러가 주요 연설을 했다.

거짓 소문에 파산한 은행

1930년 12월 10일 수요일, 뉴욕의 한 상인이 브롱크스 프리먼 가街에 위치한 상업은행인 미합중국은행Bank of United States 지점에 들어가서 자기가 그 은행에 보유한 주식을 처분해달라고 요청했다. 지점장이 건실한 투자라면서 처분하지 말라고 만류하자, 은행을 나온 그 상인은 업계 동료들에게 그 은행이 어려운 처지에 있다는 소문을 퍼뜨렸다. 몇 시간 만에 수백 명이 프리먼 가 지점으로 몰려들어 예금을 인출하려고 했다. 은행이 문을 닫는 오후 8시 무렵에는 인파가 2만 명으로 불어났다. 고객 3000명이 200만 달러를 인출했고, 그중에는 겨우 2달러를 인출하려고 2시간 동안 줄을 선 사람도 있었다.

미합중국은행은 두 번 다시 문을 열지 못했다. 소문이 퍼져서 다른 지점들에서도 예금 인출 사태가 벌어졌고, 임원들은 이튿날 군중이 대거 몰려들어 은행 돈을 다 쥐어짤까봐 겁을 집어먹었다. 목요일 아침 일찍, 그들은 전 지점을 폐쇄하고 보유 자산을 뉴욕 주 은행감독관 조지프 브로더릭Joseph Broderick에게 넘겨 안전하게 보관해달라고 요청했다. 옳은 결정이었다. 오전 9시 30분, 흥분한 고객 8000명이 빗속에서 프리먼 가 지점 앞에 서 있었고, 그 밖에도 브롱크스와 브루클린, 맨해튼의 58개 지점으로 수천 명이 더 몰려들었다. 5번가 535번지의 미합중국은행 본점 앞에서는 기마경찰들이 급히 벽에 붙어서 군중을 막아야 했다.[3]

그 무렵 미합중국은행은 미국 역사상 도산한 상업은행 가운데 예금 보유액 규모가 가장 큰 은행이었다. 미국 경제에 대한 국민들의 신뢰에 막대한 타격을 입힌 미합중국은행의 몰락은 검은 화요일Black Tuesday*이

　　　　　　　　　　　　　　　　　　　　타인의 영향력

라 불리는 월스트리트 대폭락 이후 13개월밖에 지나지 않은 시점에서 일어난 사건이었다. 경제학자 밀턴 프리드먼Milton Friedman을 비롯한 일부 사람들은 이 사건이 은행의 위기를 가속화하여 주기적으로 발생하는 일상적 불황이 대공황으로 번지는 데 일조했다고 주장했다.[4] 그해가 저물기 전에 은행 300개가 더 문을 닫았다.

미합중국은행의 예금 인출 사태는 해당 은행에 지불 능력이 없을 거라는 공포가 전염되면서 악화된 사건이었다. 모든 예금 인출 사태와 마찬가지로 은행 제도의 운영 방식과 신용credit—라틴어 *credere*에서 유래한 용어로 알려져 있다—의 가치에 대한 집단의 믿음이 무너진 것이다. 이와 같은 공포는 처음에 불안을 촉발한 소문의 진위 여부와는 상관없이 자기 충족적인 예언, 곧 어떤 은행도 예금을 전액 현금으로 보유하지 않는다는 믿음으로 굳어진다. 집단적 공포는 무시하기 어려우며, 이런 양상은 대공황 이후 여러 번 반복해서 나타났다. 최근의 사례로는 2007년 9월, 재정 악화에 시달리는 영국의 노던록은행Northern Rock Bank 앞에 걱정에 휩싸인 고객 수천 명이 줄을 서서 예금을 인출하려 한 사건이 있었다. 잉글랜드은행Bank of England**에서 이미 노던록은행을 지원하기로 합의했는데도 남들이 예금을 인출하려 한다는 신문 보도와 블로그 게시물을 읽고 몰려나온 것이다.

이렇게 무리에 휩쓸리는 사람들을 조롱하기 쉽지만, 겉보기만큼 그렇게 무분별한 행동은 아니다. 대다수 사람들이 은행 제도에 대한 신뢰를 잃은 모습을 발견하면 투자한 자금을 신속하게 인출하는 것이 합리

• 1929년 10월 29일 화요일의 주가 대폭락.
•• 영국의 중앙은행.

1930년 12월 미합중국은행 앞에 모여든 빗속의 군중

■ ■

공포의 전염이 불러온 집단행동은 비합리적인 것일까?

적인 행동이다. 행동의 근거가 빈약해도 은행이 신용을 잃으면 도산할 가능성이 크기 때문이다. 한편 우리가 원하는 무언가—또는 원한다고 여기는 무언가—를 좇을 때도 마찬가지로 무리를 따르기 쉽다. 2012년 1월, 애가 닳은 고객 수백 명이 베이징의 애플 플래그십 스토어 앞에 몰려들어 소동이 벌어지자 애플 사는 "안전상의 이유"로 중국에서 최신 아이폰 출시를 연기해야 했다. 기회를 놓치는 것에 대한 두려움은 재정적 파산의 공포만큼이나 강렬한 동기를 부여하기도 한다.

과식의 이유, 카멜레온 효과

우리는 일상에서 직접 운전석에 앉아 자율적으로 의사결정을 내리고, 스스로 끌어낸 감정을 느끼고, 우리가 믿는 대로(또한 믿지 않는 대로) 선택한다고 여긴다. 대부분 착각이다. 지난 40여 년간 인간이 어떻게 자기 행동을 결정하는지를 살펴본 연구에 따르면 우리는 사회적 영향에 휩쓸리기 쉬운 존재다. 사실 인간은 은둔자처럼 혼자 살아본 경험이 부족해서 사회적 영향을 피하기란 불가능하다(그리고 나중에 살펴보겠지만, 고립되어 산다고 해서 사회적 영향에 대한 면역력이 생기는 것도 아닌 듯하다).

왜 그런지 이해하기 위해 먼저 전형적인 사회적 의식儀式으로 한 끼 식사를 살펴보자. "우리는 죽음으로부터 느끼는 본질적인 인류애를 음식에서 느낀다." 베트남의 격언인 이 말은 최근 룰 헤르만스Roel Hermans가 이끄는 네덜란드 행동 연구팀의 연구에서 과학적 신빙성을 얻었다. 헤르만스 연구팀은 네이메헌의 라드바우드 대학교 실험실에 실험용 식당을 설치하고 사람들이 함께 식사하는 동안 상대에게 먹게 만드는 정도—행동 기준—를 알아보았다. (이것은 심리학을 대학생들 사이에서 인기 있는 학과로 만들어주는 유형의 실험 설계다.) 연구팀은 작은 테이블에 접시와 날붙이, 유리잔과 냅킨을 놓고, 의자 두 개를 서로 마주 보게 놓았다. 근처 램프에 CCTV 카메라를 숨겨놓고 옆방에서 연구자들이 식사하는 사람들을 관찰할 수 있게 해두었다. 다음으로 젊은 여성 70쌍에게 저녁 식사를 차려주고 한 사람이 먹는 양, 다시 말해서 음식을 입에 넣는 횟수와 음식을 먹는 시간을 정확히 기록했다.

연구팀은 음식이 입으로 들어가는 모습을 3888번 관찰한 뒤 각 개인이 상대의 먹는 양에 얼마나 의존하는지 확인하고, 두 사람이 함께하는 식사가 서로 조화를 이룬다는 사실을 확인했다. 달리 말하면 참가자들은 특히 식사를 시작할 때는 따로따로가 아니라 동시에 포크를 입으로 가져가는 경향을 보였다.[5] 연구팀은 사회적 모방social mimicry, 곧 한 사람이 자기도 모르게 상대방의 버릇을 흉내 내는 흔한 현상의 고전적인 사례라고 판단했다. 카멜레온 효과Chameleon Effect로 알려진 이 현상은 의사소통을 향상시키고 친밀한 관계를 돈독하게 만들어주는 듯하다. 헤르만스는 카멜레온 효과를 통해 우리가 흔히 사람들 앞에서 더 많이 먹는 이유[6]와 함께, 술을 마실 때는 특히 상대가 하는 말의 내용에 주목할 경우 상대방과 동시에 술잔을 드는 일이 잦은 이유[7]를 비롯해 사회적 식사에서 흔히 나타나는 여러 가지 특징을 설명할 수 있다고 본다. 가상의 상호작용에서도 비슷한 현상이 나타난다. 앞으로 술을 마시면서 영화를 볼 때, 얼마나 자주 화면 속 배우들과 동시에 술잔을 드는지 관찰해보라.[8]

이런 유형의 행동 통합은 의식적으로 자각되는 차원보다 한참 아래에서 일어나기 때문에 음식을 입에 넣는 과정을 조절하려는 시도는 유독 어렵다. 대규모 예금 인출 사태나 대중적 애도처럼 과식도 전염성이 있다. 헤르만스는 "사람들은 스스로 믿고 싶어 하는 것보다 식사에 대한 통제력이 부족하다"고 말한다. 내가 그에게 이런 성향에 대처하려면 어떻게 해야 하는지 묻자, 그는 이렇게 잘라 말한다. "생각 없이 먹는 습관을 줄이세요!" 말은 행동보다 쉽다. 온전히 생각하면서 먹으려면—다른 건 다 배제하고 음식의 모든 풍미를 음미하려면—혼자 먹어야 한다. 헤르만스는 무엇보다 식습관에 영향을 주는 외부 요인을 파악해야 한다고 강조하면서도 남을 모방하려는 본능을 중단하라고 요구하지는 않는다. "모방 본능은 사회생활에서 중요한 역할을 하기 때문에 치료자들에게 그렇게까지 하라고 조언해야 할지는 잘 모르겠습니다."

식사 행동 연구는 인간의 모방 본능에 관해 답해줌과 동시에 여러 흥미로운 질문을 제기한다. 헤르만스의 실험에 참가한 여성 참가자들은 평균 나이가 21세이고 '정상' 체중이고 서로 모르던 사이였으며, 식사 시간의 마지막 10분에 비해 처음 10분 동안 세 배 더 많이 상대를 흉내 내는 경향을 보였다. 참가자들의 나이가 더 많거나 남성이거나 실험실의 식탁 앞에 마주 앉기 전에 친구였어도 같은 결과가 나왔을까? 또는 연령이나 성별이나 체중을 혼합해서 짝을 지었다면 어땠을까? 아니면 식사 중에 서로 대화하지 못하게 했다면 어땠을까? 결과는 알 수 없다. 처음 만났을 때 모방한 것은 참가자들이 상대와 어울리려는 무의식적 노력이었을 수 있다. 만약 그렇다면, 그리고 이런 행동이 일반적인 특성이라면, 서로 잘 아는 가족끼리의 식사에서는 모방 행동이 적게 나타나고 사업상의 점심식사에서는 모방 행동이 많이 나타날 것으로 예상할 수 있을 것이다.

헤르만스를 만나고 얼마 후 나는 일 년쯤 얼굴을 보지 못한 동료 기자와 함께 점심을 먹었다. 나는 우리의 식사 행동이 서로 동작을 맞추는 홍학의 화려한 짝짓기 춤과 비슷할 것으로 기대했다. 서로 각별히 신경 써야 양쪽 모두에게 이익이 되기 때문이었다. 그런데 내 동료는 음식을 흡입하다시피 해서 나를 난처하게 만들었다. 그리고 나는 식사하는 내내 그가 나를 좋아하지 않는 건지 걱정했다. 다만 아직 모방의 심리에 관해 충분히 밝혀지지 않아서 당장 그렇게 씁쓸한 결론에 도달할 필요는 없다. 어쩌면 그는 무척 배가 고팠을 수도 있다.

내 동료가 그저 몹시 이기적인 사람이었을 수도 있다. 연구에 따르면 이기적인 사람은 대개 타인에게 맞춰서 행동할 줄 모른다. 애버딘 대학교에서 사회인지를 연구하는 조앤 럼스덴Joanne Lumsden은 사람을 만날 때 자기에게 최선의 결과를 끌어내는 데 목표를 둔 사람은 양쪽 모두에게 이익이 돌아가도록 만드는 데 관심이 있는 사람에 견주어 상대의 행동을 절반만 모방한다는 결과를 얻었다.[9] 럼스덴은 서로 조화를 이루려면 상대에게 집중해야 하고, 자기만 들여다보면 상대에게 덜 집중하게 된다는 설명이 가장 그럴듯하다고 말한다.

운동선수에게 승패보다 중요한 것

모방은 사회적 상호작용에서 호흡과 같다. 우리는 별 생각 없이 모방

타인의 영향력

하는데, 모방하지 않는다면 피상적인 수준을 넘어선 소통이 일어나지 않는다. 누구나 항상 같이 있는 사람의 표정과 자세, 말투와 그 밖의 특이한 습관을 무심코 따라 한다. 그것도 놀랄 만큼 빠르게 모방한다.

1966년 피츠버그 대학교의 학생들을 대상으로 한 실험에서는 사람들이 21밀리초˚ 만에 상대의 동작을 모방한다고 밝혀졌다.[10] 인간의 평균 반응 속도―깜빡이는 불빛을 보고 버튼을 누르는 데 걸리는 시간―가 그보다 10배 정도 느리다는 사실을 감안하면 모방은 결코 의식 수준의 반응이 아니라는 것을 알 수 있다. 모방은 원초적이고 선천적인 반응이다. 다시 말해서, 태어난 지 몇 시간 만에 엄마의 표정을 따라 하는 갓난아기를 비롯해 모든 영장류에게 나타나는 반응이다. 이런 반응은 물 흐르듯 자연스러운 사회적 만남으로 이어진다. 두 사람이 대화하는 영상을 느린 그림으로 돌려보면 두 사람의 동작과 자세가 조화를 이루는 모습이 발레처럼 우아해 보이고, 또 그렇게 보일수록 두 사람 사이에 더 친밀한 관계가 형성된다. 헤르만스가 관찰했듯이 식사처럼 기계적으로 보이는 행동에도 이런 현상이 나타난다.

그러나 모방이 신체 언어에만 나타나는 것은 아니다. 모방은 인간의 모든 행동에 나타난다. 다이애나 왕세자비의 죽음과 역사적인 대규모 예금 인출 사태에서 드러나듯이 감정과 기분―우리의 내면세계를 이루는 요소―까지도 '따라 할 수 있다.'

전염성 있는 감정을 연구한 선구자 중 한 사람으로 셰필드 대학교의 심리학 교수 피터 토터델Peter Totterdell이 있다. 토터델이 처음부터 전염

˚ 1000분의 1초.

성에 주목한 것은 아니었다. 처음에는 간호사와 경찰관 같은 교대 근무자의 일주율日周律*을 연구하면서 근무 시간 중에 심리 상태가 어떻게 변하는지 살펴보았다. 그러던 어느 날 근무자들의 기분이 서로 비슷한 주기로 변화하여, 마치 한 사람처럼 감정의 기복이 일어나는 양상을 발견했다. 그 뒤 토터델은 회계사와 경비원, 교사, 생산 라인 근로자, 고객 서비스 직원과 크리켓 프로선수에게서도 똑같은 양상을 관찰했다.

크리켓은 경기 방식이 난해하고 유난히 긴 시간을 기다려야 결과가 나오는 탓에(닷새가 걸리기도 한다) 이런 경기 방식에 익숙하지 않은 사람에게는 몹시 짜증 나는 스포츠다. 이런 이유에서 토터델에게는 크리켓이 동료―여기에서는 같은 편 선수들―관계의 기복을 측정하는 데 적절한 환경으로 보였다. 그는 잉글리시 카운티 선수권대회English County Championship**에서 맞붙은 두 프로팀 선수들에게 협조를 요청했다. 선수들에게 포켓 컴퓨터를 나눠주고 경기 도중 여러 시점에서의 기분과 느낌을 기록해달라고 요청한 것이다. 그 결과 어느 한 시점에서 각 선수의 행복감은 경기가 팀에 유리하게 돌아가는지 여부와 상관없이 같은 팀 동료들의 행복감과 강력하게 연결되어 있었다.[11] 모든 선수가 거대한 물담뱃대를 물고 함께 연기를 들이마시듯 집단의 기분을 마시는 것 같았다.

감정 전염은 모든 사회적 상호작용에서 자연스럽게 나타나는 특징으로 보인다. 2008년 사회학자 니컬러스 크리스태키스Nicholas Christakis와 제임스 파울러James Fowler는 매사추세츠 주 프레이밍햄에 사는 친구와 친척, 이웃과 직장 동료 수천 명의 사회적 관계망을 조사했다. 이곳 주

• 대략 24시간 동안 변하는 행동과 생리 과정의 일상적인 주기.
•• 영국과 웨일스의 퍼스트클래스 크리켓 대회.

민들은 1948년 이래 역학자疫學者들이 다세대 심장 연구의 일환으로 추적조사해온 사람들이기도 했다. 연구 결과에 따르면 행복한 사람들이 모여서 친구가 될 가능성이 높았을 뿐 아니라, 행복한 사람들과 좋은 관계를 맺을수록 행복해질 가능성도 높은 것으로 나타났다.[12] 크리스태키스는 이렇게 설명했다. "사람들은 대부분 친구가 많은 사람이 당연히 더 행복하다고 여기겠지만, 정말로 중요한 것은 친구들이 행복한지 여부다."[13]

인간이 분노나 불안 같은 감정과 기분, 또는 만족감이나 슬픔처럼 더욱 지속적인 심리 상태를 전염시킨다는 개념은 과학적으로 새로운 개념이 아니다. 30년도 더 전에 캘리포니아 대학교의 한 실험에서는 피실험자를 소규모 집단에 2분간 말없이 앉아 있도록 지시한 결과, 모든 구성원이 가장 표현이 풍부한 사람—표정과 몸짓, 동작을 통해 감정을 가장 눈에 띄게 드러내는 사람—의 기분을 따르는 현상을 발견했다.[14] 그 밖의 여러 연구에서도 일상의 다양한 환경에서 비슷한 현상을 발견했다. 예를 들어 가벼운 우울증에 걸린 사람과 한 공간에서 지내면 함께 사는 기간이 길수록 점점 더 우울해질 위험이 커지는데, 그 사람의 부정적인 분위기를 감지하기 때문이다.[15] 마찬가지로 은행 창구 직원과 소매점 점원은 손님에게 방긋 웃어주고 간단히 인사를 건넴으로써 손님의 기분을 끌어올릴 수 있다. 그리고 손님이 친절하게 응수하면 좋은 기분이 다시 점원에게 전이된다.[16] 그러면 서로 기분 좋게 화답하는 선순환이 일어나고, 나아가 은행이나 상점 주인 입장에서는 매출 증대 효과도 볼 수 있다. 일부 소매점에서는 이런 효과에 주목했다. 예를 들어 고급 패스트푸드 체인점인 프레타망제Pret a Manger에서는 직원들에게 활기찬 태도를 보이고 '진정한 행복'을 발산하기를 주문한다. 최근의 여러 연구에서는 이런 감정이 한 사람에게서 다른 사람에게 전이될 뿐 아니라 친구와 직장 동료의 사회 전체로까지 전이되는 것으로 나타났다.[17]

대체로 감정은 우리에게 직접 벌어진 사건에서 발생한다. 봄 햇살을 받고 기분이 좋아지거나, 곧 다가올 프레젠테이션을 생각하며 초조해하거나, 세상을 떠난 친구를 추억하며 슬퍼할 수 있다. 그런데 어떤 사회적 상황에서 강렬한 감정이 일어날 때 어떻게 생긴 감정인지 정확히 집어내지 못한다면, 주위 사람들에게서 받아들인 감정일 가능성이 크다. 그와 반대도 마찬가지다. 다시 말해서 우리가 남에게 감정을 나눠줄 가능성도 크다.

심리학에서는 사람들에게 일부러 어떤 구체적인 감정을 표현하게 함으로써 의식 차원에 영향을 줄 수 있다고 믿는다. 토론토 대학교에서 직장 내 행동을 연구하는 스테판 코테Stéphane Côté는 이렇게 하는 아주 효과적인 방법 가운데 '깊은 행동deep act'이 있다고 말한다. 깊은 행동에는 과거의 경험에서 진정한 감정을 느꼈던 상황을 떠올리는 방법이 있다.[18] 메소드 연기*를 하는 배우들이 자기 나름의 감정으로 인물에 몰입할 때 쓰는 기법과 비슷하다. 따라서 자신감 넘치고 긍정적인 사람으로 보이고 싶다면 새 직장에 지원해서 합격했거나 뜻밖의 순간에 친구가 칭찬해주었거나 학교에서 상을 탔던 기억을 떠올려보라. 양보하는 태도를 보여주고 싶다면 관심 있는 누군가와 마음 깊이 공감하면서 나눈 대

• 러시아 연극 연출가이자 배우인 콘스탄틴 스타니슬랍스키가 체계화한 극사실주의 연기법. 이전의 과장되고 상투적인 연기를 극복하고 배우가 극중 인물과 동일시되어 맡은 배역의 내면을 진실하게 드러내도록 한다.

화를 떠올려보라.

그럼에도 가장 전염성이 강한 감정은 솔직한 감정이다. 본능에서 나오는 거침없는 감정은 지켜보는 모든 이에게 영향을 줄 수 있다. 2012년 런던올림픽 폐회를 축하하는 승리의 퍼레이드가 열렸을 때, 나는 수천 명의 군중 속에서 트라팔가 광장에 서서 넬슨 기념탑 아래 설치된 대형 텔레비전 화면을 바라보고 있었다. 화면에는 장애인올림픽에 출전한 배구선수 마틴 라이트Martine Wright의 인터뷰 장면이 나왔다. 그녀는 런던이 올림픽 개최지로 결정된 바로 이튿날인 2005년 7월 7일에 발생한 런던 폭탄 테러에서 두 다리를 잃고 혈액의 80퍼센트를 흘리는 부상을 당한 뒤 어떻게 시련을 이겨냈는지 들려주었다. 그녀가 갑자기 울음을 터뜨렸다. 나는 그 자리에 모인 사람들을 돌아보면서 그녀의 슬픔이 화면을 바라보던 수백 명의 얼굴에 고스란히 전해져 거의 동시에 감정이 전염되는 광경을 목격했다. 그런 감정에 전염되지 않기란 쉽지 않았다.

보톡스 시술이 인간관계에 끼치는 영향

모방 덕분에 사회적 어울림이 가능하지만, 사실 모방은 그보다 더 깊은 어딘가로 들어가는 문이다. 모방은 타인의 마음을 이해하게 해준다. 우리는 누군가의 얼굴에 떠오른 표정을 모방하면서 표정 이면에 숨은 감정을 경험하기 시작한다. 이것은 1872년 찰스 다윈Charles Darwin이 출간한 《인간과 동물의 감정 표현The Expression of the Emotions in Man and Animals》에서 관찰한 현상이다. 다윈은 얼굴 근육을 조작하면 우리가 느끼는 방식의 깊은 차원에까지 영향을 끼친다는 점에 주목했다.

그리고 10년 뒤 철학자 윌리엄 제임스William James는 감정이란 몸에 나타난 변화를 마음에서 지각한 결과라는 이론을 내놓았는데, 바로 최근에 신경과학자 안토니오 다마지오Antonio Damasio와 연구자들이 발전시킨 이론이다. 다마지오는 어떤 감정의 신체 감각—이를테면 맥박이 빨라지고 근육이 수축되고 동공이 커지는 현상—이 뇌의 표상보다 먼저 일어난다고 주장한다.[19] 한마디로 우리 몸의 생리가 감정을 결정한다는 뜻이다. 이러한 '체화된 인지embodied cognition'는 1970년대에 캘리포니아 대학교의 심리학자 폴 에크먼Paul Ekman과 월리스 프리즌Wallace Friesen이 얼굴 표정을 분류하기 위한 기법을 개발하던 중 우연히 증명되었다.[20] 두 연구자는 안면 근육이 표정을 어떻게 통제하는지 알아보기 위해 수만 가지 근활동 조합을 이용하여 얼굴을 직접 일그러뜨리면서 그 모습을 비디오테이프에 담았다. 나중에 에크먼은 그때의 기분을 이렇게 설명했다.

나는 어떤 표정을 지으면 강렬한 정서 감각에 사로잡히는 것을 발견했다. 그냥 아무 표정이나 지은 것이 아니라 내가 이미 모든 인간에게 보편적으로 나타나는 것으로 확인한 표정을 지어보았다. 프리즌에게 같은 현상을 경험했는지 묻자 그는 자기도 어떤 표정을 지으면 감정이 느껴지고, 대개는 썩 기분 좋은 감정이 아니라고 말했다.[21]

배우들이 간혹 자기가 연기하는 인물 안에서 길을 잃는다는 데는 의문의 여지가 없다. 커크 더글러스Kirk Douglas는 1956년 영화 〈열정의

랩소디Lust for Life〉에서 연기한 빈센트 반 고흐에게 위태로울 정도로 밀착되었던 경험을 다음과 같이 회고한다.

나는 도를 넘어서, 반 고흐의 피부 속으로 들어간 느낌을 받았다. 외모만 반 고흐처럼 보이는 것이 아니라 그가 자살했을 때와 나이도 같았다. 가끔 나도 모르게 손을 들어 귀가 제대로 붙어 있는지 확인해야 했다. 무서운 경험이었다. 그렇게 미쳐가는 것이다.[22]

군이 배우나 실험심리학자가 되어야만 어떤 사람의 겉모습을 모방하면서 그 사람의 심리 상태와 그 이유를 이해할 수 있는 것은 아니다. 몸의 자세와 움직임과 발성으로 손쉽게 감정을 만들 수 있다. 슬픔을 만들어보자. 화창한 아침의 기쁨에 갑자기 찬물을 끼얹으려면 구부정한 자세로 미간을 살짝 올리고 입꼬리를 아래로 내린 채 비틀스의 〈엘리너 릭비Eleanor Rigby〉를 흥얼거리면서 방 안을 어슬렁거리면 된다.[23]

이러한 감정의 과잉 자극에 대한 현대판 해독제가 있다. 보툴린 톡신-A, 즉 보톡스다. 강력한 신경독nerve poison인 보톡스를 얼굴의 특정 근육에 주입하면 피부 주름의 생성을 억제하는 데 도움이 될 수 있다. 그러나 인간은 안면 근육으로 감정을 표현하기 때문에 보톡스가 감정을 방해할 수도 있다.

2010년 위스콘신-매디슨 대학교의 심리학 연구팀이 보톡스 시술로 안면 주름을 줄이려는 여성 집단을 대상으로 위의 가설을 검증했다. 연구팀은 보톡스 시술 전에 여성들을 실험실로 불러 컴퓨터 모니터에서 정서를 유도하는 다양한 지문을 읽히고 반응 시간을 쟀다. "당신은 연인의 아파트를 향해 계단을 뛰어올라간다"(행복한 기분을 느끼도록 설계된 지문), "생일에 이메일의 받은편지함을 열었는데 새 메일이 한 통도 없다"(슬픔), "고집불통에다 옹졸한 작자와 싸우다가 화가 치밀어서 차 문을 쾅 닫는다"(분노). 그리고 2주 뒤 여성들은 눈썹 안쪽 끝의 눈썹 주름근이 일시 마비된 상태로 다시 지문을 읽었다. 보톡스는 행복한 지문에 반응하는 속도에는 전혀 영향을 주지 않았지만, 슬픔과 분노에 반응하는 속도는 늦추었다. 슬픔과 분노의 감정을 얼굴에 제대로 표현하지 못해 뇌에서도 이런 감정을 처리하는 속도가 느려진 것이다. 얼굴을 찡그리지 못하면 실제로 인지도 느려지는 것처럼 보였다.[24]

이와 같은 실험 결과는 기능성 자기 공명 영상법(fMRI) 연구에 의해 입증되었다. 독일의 연구팀이 안면 근육에 보톡스 주사를 맞은 여성들에게 화난 표정을 지으라고 요구하자 정서에 중추적인 뇌 영역인 편도체 활동이 줄어든 것으로 나타났다.[25] 이 실험의 중요한 메시지는 보톡스의 미용 치료 효과보다는 감정 표현과 모방이 사회적 상호작용에 중요하다는 사실이다. 예컨대 당신의 얼굴 표정이 대화를 따라가지 못하면 상대는 당신이 대화에 관심이 없다는 인상을 받는다. 나아가 당신을 보는 시각이 부정적으로 바뀔 수도 있다. 위스콘신 대학교의 데이비드 하바스David Havas는 실험을 통해 보톡스가 미세 표정을 만드는 능력을 손상시키기 때문에 "보톡스를 맞은 사람들은 호감을 덜 살 것"이라고 보았다.[26]

생산성은 휴게실에서 나온다

감정 전염은 대중적인 애도 현상, 예금 인출 사태, 연료난, 건강 불안 증과 반드시 하지 않아도 되는 다른 행동에 끼치는 영향에도 불구하고 인간의 진화에서 중요한 역할을 한다. 이를테면 감정 전염은 집단 내부의 협력을 강화한다. "사람들이 사회적으로 상호작용할 때와 같은 심리 상태라면 자신의 행동을 더 유연하고 효과적으로 조정할 수 있을 것이다." 피터 토터델의 설명이다.

이와 같은 사회적 화합이 주는 혜택에 관해서는 매사추세츠공대MIT 인간역동실험실의 컴퓨터 과학자 앨릭스 펜틀런드Alex Pentland와 동료들이 꽤 효과적으로 입증했다. 펜틀런드 연구팀은 '현실 마이닝reality mining' 기술을 개발하여 휴대전화뿐 아니라 블루투스 위치 추적기와 가속도계 같은 특수 전자장치 데이터를 토대로 사람들의 행동과 움직임, 대화 양식과 그 밖의 상호작용을 추적 관찰했다. 펜틀런드는 현실 마이닝을 다음과 같이 설명한다.

현실 마이닝은 데이터를 들여다보면서 일정한 양상을 찾아 어떤 일이 벌어지는지 예측하고 이해하는 데이터 마이닝과 똑같다. 다만 이미 디지털화한 텍스트와 웹페이지가 아니라 현실에서 일정한 양상을 찾으려 한다. [이런 방법으로] 사람들에 관한 많은 정보를 알아낼 수 있다. 그 사람이 어디에 가는지, 누구와 어울리는지, 심지어 좋은 시간을 보내고 있는지까지 알아낼 수 있다.[27]

사업체와 그 밖의 여러 조직에 관한 가장 가치 있는 관찰 중에는, 사무직 근로자 간의 응집력과 소통―동료들끼리 대화하고 어울리면서 공유하는 정도―이 생산성을 예측하는 강력한 요인이라는 결과가 있다. 시카고의 어느 IT 회사에서는 집단 응집력 면에서 3위 안에 드는 직원들의 생산성이 평균보다 10퍼센트 이상 높았다. 그리고 로드아일랜드의 뱅크오브아메리카Bank of America 콜센터에서 실적이 가장 좋은 상담원은 동료들과 대화를 가장 많이 나누는 사람이었다. 펜틀런드는 "직장에서 유능하고 생산적으로 일하기 위한 중요한 정보가 주로 회사 휴게실에서 나오는 것 같다"고 설명한다.[28] 실적이 좋은 부서에는 활기찬 분위기―말 그대로 왁자지껄 대화가 오가는 분위기―가 있었다. 여기서 핵심은 직원들이 서로 무슨 이야기를 나누는지가 아니라, 모든 구성원이 어떻게 참여하느냐에 있다.[29] 펜틀런드가 직접 수집한 연구 자료를 근거로 팀을 꾸리려는 사람들에게 전하는 조언을 들어보자. "각 개인의 추론과 능력은 흔히 기대하는 것보다 팀의 성공에 기여하는 정도가 훨씬 적다. 좋은 팀을 꾸리려면 구성원을 선발할 때 각자의 두뇌나 실적이 아니라 서로 어떻게 소통하는지를 봐야 하며 성공적인 의사소통 양식을 따르게끔 이끌어야 한다."[30] 펜틀런드는 직원들에게 재택근무를 허용하는 회사는 장기적으로 볼 때 손해라고 조언한다. 같은 이유에서, 개인의 동기를 끌어 올리는 데 목적을 둔 성과급제도는 동료들 사이에 경쟁을 부추기고 한 팀으로 일하는 방식의 장점을 줄이기 때문에 오히려 역효과를 낼 수 있다. 자리에 나오지 않고 아이디어를 자유롭게 주고받는다고 해서 일이 잘 진척되는 것이 아니라, 서로 잘 알고 이왕이면 좋아하는 사람들과 함께 둘러앉아 어울리는 가운데 동기가 높아지기 때문이다.

2010년 3월과 2011년 6월 사이에 펜틀런드의 실험실에서는 '친구와 가족'이라는 연구를 진행했다. 젊은 부부가 많이 사는 MIT 인근 주거지역의 성인 130명의 행동을 지속적으로 추적하는 연구였다. 이 연구에서는 피험자의 위치, 움직임, 다른 사람들과의 근접성, 대화 양상, 온라인 앱 사용과 같은 휴대전화 기반 데이터와 함께 페이스북 활동, 재정 상태, 피험자가 직접 보고한 하루의 기분과 수면 양상 따위의 다양한 추가 정보를 수집했다. 물론 이런 노골적인 사생활 침해는 전적으로 피험자의 동의 아래 진행되었다. 가장 흥미로운 결과 몇 가지를 살펴보자. 우선 피험자들은 직접 만나서 시간을 보내는 사람들과 같은 모바일 앱을 쓰는 경향이 있었다. 인센티브 제도의 경우 다른 사람들과 혜택(여기서는 소액의 금전적 보상)을 나눌 때 참여도가 높았다. 소득 수준이 낮을수록 좁은 사회 집단에서 적은 사람들과 어울렸다(펜틀런드가 설명하듯이, 부유할수록 자유로이 탐색하게 해주는 호기심도 클 것이다).[31] '친구와 가족' 연구에서 관찰된 변화는 주로 감정과 행동의 전염, 곧 사람들이 타인의 행동을 모방하는 성향에 기인한다. "로마에서는 로마법을 따르라"고 펜틀런드는 말한다.

모방은 생존을 위한 합리적인 기제다. 소셜네트워크 전문가 던컨 와츠Duncan Watts는 이렇게 설명한다. "세상은 지나치게 복잡하기 때문에 한 개인이 혼자서 문제를 풀 수 없다. 우리는 우리의 사회 환경에서 부호화한 정보에 의존한다. 우리가 모르는 정보를 남들은 알 거라고 가정한다." 우리가 군중 앞에서 잘 속는 경향을 설명해주는 말로, 1969년 심리학자 스탠리 밀그램Stanley Milgram이 우리의 이런 속성을 훌륭하게 실증했다. 밀그램은 동료 연구자들을 번잡한 뉴욕 거리에 세워놓고 6층

창문을 올려다보게 하고는 덩달아 쳐다보는 행인의 수를 셌다. 그 결과, 거리에 처음 세워둔 연구자가 많을수록 사람들이 발길을 멈추고 같이 쳐다볼 가능성이 높았다.[32]

이런 설득은 저항하기 어렵다. 당신이라면 그냥 지나가겠는가?

심리치료사도 면역되지 않는 타인의 감정

일레인 해트필드Elaine Hatfield는 감정의 전염성에 누구보다 일가견이 있는 연구자다. 해트필드는 40년 동안 사회적 상호작용과 관계, 친밀감을 연구했으며, 30년 넘게 하와이 대학교의 심리학 교수로 재직해왔다. 그렇다고 해서 그녀의 예민한 감성이 무뎌진 것은 아니었다. 1990년대 초, 해트필드는 심리치료사로 일하면서 내담자가 그녀에게 서서히 '복잡한 감정 반응'을 불어넣는 것을 알아차렸다. 내담자만이 아니었다. 어느 날 해트필드와 남편은 그 지역 예술가 부부의 저녁 초대를 받았다. 그런데 식사 중에 그녀는 고개를 들고 있기 힘들 만큼 졸음이 쏟아졌다. 나중에 주인에게 사과 편지를 보냈고, 예술가 부부는 곧 해트필드 부부를 다시 저녁식사에 초대했다. 이번에도 똑같은 상황이 벌어졌다. 해트필드는 30분 동안 식사하고 꾸벅꾸벅 졸기 시작했다. 나중에 그녀는 역시 심리치료사이던 남편과 그 문제를 상의했고, 부부는 어떻게 된 일인지 알아냈다.

수전은 활기 넘치는―그리고 불안한―사람이다. 수전의 이야기는 해묵은 불만과 불평으로 넘쳐났다. 그렇다고 아예 재미없는 사람은 아니다. 수전의 말에 귀를 기울이기만 했다면 저녁식사는 잘 풀렸을 것이다. …… 수전의 남편 해리도 따로 떼어놓고 보면 비록 우울증이 심하고 말을 한마디도 안 하긴 하지만 역시 아무 문제가 없었을 것이다. 어차피 [우리 부부는] 온종일 우울한 사람들과 이야기를 나누기 때문에 그저 그의 삶에 관한 질문을 던졌을 것이다. 문제는 그런 사람이 둘이라는 데 있었다. 일레인은 히스테리의 스킬라Scylla•와 우울한 카리브디스Charybdis•• 사이에 끼여서―양쪽의 모순된 감정을 스펀지처럼 빨아들이느라 바빠서―잠이 드는 수밖에 없었다.[33]

해트필드 부부는 이 문제에 단호히 대처했다. 다시는 그 예술가 부부의 초대에 응하지 않기로 한 것이다.

사람들 중에는 유독 주변 사람들의 기분에 잘 휩쓸리는 사람이 있다. 이런 사람은 친구가 기분이 좋으면 같이 들뜨고 친구가 우울해하면 덩달아 기분이 가라앉는 경향이 남보다 심한 편이다. 대개 여자가 남자보다 공감 능력이 뛰어나서 감정 전염이 잘되며, 또 남녀를 막론하고 외향적인 사람들은 지금 소통하는 상대에게 집중하는 경향이 강하다. 사실 내향적인 사람과 우울한 사람들은 자기 내면을 들여다보느라 어느 정도 스스로를 격리한다. 우리가 어떤 사람의 기분에 민감한 정도는 그 사람과 맺는 관계의 성격에 크게 좌우된다. 중요한 사람일수록 그 사람이 하

• 그리스 신화에 나오는 괴물로 메시나 해협 암벽에 산다. 허리 위로는 아름다운 여성의 모습이고, 밑으로는 여섯 마리 개의 머리와 열두 개의 다리가 붙어 있다.
•• 바닷물을 들이켰다가 뱉어내면서 하루에 세 번 산처럼 거대한 소용돌이를 일으켜 배를 난파시킨다는 괴물.

는 말과 그 사람이 느끼는 감정에 더 많이 개입하거나 관심을 쏟기 때문에 그 사람의 분위기를 흡수할 가능성이 커진다. 엄마는 자식의 감정에 매우 취약하고,[34] 사랑에 빠진 사람들은 연인의 감정에 취약하다. 해트필드의 예처럼 전문 치료사조차도 면역력이 생기지 않는다.

감정 전염은 오랜 세월 함께 산 부부들이 시간이 갈수록 서로를 더 많이 닮아가는 이유를 설명해줄 수 있다. 부부가 서로의 표정과 버릇을 자주 따라 해서 비슷하게 주름이 생기기 때문이다. (동물의 감정을 살펴본 최근 연구에 따르면 개와 그 주인에게도 비슷한 현상이 나타난다고 한다.) 사실 모방은 아첨의 한 형태다. 예를 들어 결혼한 부부에 관한 어떤 연구에서는 은혼식 무렵까지 외모가 가장 비슷하게 변한 부부가 가장 화목한 결혼생활을 해왔다는 결과를 얻었다.[35]

사람마다 기분과 행동을 흡수하는 정도가 제각각이듯이 어떤 사람은 남에게 감정을 잘 퍼뜨린다. 분명 누구나 이런 사람을 알 것이다. 이들은 카리스마가 넘치고 활기차고 얼굴과 자세의 표현이 풍부하다. 이런 사람들에게 영향을 받지 않기란 쉽지 않다. 적절한 예로 존 F. 케네디, 마틴 루서 킹, 로널드 레이건, 빌 클린턴이 있다. 잭 케루악Jack Kerouac 의 《길 위에서On the Road》에 나오는 비극적 주인공 딘 모리어티Dean Moriarty도 마찬가지다.

딘의 지성은 모든 면에서 격식이 있고 반짝이고 완전하면서도 따분한 지식인처럼 보이지 않았다. 그리고 그의 '범행들'은 부루퉁하게 경멸하는 행위가 아니었다. 그것은 미국식 기쁨을 요란하게 긍정하는 분출이었다. 그것은 서부적인 것, 서쪽에서 불어오는 바람, 대평원의 송가,

새로운 무엇, 오래전에 예언되고 오래전부터 다가오던 무엇이었다(딘은 단지 신나게 드라이브를 하고 싶어서 차를 훔쳤다). …… 딘은 그저 세상을 열심히 돌아다니면서 빵과 사랑을 갈망할 뿐, 이러든 저러든 개의치 않았다.[36]

감정에 전염되지 않고 다른 사람들 기분의 구름에 방패를 들 수 있을까? 그 만남에 온전히 사로잡힌 상태에서는 거의 불가능하다. 가장 좋은 방법은 관심을 덜 주거나 거리를 두거나 정서적으로 멍해지면서 물러서는 방법으로,[37] 바로 해트필드가 다소 극적으로 표현했듯이 "공포에 직면해서 사색에 잠기거나 몽상에 빠지는" 방법이다. 또는 상대의 말을 경청하면서 자신의 감정 반응을 추적하고 조절하는 방법이 있다. 다만 무례하게 비칠 위험이 있다(보톡스 효과를 생각해보라).

반면에 일부러 모방 행동을 과장해서 감정이입하거나 사회 결속력을 강화하려고 시도하면 위험이 따를 수 있다. 우리가 다른 사람들의 동작을 얼마나 빨리 모방하는지 생각해보자. 어설프게 흉내 내려고 하면 진실하지 않거나 그냥 이상한 사람으로 비치기 십상이다. 오리건 주립대학교의 프랭크 베르니에리Frank Bernieri는 동시 동작이 친밀한 관계를 맺는 것과 얼마나 상관있는지 실험하기 위해 토론이나 대화나 인터뷰 중에 소통하는 모습을 영상으로 담아서 분석했다.[38] 베르니에리는 자세를 모방하는 것은 "혈압이나 심장박동과 같은 자동 과정이다. 이런 과정을 의도적으로 조작할 수 있다는 증거는 본 적이 없다"고 말한다. 그는 대화 중에 일부러 상대를 모방하면서도 상대에게 들키지 않을 수는 있지만, 그렇게 한다고 해서 상대가 느끼는 친밀감이 커지는 것은 아니라는 사실을 발견했다. 아직 명확한 이유는 밝혀지지 않았지만 억지 모방은 실제 모방과 동일한 정서적 메시지를 전달하지 못하는 것으로 보인다. 따라서 데이트나 면접에서는 시도하지 않는 편이 낫다.

정보의 쏠림 현상

감정 전염은 사회학에서 '정보 쏠림information cascade'•이라고 일컫는 현상이 변형된 개념이다. 정보 쏠림이란—아무런 성찰 없이 자동으로—모방하는 경향에 의해 다수의 사람이 똑같이 생각하고 행동하는 것을 말한다. 정보 쏠림은 우리의 행동에 강력한 영향을 줄 수 있다. 다이애나 왕세자비의 사망으로 일어난 애도 열풍이라든가 2005년 12월 체첸공화국 셸콥스크에서 교사와 학생 수십 명이 신체 장기에 아무런 이상 없이 발작과 호흡곤란, 경련을 일으킨 집단 히스테리를 생각해보자. 정보 쏠림 현상은 일상의 결정에 큰 영향을 끼친다. 이를테면 어떤 음악을 들을지, 어떤 옷을 입을지, 어떤 전화기를 살지, 어떤 유튜브 동영상을 볼지, 어느 자선단체를 후원할지, 어떤 페이스북 게시물에 '좋아요'를 누를지에 영향을 준다.

더욱 중요하게는 어떻게 투표하는지에 영향을 끼칠 수도 있다. 선거를 순차적으로 치르는 국가—대통령 예비선거를 치르는 미국—나 일

• '정보 폭포'라고도 하는 이 현상은 정보가 폭포처럼 쏟아지면서 원하는 정보를 찾기가 점점 어려워짐에 따라 다른 사람들의 의견을 참고해 의사결정을 하는 것으로, 처음 몇 명이 내린 결정에 다수가 추종하게 되는 쏠림 현상을 가리킨다.

부 지역의 투표가 다른 지역보다 먼저 끝나는 지역에서는, 특정 후보가 이미 경쟁 후보를 따돌렸다는 정보가 나돌면 다른 후보에게 투표하려던 유권자까지도 우세한 후보를 지지할 수 있다.[39] 사람들은 쉽게 설득된다. 어떻게 뉴햄프셔(미국 대선에서 전통적으로 첫 번째 예비선거 지역)의 유권자 9만 5000명이 잘못된 선택을 할 수 있겠는가! 선거운동 기간에 발표하는 여론조사도 비슷한 영향을 줄 수 있다. 이런 이유에서 영국과 독일은 투표소 문을 닫기 전에는 출구조사 결과를 발표하지 못하게 금지하고, 싱가포르에서는 출구조사 자체를 금지해왔다. 나아가 프랑스와 이스라엘, 이탈리아, 러시아는 선거 며칠(이탈리아에서는 꼬박 2주) 전부터 일체의 여론조사 결과를 발표하지 못하도록 막는다.

정보 쏠림 현상은 정보를 토대로 하지만 감정에 좌우된다. 던컨 와츠는 다음과 같이 말한다.

우리가 남들과 같은 행동을 하고 싶어 하는 이유는, 그러는 편이 더 낫다고 생각해서가 아니라—그렇게 생각할 수도 있지만—함께한다는 사실 자체가 중요하기 때문이다. 누구나 집단에 속하고 집단의 구성원들과 동질감을 느끼고 싶어 한다. 그러기 위한 한 가지 방법은 문화적으로 공통된 참조 대상과 취향을 공유하는 것이다. 같은 노래와 영화, 스포츠, 책을 좋아하면 이야깃거리가 생길 뿐 아니라, 나보다 더 큰 무언가의 일부가 된 느낌을 받는다.

많은 사람과 발맞춰 나가면 충만한 감정이 들 수도 있지만 그 사람들이 모두 틀린 것으로 밝혀지는 경우에는 딱히 도움이 되지 않는다. 생각해보면 그럴 가능성은 불안할 정도로 크다. 혼자서 사회적 영향의 지배로 들어갈 때는 각자 독립적으로 습득한 지식을 문 앞에 놓고 들어가기 때문이다. 집단에 새로운 정보가 유입되지 않으면 의사결정의 수준은 집단이 커질수록 떨어진다. 순전히 수가 많아서 정보 쏠림이 그럴듯해 보일 수 있어도, 실제로는 장님이 장님을 이끄는 격일 때가 적지 않다.

많은 경제학자가 2008년 세계 금융위기를 촉발한 사건으로 지목한 미국의 투기성 주택 거품을 예로 들어보자. 1997년부터 2006년까지 미국 주택의 실질가격은 전반적으로 85퍼센트나 올랐다.[40] 같은 기간에 신용 상태가 좋지 않은 주택 구입자에게 빌려주는 서브프라임 모기지°가 모기지 거래 시장의 5퍼센트에서 20퍼센트 정도까지 증가했다.[41] 주택을 구입하는 사람들 다수가 주택을 안전한 장기 투자로 생각하면서, 주택 가격이 계속 오르고 주택 소유는 금융 담보나 그 이상을 보장해준다는 낙관적인 정보 쏠림에 휩쓸렸다. 아직 이런 낙관주의가 팽배하던 2005년, 예일 대학교 경제학자 로버트 실러Robert Shiller와 그의 동료 칼 케이스Karl Case는 샌프란시스코의 주택 구입자들에게 주택의 가치가 얼마나 상승할 것으로 기대하는지 물었다. 평균 기대치가 1년에 14퍼센트였는데, 이는 금융권의 분위기가 괜찮은 시기에도 놀라운 수익률이었다. 응답자의 3분의 1 정도는 터무니없이 과도한 기대를 품었고, 그중에는 연간 50퍼센트씩 상승할 것으로 내다보는 사람도 있었다. "그들은 어떤 근거에서 이렇게 전망했을까?" 실러는 이렇게 물었다. "유의미한 가격 상승을 관찰하고 그런 상승에 대한 다른 사람들의 해석을 들은 것

° 비우량 주택 담보 대출.

이다."[42]

진화의 역사에서 인간은 줄곧 이런 종류의 전염성 있는 생각에 취약했지만, 오늘날에는 점점 더 심하게 휘둘린다. 트위터와 페이스북, 유튜브 같은 소셜네트워크서비스SNS를 통해 진실 여부와 상관없이 정보와 감정이 빠르게 확산될 수 있기 때문이기도 하고, 또 어느 정도는 세계에 대한 이해를 왜곡하는 (그리고 우리가 위험에 대해 합당한 결정을 내리기 어렵게 만드는) 생생하고 감정적인 영상에 그 어느 때보다 많이 노출되기 때문이다.[43] 미국에서 9·11 테러가 일어난 뒤 1년 동안 많은 미국인이 자동차가 더 안전하다고 믿고 비행기 대신 자동차로 여행했다. 결과적으로 같은 기간에 자동차 사고로 1600명이 더 사망했는데, 이는 비행기 납치로 죽은 희생자의 6배에 이르는 수치였다.[44] 위스콘신 대학교의 심리학자 코린 엔라이트Corrine Enright에 따르면, 사람들은 9·11 추모행사를 다룬 뉴스를 시청하기만 해도 다시 테러가 발생할 가능성이 있다고 생각한다고 한다.[45] 공포와 분노가 언제나 이성을 앞서고, 생생한 언론보도는 감정을 불러일으키는 얼굴들을 자꾸 보여주면서 인간의 가장 오래된 직감을 충족시킨다. 작가이자 확률 전문가인 나심 니콜라스 탈레브Nassim Nicholas Taleb는 "우리는 언론에 노출되기에는 충분히 이성적이지 않다"고 말했다.[46]

물론 정보 쏠림 현상이 바람직하게 작용할 때도 있다. 남아프리카에서는 인종차별 반대운동의 원동력이 되었고, 동유럽에서는 공산주의를 몰락시켰으며, 환경에 대한 의식을 주류로 끌어냈다. 그렇지만 정보 쏠림이 파괴적이고 해로운 영향을 주는 예도 지나칠 정도로 많다. 강력한 주장이 급속도로 확산될 때는 어떻게 반응해야 할까? 이미 그 순간의 감정에 빠진 사람들이 스스로 무엇을 하는가를 알고 있는지 파악해야 한다. 그들이 벌써 알고 있거나 독립적으로 얻은 지식을 활용하는가? 그렇다면 그들의 말을 경청할 가치가 있을 수 있다. 아니면 그들이 그저 감정에 휘둘려서 무리를 좇아 행복한 결말을 향해 뛰어가는가? 그렇다면 사람이 많을수록 안전하다는 논리가 적용되지 않는다.

많은 사람에게 정보 쏠림과 감정 전염은 군중의 광기와 그들을 휩쓸었던 무지에 관한 뿌리 깊은 불안을 상기시킨다. 다음 장에서는 군중에 대한 두려움의 파란만장한 역사를 돌아보고, 군중을 분해해서 그것의 실체, 곧 정치적으로 편리한 거짓 신화를 밝히려고 노력해온 현대 심리학자들을 만나볼 것이다. 사람들은 군중 속에서 기이한 방식으로 행동한다. 그런데 우리가 상상할 수 있는 그런 방식은 아니다.

당신은 타인의 감정에 얼마나 민감한가?

| 감정 전염도 테스트 |

이 척도는 당신이 주변 사람들의 감정을 얼마나 섬세하게 헤아리는지 보여준다. 15개 문항의 점수가 높을수록 더 민감하고, 다른 사람의 기분을 '감지'할 가능성이 높다. 다음과 같이 답하라.

4 - 항상 그렇다　　　3 - 자주 그렇다　　　2 - 거의 그렇지 않다　　　1 - 절대 그렇지 않다

1. 대화를 나누다가 상대가 울기 시작하면 내 눈에도 눈물이 맺힌다.
2. 행복한 사람과 같이 있으면 울적하다가도 기분이 좋아진다.
3. 누가 나를 보고 따뜻하게 웃어주면 나도 같이 웃어주고 마음이 따뜻해진다.
4. 사람들이 사랑하는 사람의 죽음에 관해 이야기하면 나도 슬퍼진다.
5. TV 뉴스에서 성난 얼굴을 보면 이를 악물게 되고 어깨가 뻣뻣해진다.
6. 사랑하는 사람의 눈을 보면 사랑의 감정이 차오른다.
7. 주위에 화난 사람이 있으면 신경이 쓰인다.
8. TV 뉴스에서 겁먹은 피해자들의 얼굴을 보면 어떤 기분일지 상상한다.
9. 사랑하는 사람이 꼭 안아주면 마음이 누그러진다.
10. 옆에서 화를 내며 다투는 소리가 들리면 긴장된다.
11. 행복한 사람들이 주위에 있으면 행복한 생각이 샘솟는다.
12. 사랑하는 사람이 나를 만져주면 내 몸이 반응하는 느낌이 든다.
13. 스트레스가 심한 사람이 주위에 있으면 덩달아 긴장된다.
14. 슬픈 영화를 보면서 눈물을 흘린다.
15. 치과 대기실에서 겁에 질린 아이의 날카로운 비명을 들으면 걱정된다.

※ 어떤 감정에 특히 민감한지 확인해보라.
　행복 - 2, 3, 11　　사랑 - 6, 9, 12　　공포 - 8, 13, 15
　분노 - 5, 7, 10　　슬픔 - 1, 4, 14

출처 : R.W. Doherty, "The emotional contagion scale : a measure of individual differences", *Journal of Nonverbal Behavior* 21 (1997), pp. 131～54. 일레인 헤트필드의 허락으로 재구성함.

The Power of Others

2

군중의 얼굴에서 무엇을 읽을 것인가

광기와 온기, 군중심리에 대한 새로운 이해

조지프 프리스틀리Joseph Priestley는 독특하고 박학다식한 인물이었다. 그는 산소를 발견하고 소다수를 발명한, 당대 최고의 유명한 과학자들 중 한 사람이자 미국 대통령 토머스 제퍼슨Thomas Jefferson과 친구였을 뿐 아니라 비국교파 목사이고 신학자, 철학자, 교사, 영문법 학자, 정치 평론가였다. 오늘날 그의 전기 작가인 로버트 스코필드Robert Schofield에 따르면 프리스틀리는 "놀랍도록 다양한 분야에서 앞서나간 계몽주의의 권위자"였다고 한다.[1] 그러나 이 모든 업적도 1791년 7월 14일에는 무용지물이 되었다. 그날 성난 군중이 영국 버밍엄에 있는 그의 집을 불태웠고, 결국 그는 미국으로 망명해 말년의 10년을 타지에서 보냈다.

어떻게 이런 일이 벌어졌을까? 프리스틀리의 업적과 영향력에도 불구하고 영국의 지배층은 몇 가지 사안에서 그를 기분 나쁘게 받아들였다. 우선 그는 예수의 신성神聖을 부정하면서 신성모독적인 견해를 드러내고,[2] 교회와 국가의 분리를 옹호하고, 미국 독립전쟁에서 식민지 이주민들을 지지했다. 또한 그는 프랑스혁명을 시민의 자유를 위한 투쟁으로 반겼는데, 이런 시각은 프랑스의 동요가 영국해협을 건너올까 두려워하기 시작한 영국에서는 곧바로 배척당했다. 프리스틀리는 버밍엄 호텔에서 바스티유 함락 2주기 기념 연회를 여는 데 일조하면서 선을 넘은 것으로 보인다. 그의 반대파—지방검사, 치안판사, 몇몇 지역 성직자들—는 기회를 놓치지 않고 폭동을 주모했다.

폭도들이 사흘 동안 인정사정없이 파괴했다. 일단 대중시위의 가장 효과적이고 전통적인 방법으로서 호텔을 나서는 연회 참석자들에게 돌과 진흙을 던지는 것으로 시작했다. 프리스틀리가 그곳에 없다는 사실이 전해지자 폭도들은 그가 목사로 있는 교회에 불을 지르면서 "교회와 국왕", 그리고 다소 황당하게도 "천주교 반대"(프리스틀리는 천주교도가 아니었다)라는 구호를 외쳤다. 폭도들은 시 외곽에 있는 프리스틀리의 자택으로 몰려갔다. 프리스틀리는 훗날 이렇게 회고했다. "저녁을 먹고 내가 가끔 즐기던 주사위 놀이를 준비할 때 청년들 몇이 우리 집 문을 거칠게 두드리는 소리가 들려서 깜짝 놀랐다."[3] 프리스틀리와 그의 아내는 몇 킬로미터 떨어진 친구의 집으로 피신해서 "[우리 집으로] 몰려든 사람들, 폭도들의 외침, 그들이 도구를 내리쳐 문과 가구를 부수는 소리"를 모두 들을 수 있었다.[4]

40년간의 일기와 편지, 미발표 회고록, 종교에 관한 모든 원고, 화학과 물리학 실험 기록이 소실되고, 서재와 온갖 과학 장비가 갖춰진 실험실이 파괴되었다. 사흘 뒤 런던에서 정부군이 도착할 무렵, 폭도들은 이미 비국교파 교회 네 곳과 개혁파 동조자 27명의 집을 부수거나 불태웠다. 프리스틀리는 다시는 영국에서 자유와 안전을 누리지 못한 채, 3년 만에 가족을 데리고 펜실베이니아 시골의 새집으로 옮겼다. 그 후 두 번 다시 영국 땅을 밟지 못했다.

프리스틀리 폭동은 훗날 알려진 대로 집단으로 행진하는 사람들을 설득해서 누구한테 무슨 짓이든 저지르게 만들 수 있다는 일반적인 믿음을 강화했다. 막강한 군중이 감옥 요새를 습격해서 소장의 목을 벤 바스티유 습격 이래, 대중의 마음속에서 도시 군중은 각자의 관점에 따라 민중의 의지의 표현이 되기도 하고 악령에 사로잡힌 무시무시한 괴물이 되기도 하는 정치적 힘으로 자리매김했다.

많은 지식인이 겁을 먹은 모양이었다. 휘그당 의원 에드먼드 버크Edmund Burke는 프리스틀리와 오랜 친분을 유지하고 정치적으로 그를 지지해오다가 바스티유 사건으로 급속히 멀어진 인물인데, 많은 사람의 생각을 대변하여 문명이 "돼지 같은 대중의 발굽에 짓밟힐"[5] 것으로 예견했다. 파리의 시위대를 "지옥과 같은 복수심에 불타는 형언할 수 없이 혐오스러운 무리"[6]라고 일갈한 다소 격앙된 표현은 몇십 년 뒤 프랑스의 역사가 이폴리트 텐Hippolyte Taine의 옹호를 받았다. 텐은 선동자들이 "울부짖는 무리"와 "하루아침에 야생으로 돌아간 길들여진 코끼리"를 닮았다고 표현했다.[7]

그 무렵 학계의 시각도 그리 호의적이지 않았다. 프랑스의 범죄학자 가브리엘 타르드Gabriel Tarde는 19세기의 가장 문명화한 군중조차 "감성이 분산되고도 머리가 시키는 대로 계속 무질서하게 움직이는 무시무시한 벌레"[8]에 비유했다. 이탈리아의 스키피오 시겔레Scipio Sighele는 최면술의 심리학을 끌어들여서 군중이 공통의 목적에 따라 행동하도록 그렇게 쉽게 설득되는 이유를 설명하려 했다. 시겔레는 한번 뿌리내린 생각과 감정은 '미생물'처럼 퍼져나갈 수 있으므로 모든 군중은 반드시 병적이고 악한 성향을 띤다고 말했다.[9]

새로운 관점에서 군중을 분석한 부류 중 단연 영향력 있는 인물은 의사이자 사회심리학자이자 다재다능한 괴짜 지식인 귀스타브 르봉

Gustave Le Bon이었다. 르봉은 1871년 프랑스 정부에 항거하는 파리 반란 시기를 거치면서 텐처럼 마음의 상처를 입은 터라, 사람들이 대규모로 모이면 어떻게 행동하는지를 과학적으로 이해하려고 시도했다. 그는 뇌에서 일종의 마비 상태가 발생하고 (시겔레의 말처럼) 특수한 최면 상태에 돌입하면서 개인은 무의식적인 충동의 노예가 되고 생각 없이 암시에 따르는 경향을 보인다고 진단했다.

개인은 더 이상 자기 자신이 아니고 자신의 의지대로 움직이기를 중단한 자동장치가 된다. 게다가 이런 개인이 조직된 군중의 일부가 된다는 사실만으로도 인간은 문명의 사다리를 몇 계단 내려간다. 사람은 혼자 떨어져 있으면 교양 있는 개인이 될 수 있지만, 군중 속에 있으면 야만인이 되고 …… 모래밭에서 다른 모래 알갱이들 틈에 섞인 모래 한 알로서 바람이 부는 대로 흩날리는 존재다.[10]

오늘날에도 군중 행동crowd behaviour에 대한 르봉의 관점은 정치인과 평론가, 넓게는 일반 대중 사이에 널리 퍼져 있다. 사람들은 흔히 군중이란 원초적 본능과 방종의 무의식 세계에 머무르는 존재이고, 각 개인은 그 세계에서 정체성을 빼앗기고 무의식중에 폭력적이고 비이성적인 행동에 끌려간다고 믿는다. "군중의 우성형질은 무수한 개인을 역기능적인 하나의 페르소나로 축소하는 것이다." 2011년 영국 폭동 이후 칼럼니스트 윌 셀프Will Self가 한 말이다.[11] 이 장의 목적은 군중에 대한 이런 믿음이 어떻게 확산되어왔는지 알아보고, 왜 이런 정서에 심각한 문제가 있는지 현대 사회심리학자들에 의거하여 살펴보는 데 있다.

타인의 영향력

히틀러가 신봉한 '군중심리'

르봉은 군중의 광기를 최초로 설명한 사람은 아니지만 이런 관점을 처음으로 대중화한 사람이었다. 그의 논문 《군중심리 La psychologie des foules》는 처음 발표되고 25년 동안 프랑스에서 25차례, 영국에서 16차례 중판이 간행되었다.[12] 결국 17개국 언어로 번역되었다. 과학적으로 그가 동시대인들에게서 얼마나 동떨어져 있는지 생각해보면 기이한 현상처럼 보인다. 예를 들어 르봉은 두개골 크기가 지능을 가늠하게 해주는 믿을 만한 지표이고, 백인은 다른 인종보다 머리가 커서 뇌가 더 발달했으며, 여자는 인간의 진화에서 열등한 형태로 "문명화한 성인 남자보다는 어린아이와 야만인에 가깝다"고 믿었다. 르봉은 유능한 여자가 존재한다는 사실을 인정하면서도 "그런 여자들은 이를테면 머리가 둘 달린 고릴라 같은 기형이 태어나듯이 극히 예외적인 존재이며, 따라서 그들의 존재는 완전히 무시해도 된다"고 여겼다.[13]

르봉의 편견과 방법론은 동료 학자들에게 비판받았지만 군중심리학의 권위자로서의 대중적 명성에는 흠집이 나지 않은 듯했다. 군중이 원시적이고 어리석다는 르봉의 관점은 학계를 뛰어넘어 도시 폭동과 대중시위의 불안정한 영향에 마음을 졸이던 유럽 중산층 사이에서 공감을 끌어냈다. 지그문트 프로이트Sigmund Freud는 르봉의 분석을 토대로 이 주제를 고민하고, 저서 《집단 심리학과 자아 분석Group Psychology and the Analysis of the Ego》에서 르봉의 '유명해 마땅한' 논문을 논의했다.[14] 많은 유명인사가 군중심리에 대한 르봉의 두려움에 공감했다. "격분해서 함성을 내지르며 거리를 뛰어다니는 군중을 보라." 1910년, 작가이자 정치가인 힐레어 벨록Hilaire Belloc은 이렇게 간청했다. "짐승처럼 용기백배하고 지독하게 흉포하면서도, 잔인성과 과단성에서는 사악한 면모가 엿보인다."[16]

교활한 지도자가 음흉한 목적을 위해 르봉의 이론을 도용하는 것은 시간문제였다. 20세기 초에 《군중심리》는 전체주의의 성서와도 같았다. 레닌과 스탈린, 무솔리니와 히틀러 모두 이 책에 나오는 최면 작용, 익명성, 집단 정신 같은 개념을 받아들였다. 레닌은 이 책에 빽빽이 메모하고 늘 책상에 놓아두었다고 전해지며, 무솔리니는 자서전에서 이 책을 높이 평가했다. 모두 지도력에 대한 조언을 갈구하던 사람들이라 이 책에서 진지하게 고민할 만한 내용을 발견한 것이다. 르봉은 군중의 특성을 "주인이 없으면 아무것도 못하는 굽실거리는 무리"[17]로 묘사하고는, 이어서 지도자가 대중을 설득하여 어떤 생각을 심어주기 위한 세 가지 도구, 즉 확언·반복·전염을 제시했다. 바꿔 말하면, 어떤 생각을 충분히 명확하게 진술하고 여러 번 반복하면 그 생각이 저절로 퍼져나간다는 뜻이다. 여기에 카리스마 넘치고 감탄을 자아내는 자질, 곧 르봉이 '명망'이라고 일컫은 자질까지 갖추면 사람들이 따르게 마련이다.

거듭 나타나는 군중에 대한 두려움은 정치적 담론에서만큼이나 문학작품에도 깊이 뿌리박혀 있다. 찰스 디킨스Charles Dickens는 《두 도시 이야기A Tale of Two Cities》(1859)에서 바스티유를 습격하는 혁명 군중을 무섭게 넘실대면서 소용돌이로 빨려들어가는 물에 비유한다. "프랑스의 모든 숨결이 증오의 말로 이루어진 양 함성이 들리고, 살아 있는 바다가 일어나 파도가 밀려오고 또 밀려오면서 깊어지고 더 깊어지면서 도시에 넘쳐흐른다."[18] 잭 런던Jack London도 런던 이스트엔드*의 삶을 다룬《밑바닥 사람들 *The People of the Abyss*》(1903)에서 더러운 거리로 모여든 "비참한 대중"이 "악취 나는 드넓은 바다에서 내 주변으로 수없이 철썩거리며 차올라서 나를 삼키려고 위협하는 형국"이라고 묘사한다.[19] 군중이 괴물이나 좀비 집단의 형태로 나오는 작품도 있다. 에밀 졸라Émile Zola의《제르미날 *Germinal*》(1885)에서는 비참한 처지에서 시위를 벌이던 광부들이 복수심에 불타는 무리, "눈빛을 번득이고 입이 벌어지고 골이 난 사람들"로 돌변한다.[20]

20세기 미국 소설에서도 같은 주제가 꾸준히 다루어졌다. 윌리엄 포크너William Faulkner, 하퍼 리Harper Lee, 존 스타인벡John Steinbeck 같은 작가들의 작품에서도 사형私刑을 행하는 무리는 르봉이 말하는 정치적 군중만큼 비이성적이고 무모한 사람들이었다. "마치 …… 잠결에 돌아다닌 것 같은 느낌이다." 스타인벡의《자경단 *The Vigilante*》(1938)의 주인공이 한 남자를 감옥에서 끌어내 느릅나무에 매단 무리의 선봉에 섰다가 빠져나와 탄식하는 말이다. 그는 반 시간 전만 해도 밧줄을 잡아당길 기회를 차지하려고 다투던 터였다. 이제 "차가운 외로움이 덮치는" 사이 그는 자기가 한 짓을 받아들이려고 애썼다.[21]

앞으로 살펴보겠지만, 최근의 사회심리학자들은 사람들이 모여서 군중이 되면 고장 난 로봇처럼 움직인다는 주장에 반박하기 위해 많은 노력을 기울여왔다. 군중 행동에 관한 르봉의 유명한 이해뿐 아니라 과학계의 르봉 이론에 해당하는 '몰개성화 이론 deindividuation theory'에 반박하려고 힘써온 것이다. 몰개성화 이론이란 개인이 군중 속으로 들어가

• 전통적으로 노동자계급이 사는 런던 북동부의 빈곤지역.

면 자의식을 잃고 소심한 태도를 벗어던진 나머지 자신의 행동에 대한 책임을 방기한다는 이론이다. 1969년 스탠퍼드 대학교의 심리학자 필립 짐바르도Philip Zimbardo에 따르면, 몰개성화 이론은 사람들이 왜 신분을 감출 수 있을 때 더 공격적으로 변하는지를 설명해준다고 한다(많은 논란을 불러일으킨 짐바르도의 스탠퍼드 감옥 실험은 5장에서 살펴보겠다).[22] 그 뒤로 몰개성화 이론은 제멋대로 날뛰는 군중의 속성을 설명하는 데 자주 거론되었지만, 일부 심리학자들은 이 이론을 확신하지 않는다. 이들은 군중 속의 개인이 대개 외부인에게는 익명의 존재이지만 그들 내부에서는 익명이 아니며, 정체성을 잃지도 않으며, 오히려 주변에서 일어나는 상황에 잘 적응한다고 지적한다.

이런 주장을 공론화하는 것이 중요하다. 군중은 무모하다는 잘못된 믿음이 사회적 행동이나 정치적 행동에 관한 수상쩍은 이론을 뒷받침하는 근거로 지나치게 자주 거론되기 때문이다. 예를 들어 미국의 정치평론가 앤 콜터Ann Coulter는 민주당 지지자(공화당 지지자는 빼고)들이 군중의 집단 사고와 무모함에 치우쳐 있다고 주장하면서, 사회와 경제에 관한 진보적인 안건 전체를 전복하려 했다. "다른 데서는 법을 준수할 사람들로 하여금 경찰을 향해 돌을 던지게 만드는 군중심리는, 다른 데서는 똑똑한 사람들로 하여금 NPR*에서 듣지 않은 뉴스는 무엇이든 믿지 않게 만든다." 콜터가 《악령: 진보적 군중이 어떻게 미국을 위험에 빠뜨리는가Demonic: How the Liberal Mob Is Endangering America》에 쓴 말이다.[23] 콜터가 이렇게 기상천외한 가설을 세우는 데 가장 큰 영감을 준 사람은

---

* 진보 매체로 분류되는 미국 공영방송.

누구일까? 물론 귀스타브 르봉이었다.[24]

합리적 폭동

스티븐 레이처Stephen Reicher는 전화상으로 아주 다정하고 호의적이어서 직접 마주 보고 얘기하는 것처럼 느껴지는 드문 사람들 중 하나다. 그에게는 사람들과 만나는 일이 삶의 낙이라고 해도 그리 놀랍지 않다. 레이처는 지난 수십 년간 군중의 역학에 관한 교재를 다시 쓰면서 사회적·심리적으로 복잡한 관련 요인들을 더 잘 이해하려고 시도해온 영국의 소규모 사회과학자 연구팀을 실질적으로 이끌어온 연구자다. 이 연구팀의 연구 결과는 르봉과 그의 추종자들이 정립한 내용과 크게 다른 기제를 제안한다. 이 연구팀은 무모함과 광기가 아니라 주로 일관성과 협동에 주목한다. 몰개성화가 아니라 정체성 변화에 주목한다. 이들의 연구는 정부와 경찰이 대중집회를 이해하고 관리하는 방식에 지대한 영향을 끼치기 시작한다.

1975년 레이처가 브리스톨 대학교 학부 1학년 때 군중심리에 관심을 기울이기 시작했을 즈음 두 가지 중요한 사건이 일어났다. 첫째, 레이처는 집단행동을 사회 정체성으로 설명한 최초의 연구자 헨리 타이펠Henri Tajfel을 우연히 만났다. 타이펠은 홀로코스트에서 살아남은 학자였다. 홀로코스트라는 참혹한 사건은 레이처의 표현대로 "전후 시대의 모든 사회사상에 영향을 주고" 이후 몇 세대의 유대인 심리학자들에게 어떻게, 왜 그런 일이 일어났는지 이해하려고 노력하도록 자극했다. 이 책에서도 이들 심리학자를 여럿 만나볼 것이다.

두 번째 사건은 레이처의 첫 '군중 행사'로, 대학생 수백 명이 대학 건물 하나를 점거하고 여성의 대학 진학을 주장한 시위였다. 레이처는 이 사건을 "놀랍도록 강렬하고 교육적이고 지적인 체험"이라고 말하면서, 심리학 강의에서 군중은 비이성적이라고 배운 내용과 모순되며 학생들을 충분히 생각하지 않은 채 감정에 과도하게 휩쓸린 군중이라고 말한 대학 부총장의 주장과도 어긋나는 사건으로 기억한다. "그 사건은 내게 참으로 강렬한 충격을 안겨주었다. 내가 직접 경험한 현실과 내가 배운 이론, 그리고 그 이론을 적극 활용해 집단행동을 불명예스러운 사건으로 깎아내려서 정당성을 빼앗으려는 시도가 몹시 대조적이었다."

5년 뒤 아직 브리스톨 대학교에서 박사학위 과정을 밟던 레이처는 그의 생각을 실험할 기회를 얻었다. 1980년 4월 2일 라디오를 켜자 실업과 인종갈등이 심각한 소외 지역인 세인트폴에서 폭동이 일어났다는 뉴스가 나왔다. 아프리카계 카리브 해 이민자 사회를 겨냥한 듯 보이는 부당한 검문검색법 때문에 갈등의 골이 깊어진 상황에서, 경찰이 무허가로 술을 판매한다는 혐의로 이 지역의 유명한 카페를 급습한 사건이 일어났다. 이 사건을 계기로 성난 주민들이 일으킨 폭동은 경찰과 주민들 사이의 장기전으로 발전했다. 결국 경찰 차량 21대가 훼손되거나 고장 나고, 경찰관 22명이 입원하고, 주민 130명이 체포되고, 건물 몇 채가 약탈당하거나 불탔다.

레이처는 이런 현장으로 노트를 들고 걸어 들어갔다. 처음 그의 눈에 들어온 광경은 몰개성화 이론이나 군중행동에 관한 기존 이론으로 예상되는 무분별한 상태와는 거리가 먼 모습이었다. 폭력은 꽤나 선택적이고 구체적으로 경찰을 향해 있었다. 레이처는 이렇게 회고한다.

나는 누가 봐도 세인트폴 사람이 아닌 행색으로 그 자리에 서 있었다. 사람들은 내게 다가와 내가 경찰이 아닌 것을 확인하고는 놀랍도록 친근하게 대해주었다. 수많은 폭동에서 눈에 띄게 나타나는 현상으로, 사람들은 생사가 걸린 것처럼 위험해 보이는 동시에 여러모로 평소보다 훨씬 더 가깝게 어울린다.

레이처는 이상할 정도로 정상적인 분위기를 발견했다. 예컨대 차가 불타고 벽돌이 날아다니는 와중에도 사람들은 일터에서 집까지 걸어서 돌아가고 가족들이 장을 보러 나가고 길에 서서 대화를 나누는 등 마치 차가 박살 나고 벽돌이 날아다니는 것이 그 동네의 일상인 듯 행동했다.

그리고 다른 분위기도 감지했다. "정신병자와 체제 전복을 꾀하는 무정부주의자들"의 사전 획책으로 발생한 폭력사태라는 경찰의 주장과 달리, 사전에 계획했거나 지도부가 존재한다는 증거는 전혀 발견되지 않았다. 폭동은 분명 자발적으로 시작되었고, 시위 참가자들은 스스로를 경찰의 폭압에 맞서는 집단으로 여기는 것 같았다.[25] 레이처는 발표된 연구에서 이렇게 논했다. "기존 군중 이론으로 어떻게 이런 것〔특징〕을 다룰 수 있을지 이해하기 어렵다."[26]

레이처와 동료 연구자들은 30년에 걸쳐 10여 차례의 시위, 가두시위, 환경운동, 축구 경기, 거리 폭동을 지켜본 뒤, 지하의 귀스타브 르봉을 씰룩거리게 만들었을 법한, 군중행동에 관한 새로운 이론 모형을 정립했다. 새로운 이론에서는 군중 속의 사람들이 합리성과 자기 인식을 버리기보다는 현재 자기가 누구인지―반전운동가, 특정 축구 클럽의 팬, 환경운동가―에 따라 스스로를 정의하고 이런 '사회적 정체성'이 군중의 행동 방식을 결정한다고 주장한다. 나아가 사회적 정체성은 집단의 공통 요소만큼 사람들이 놓인 상황―예를 들어 위협을 느끼는지 여부―에 의해 형성된다.[27]

　새로운 이론에 따르면, 1990년 3월 31일 런던에서 일어난 반인두세Anti-Poll Tax 시위*에서 나타난 혼란의 책임을 폭력을 선동한 폭력배나 기회주의자(물론 이런 부류도 그 자리에 있긴 했지만)에게 전가하는 것은 이치에 맞지 않는다. 그날 오후 거리에 나선 25만 명은 배경과 이해관계가 천차만별이고 그중 다수는 이전에 서로 적대적인 관계였지만, 정부의 일률 과세 인두세 계획에 모두 똑같이 격분한 상태였다. 모든 사람이 공통 주제에 공감하는 '심리적 군중psychological crowd'**으로서의 특성이 드러난 사건이었다. 경찰이 경찰봉으로 시위대를 해산하려 하자 군중의 심리가 급변했다. 그때까지만 해도 충돌을 꺼려하던 평화로운 시위대는 갑자기 자기네가 경찰의 무차별 폭력의 표적이 된 사실을 깨달았다. 그리고 그들은 다 함께 철저히 합리적인 이유에서 경찰과의 충돌을 정당한 대응으로 받아들이기 시작했다. 그 결과 '트라팔가 투쟁'이 벌어져, 과격한 시위가 이튿날 새벽 3시까지 이어졌다.

　레이처는 자료가 수집된 지난 30년간의 모든 대중시위, 곧 1988년 11월 학생과 경찰이 충돌한 이른바 웨스트민스터 투쟁과 1990년대 중반

---

* 대처 수상이 소득이나 재산에 따라 차등적으로 거두던 세금을 모든 성인에게 일괄적으로 동일한 금액을 거두기로 하자 일어난 시위.
** 우연하고 일시적으로 군집한 일반적 군중이 아닌, 개인의 정체성과 무관하게 단일한 정신을 형성한 집단을 뜻한다.

의 M11 연결도로 반대 시위부터 2009년 G20 런던 정상회담 반대 시위(길을 가던 이언 톰린슨Ian Tomlinson이 경찰 진압으로 쓰러져서 사망했다)와 2011년 영국 폭동(이 사건에 관해서는 나중에 자세히 다루겠다)까지 모든 사례에 새로운 군중행동 모형이 잘 들어맞는다고 지적한다. 새로운 모형은 또한 도시 폭동을 가장 철저히 조사한 커너 위원회Kerner Commission의 보고서와도 일치한다. 커너 보고서는 1965년부터 1967년까지 미국의 디트로이트, 시카고, 로스앤젤레스와 그 밖의 도시에서 발생한 도시 폭동을 조사한 보고서다. 커너 보고서에서는 이 시기 도시 소요사태의 주요 요인은 흑인사회의 전반적인 경제적 소외라고 결론지었다. 더불어 폭동의 전형적인 참가자는 흑인사회의 평균보다 교육 수준이 높고 사회적으로 더 통합되어 있으며 범죄 전과가 적은 사람들인 것으로 드러났다.[28]

이상의 함의는 학문적 논의를 훨씬 넘어선다. 군중의 폭력이 소수 범죄자의 도발이 아니라 다수의 사회 규범에서 발생한다면, 경찰의 전통적인 공공질서 유지 방법—폭동 진압 경찰대 파견—으로는 사태가 악화될 수 있다. 영국과 유럽 일부 국가에서는 이런 주장을 이해하기 시작하고 경찰도 군중을 관리하는 데 좀 더 세심한 방법을 시도하는 쪽으로 기울고 있다. (미국은 크게 해당하지 않는다)[29] 이와 같은 논의에 크게 기여한 인물은 결코 범상치 않은 학문적 배경을 지닌 영국의 심리학자이다.

훌리건 속으로 뛰어든 괴짜 심리학자

클리퍼드 스톳Clifford Stott이 군중행동을 연구하는 방법은 스스로 인정하듯이 "매우 특이하다". 스톳은 그의 연구법을 민족지학, 곧 인간의 문화에 대한 현장 연구라고도 부르고, 또한 "직접 참여관찰"이라고도 부른다. 이것은 격랑이 이는 거대한 웅덩이의 깊은 물속으로 뛰어드는 일이라고 부를 수도 있다. 스톳은 주로 축구팬 집단—주로 원정경기에 따라나선 잉글랜드 축구팬—에 직접 뛰어들어 그들이 무엇을 하는지 기록하고, 그들의 감정을 느껴보고, 그들이 마시는 것(맥주)을 마시고, 그들이 노래할 때 따라 부르고, 그들은 바로 유럽 경찰이 싸잡아서 훌리건으로 간주하는 잉글랜드 축구팬이므로 경찰봉이나 하룻밤 유치장 신세를 피하려 했다. 스톳은 그때의 경험을 이렇게 털어놓는다. "끔찍한 경험이었다. 개인적으로는 싫어하는 부류의 인간도 섞여 있는 잉글랜드 축구팬 집단 한가운데에 연구자로 내던져진 터라 소외감과 고립감이 어마어마하다. 연구하다 말고 무턱대고 빠져나올 수도 없고, 그렇다고 온전히 그 집단의 일원이 될 수도 없다." 불가피한 신체적 대가도 치러야 했다. 그는 최루가스를 마시고, 경찰봉에 얻어맞고, 물대포를 맞고, 날아오는 물체도 맞고, 군중에 떠밀려 짓밟히기도 하고, 훌리건 용의자로 구금되기도 했다.[30]

학자로서도 대가를 치러야 했다. 스톳은 실험실 실험보다 현장 연구를 선호하여 학계에서 "엄청난 홀대"를 받았다고 말한다. 다수의 영향력 있는 심리학 학술지—논문이 실리면 다른 학자들에 의해 자주 인용되는 학술지—는 실험실에서 실시하지 않은 연구를 실어주지 않기 때문에, 스톳으로서는 연구비를 확보하는 데 요구되는 학계의 일반적인 평가 기준을 충족시키는 것이 불가능했다. 한편으로는 스톳이 실험 연구의 기본 원칙으로 간주되는 사전 동의의 원칙을 지키지 않은 데도 원인이 있지만, 사실 대규모 군중을 연구하면서 사전 동의의 원칙을 지키는 것은 비현실적이다. "1만 명이 들어찬 경기장에서 어떻게 사전 동의를 얻을 수 있겠는가? 말도 안 되는 소리다."[31]

스톳이 현재 생존해 있는 그 어느 사회심리학자보다 공공정책에 지대한 영향을 끼친 사실을 생각하면 그가 학계에서 고립된 현실이 아이러니하다. 공교롭게도 스톳은 주류에서 벗어나는 데 익숙한 사람이다. 그는 학교제도에서 소외되어 시험에 실패하기 시작하면서 열여섯 살에 자격증 하나 없이 학교를 그만두었다. "나는 사실 문제아였다"고 그는 말한다. 그는 실업수당을 신청한 이후 열여덟 살에 무얼 하면서 살고 싶은지 깨달았다. 그래서 칼리지*로 돌아가 1년 동안 A레벨** 두 과목을 치르고 플리머스 과학기술대학(현재 플리머스 대학교)에 진학해 심리학을 전공했다.

스톳은 달변이면서도 내가 만난 어떤 학자보다도 욕을 잘해서 같이 이야기를 나누고 싶은 매력적인 사람이다. 그는 "나 때문에 여러 사람 뚜껑이 열렸지요"라고 말한다. 스톳은 반항아였던 청년시절 거리에서 체득한 기술이 현장 연구에 도움이 되었다고 밝힌다. 이것은 "외국의 어느 길모퉁이 술집에서 맨체스터 유나이티드 훌리건 틈에 끼어 앉아

---

* 영국에서 16세까지 의무교육을 마친 후 대학 입시를 준비하거나 전문적인 훈련을 받기 위해서 가는 2년제 교육기관.
** 영국 대입 준비생들이 치르는 과목별 상급시험.

있다가 이튿날에는 런던 경찰국에서 경무관과 나란히 앉아 있고, 양쪽 모두에게서 대화를 끌어내는" 사람이라는 뜻일 수 있다.

스톳은 딕터폰*을 주머니에 넣고 1990년 이탈리아 월드컵 결승전과 1998년 프랑스 월드컵 결승전을 포함해 잉글랜드 축구팬이 연루된 유럽의 주요 축구 폭력사태 현장에 있었다. 그는 축구 폭력은 주로 소수 홀리건의 영향보다는 광범위한 집단 정체성 측면에서 이해하는 것이 최선이라는 사실을 의심하지 않는다. 예를 들어 이탈리아와 프랑스 월드컵에서도 잉글랜드 축구팬 대다수는 원래 평화로웠지만, 현지 경찰이 잉글랜드 대표팀 셔츠만 입었으면 누구든 표적으로 삼기 시작하면서 분위기가 반전되었다. "집단적인 충돌이 일어났을 때도 아무 이유 없이 폭력사태가 벌어진 것은 아니었다." 스톳이 저서 《축구 폭력행위, 치안 유지, 그리고 영국병**과의 전쟁*Football Hooliganism, Policing and the War on the English Disease*》에서 밝힌 내용이다.[32]

이와 같은 이론적 맥락에서 스코틀랜드 축구팬들이 술을 많이 마셔도 말썽을 거의 일으키지 않는 이유가 설명된다. 비폭력이 스코틀랜드 축구팬들의 정체성이 된 것이다. 스코틀랜드 축구팬들은 충돌을 피하는 방식으로 잉글랜드 팬들과 차별화하고 심지어 자기네 내부에서 공격성을 보이는 구성원을 처벌하기까지 한다. 어느 스코틀랜드 팬이 1998년 프랑스 월드컵 기간에 한 말을 들어보자. "잉글랜드 사람들을 화나게 만드는 가장 좋은 방법은 최대한 예의 바르게 행동하고 다른 나라 사람들

• 속기용 구술 녹음기의 상표명.
•• 1960년대 이후 영국에서 나타난 장기적인 경기 침체를 일컫는 말로 영국 노동자의 비능률성을 가리켜 사용한 데서 비롯됐다.

과 함께 크게 웃는 것이다. 그러면 잉글랜드 사람들이 안 좋게 보인다."[33] 스코틀랜드 팬들은 국제적으로 철저히 비폭력을 고수하기로 정평이 나 있기 때문에, 경찰과의 관계도 잉글랜드 축구팬들과는 사뭇 다르다. 두 말할 나위 없이 영국의 정치인들과 언론은 이런 미묘한 차이에 주목하 지 않고 단지 1998년 프랑스 월드컵 기간의 소동을 "우발적인 폭력배 들", "훌리건 장군들", "이성과 합리적인 호소를 뛰어넘은" 사람들 책임 으로 돌렸다.

2001년 스톳은 네덜란드의 행동과학자 오토 아당Otto Adang을 비롯한 연구자들과 함께 포르투갈 치안경찰Portuguese Public Security Police(PSP) 에 그들의 연구를 제시하면서, PSP가 연구 결과를 수용하여 2004년 포 르투갈에서 처음 열리는 유럽축구선수권대회(유로 2004)에 철저히 대비 하기를 바랐다. 스톳의 연구팀은 포르투갈 경찰에 대다수 축구대회에서 전통적으로 사용되는 폭동 진압 경찰대 전술을 버리고 눈에 띄지 않는 단호하면서도 친근한 전술을 채택하라고 조언했다. 또한 어쩌다 그 자 리에 온 모든 사람이 아니라 문제를 일으킨 선동자만 표적으로 삼고 여 러 팬 집단과 소통하면서 그들의 문화적·사회적 규범이 그들의 행동에 어떤 영향을 끼치는지 파악해야 한다고 강조했다.

다행히 포르투갈에서는 스톳의 제안을 선뜻 받아들이기로 했다. 포 르투갈은 모든 경찰관에게 스톳의 이론을 이해해서 충돌하지 않고도 치 안을 유지할 방법을 찾도록 이끌어주는 훈련 프로그램을 개발했다. 그 결과 유로 2004 대회 중에는 잉글랜드 경기에서 거의 난동이 일어나 지 않았다. 충돌을 일삼는 잉글랜드 훌리건은 영국 정부의 금지령을 뚫 고 참가했지만, 결국 자국 축구팬들에게조차 외면당했다. 스톳은 유로

2004가 끝나고 상급 지휘관이 알부페이라 거리에서 그를 불러 세워 그의 계획이 성공적이었다고 칭찬해준 때를 연구자로서 최고의 순간으로 꼽는다. "그러니까, 제길, 우리가 해낸 겁니다!"[34]

오늘날 군중행동의 사회적 정체성 모형은 유럽축구연맹Union of European Football Association(UEFA)의 모든 경기에서 치안을 유지하기 위한 체제로 도입되었다. 다만 러시아와 동유럽에서는 아직 암묵적으로만 새로운 모형을 적용한다. 스톳은 이제 그의 군중행동 모형을 축구를 넘어서까지 적용하려고 한다. 2009년 런던 G20 반대 시위에서 이언 톰린슨이 사망한 뒤, 영국의 독립적 경찰 사찰기구인 왕립경찰사찰단Her Majesty's Inspectorate of Constabulary(HMIC)에서는 스톳에게 군중심리를 공공질서 유지에 적용할 방법에 관한 보고서를 작성하라고 요청했다.[35] 그 뒤 HMIC는 스톳의 여러 가지 제안을 채택해 '시위에 적응하기Adapting to Protest' 보고서를 작성하면서,[36] 영국의 군중 통제에 대한 새로운 접근법, 이를테면 케틀링kettling*을 줄이고 대화를 많이 시도하는 방법을 도입할 것이라고 예고했다. 한 가지 성과로 런던과 그 밖의 지역 경찰 내부에 연락 부서를 신설해서 일반 경찰과 다른 제복을 입은 경관을 시위대에 들여보내 연락을 주선하는(일부 활동가들이 의심하는 것처럼 염탐하는 것이 아니라) 장치를 마련했다. 경찰의 신뢰도 문제를 생각하면 큰 어려움이 따르는 방법이긴 하지만, 스톳에 따르면 2012년 올림픽 기간 동안 연락 경관들이 50여 차례 투입되어 성과를 거둔 바 있으며, 앞으로도 이들이 "런던의 모든 시위"에 투입될 계획이라고 한다.[37]

• 시위대를 좁은 지역으로 몰고 가는 방법.

스톳은 경찰과 협력하기 시작한 뒤로 다른 기관에서 배척당했다. 그가 시위대에 섞여 있을 때 지지해주던, 경찰 행동을 감시하는 시민단체들이 이제는 그를 배신자로 몰아세운 것이다. 그중 한 단체는 스톳이 국가 공인의 세뇌 기술을 개발해 사회운동 기반을 약화시키려 한다고 비난하면서 "상대적으로 새로운 군중심리의 '과학'을 토대로 한 새로운 억압의 시대"가 도래할 것이라고 경고했다.[38] 또 다른 단체에서는 유엔 인권 특별 조사 위원회에서 스톳을 쫓아내려고 시도했다. 그는 또다시 국외자가 되었다. 스톳에 따르면, 사회적 정체성에 관한 질문이 이념과 권력의 역학에 관한 질문과 밀접하게 연결된다는 사실이 드러나는 사건이라고 한다. "이것은 단순한 과학이 아니다. 민주주의에 관한 이야기이기도 하다."

집단행동에 더욱 가혹한 법정

구태의연하고 비과학적인 사고가 여전히 군중에 대한 공공의 담론을 지배하는 현실을 보여주는 예로는, 멀리 갈 것도 없이 2011년 8월 6일 토요일부터 9일 화요일까지 런던을 비롯한 여러 마을과 도시에서 벌어졌고, 지난 수십 년 동안 영국에서 발생한 사회적 불안이 표출된 사건 중 가장 심각했던 폭동에 대한 반응이 있다. 런던 북부 토트넘에서 스물아홉 살의 마크 더간Mark Duggan이 경찰의 총격으로 사망한 뒤 경찰이 유가족에게 사망 경위를 제대로 고지하지 않아서 폭동이 일어났는데, 이 폭동은 토트넘과 해크니에서 대대적인 경찰 반대 폭동으로 이어졌다. 이튿날 폭동은 런던의 다른 지역으로 번졌고, 이어서 버밍엄, 리버풀, 리즈, 노팅엄, 브리스톨, 솔퍼드, 맨체스터 등 여러 지역에서도 폭동이 일어났다. 다만 이번에는 경찰에 항거하기보다는 시내 중심가의 상점과 쇼핑몰을 약탈하고 파손하는 데 목적이 있었다.

그 후 정부와 야당 정치인들, 언론은 30여 년에 걸친 군중심리 연구를 건너뛰어 프리스틀리 폭동과 프랑스혁명을 설명하는 데 이용된 르봉의 고전적인 이론을 들먹였다. 데이비드 캐머런David Cameron 영국 총리는 "한마디로 범죄행위"라고 단언했다.[39] 케네스 클라크Kenneth Clarke 법무장관은 "범죄 계급에 의한 너무나도 충격적인 행동"이라고 일갈했다.[40] 테레사 메이Theresa May 내무장관이 대부분의 폭력사태를 "전과자들" 책임으로 돌린 한편,[41] 데이비드 래미David Lammy 토트넘 하원의원은 "무모하고, 또 무모한 대중"이라고 힐난했다.[42]

이들 다수가 폭동에 가담한 전형적인 참가자를 전과자로 가정했으며, 그 뒤 몇 달 동안 정부에서도 같은 주장을 되풀이했다. 그러나 사회심리학자 존 드루어리와 역사가 로저 볼Roger Ball은 이와 같은 해석에 결함이 있다고 입증했다.[43] 정부 통계자료에서는 폭동 중 체포되어 재판에 회부된 사람의 약 75퍼센트가 과거에 경고를 받거나 유죄선고를 받은 전력이 있는 것으로 나오지만, 이들이 폭동에 참가한 사람들을 대표한다고 보기는 어렵다. 정부에서 강경한 체포 명령을 내린 터라 경찰은 우선 경찰 데이터베이스에 사진이 있는 사람과 CCTV로 신분 식별이 가능한 사람들 위주로 체포했다고 인정했다. 당시 런던 경찰청장 팀 고드윈Tim Godwin은 2011년 9월 하원 내무위원회에서 "당연히 얼굴을 아는 사람들을 먼저 체포할 것이다"라고 인정했다.[44] 약 4960명이 체포

됐지만, 이후 런던 경찰청에서는 런던 폭동 기간 중 CCTV에 찍힌 2650명은 화질이 좋지 않거나 얼굴이 가려져서 신분을 확인하지 못했다고 밝혔다.[45] 폭동에 참가한 나머지 수많은 사람은 아예 CCTV에 찍히지 않았다. 또 하나의 일반적인 오해―범죄조직의 조직원들이 폭력사태를 조직했다는 주장―도 체포자의 13퍼센트만 범죄조직과 관련이 있고[46] "조직원들이 개입한 경우에도 대체로 폭동의 중추적인 역할을 하지는 않았다"[47]고 밝힌 내무부 보고서에 의해 누그러졌다.

사회 질서가 무너지는 것은 어느 정부에든 최악의 사태이므로 순순히 책임을 인정하고 싶지 않을 것이다. 이미 알려진 범죄자와 범죄조직, 또는 케네스 클라크의 말처럼 "최하층 계급의 부랑자"에게 책임을 돌리는 것[48]―정부 당국에서 예부터 해왔듯이 사건 자체를 병리 현상으로 만드는 효과적인 방법―은 문제 자체를 부정하는 편리한 방법이다. 그러나 그것은 소요사태가 어떻게 발생했고 사태에 근간에 작용하는 사회적 역학이 무엇인지 탐색하기 어렵게 만들기 때문에 위험한 발상이다. 나흘 동안 산업을 초토화하고 약 2억 파운드*의 재산 손실을 낸 반달리즘**과 방화, 폭력행위와 우발적인 약탈의 이면에는 사회 전체가 인정할 만한 장기간의 정당한 민심 이반이 있었고, 그래서 일단 폭동이 발생하자 사람들이 쉽게 가담할 수 있었던 것이다.

런던 폭동의 불만은 주로 경찰을 향해 있었다. 런던 경제대학교의 '폭동 읽기Reading the Riots' 프로젝트, 《가디언 Guardian》[49]에서 폭동 중 자신의 역할에 관해 인터뷰한 시민들, 정부에서 만든 '폭동 공동체와 희생

• 약 3400억 원.
•• 문화·예술, 공공시설을 파괴하는 훼손 행위나 그러한 경향.

자 모임'[50)]의 구성원들은 경찰이 각 지역에서 활동한 방식에 불만을 토로했다. 이들은 특히 번번이 검문검색을 받는 생활, 다시 말해서 도심의 젊은 흑인에게는 불가피한 현실에 당혹감을 드러냈다. 적어도 이들에게 폭동은 경찰의 행태에 보복하기 위한 '경찰 반대' 시위였다.

이와 같은 불만이 쌓여 있지 않았다면 폭동은 결코 일어나지 않았을 것이다. "약탈 없는 경찰 반대 폭동은 일어날 수 있어도, 경찰 반대 폭동 없는 약탈은 일어날 수 없다." 레이처와 스톳이 폭력사태의 심리를 분석한 《광란의 군중과 영국인*Mad Mobs and Englishmen*》에서 한 말이다.[51)] 당시 폭동이 권위에 대한 반발을 넘어서 발전했다는 데는 의심의 여지가 없다. 다수의 가담자가 법과 질서를 파괴하고 그 기회에 평소 손에 넣지 못할 물건을 훔쳤다고 자백했다. 게다가 계급 전쟁으로도 간주할 만한 이유는 고급 상점이 지나치게 많이 표적이 되었기 때문이다. 이와 같은 현상의 역학과 원인이 매우 복잡해 보이지만, 사실 폭동 가담자들이 이성을 잃은 상태가 아니었던 것만큼은 분명하다. 실제로 그들은 자율적이고 목적의식이 뚜렷했다. 레이처는 이렇게 말했다. "폭동을 가담자의 병리로 설명하는 것은—그러니까 그들이 미치거나 악해서 발생한 사태로 이해하면—지금까지 군중과 폭동에 관해 알려진 모든 지식에 부합하지 않는다."[52)]

이렇게 포퓰리즘에 이끌린 반사적 반응이 부적절하고 무책임해 보이기까지 한 이유가 하나 더 있다. 이런 반응은 폭동 가담자가 누구건 엄중 처벌해야 한다는 정치권과 대중의 요구를 불러일으켰고, 또 판사들이 이런 요구에 순순히 굴복했기 때문이다. 판결은 대체로 개별 범행 내용과 전과보다는 군중의 힘에 대한 광범위하고 뿌리 깊은 공포에 휩쓸

타인의 영향력

린 결과로 보였다. 개인이 자기가 저지른 위법 행위뿐 아니라 거국적인 움직임에 가담한 죄로 처벌을 받은 것이다. 그래서 맨체스터 형사법원의 한 판사는 "보통의 범죄 행위 맥락에서 완전히 벗어나는" 경우로 간주했다.[53] 전반적으로 정의보다는 억제에 목표를 둔 것이다. 결과적으로 폭동이 일어나고 12개월 동안 유죄판결을 받은 사람의 평균 형량은 2010년에 비슷한 범죄로 유죄판결을 받은 사람보다 4.5배 이상 길었다. 즉 17.1개월로 2010년의 3.7개월의 4.5배였다. 재판을 받은 사람들 가운데 846명은 10~17세의 청소년이었으며, 그중 233명은 평균 8개월 동안 수감되었다.[54] '폭동 읽기' 프로젝트에서 인터뷰한 어느 젊은 치안판사는 "규정집이 파기되었다"고 말했다.[55] 대니엘 콘스가 운동화를 왼쪽만 두 개를 훔쳤다가 바로 버린 죄로 10개월 동안 구속되고, 리키 겜멜이 경찰에게 욕을 한 죄로 16주 동안 구속된 사례를 달리 어떻게 설명하겠는가? 둘 다 원래 평판이 좋았고 유죄판결을 받은 전력이 없는 사람들이었다.

당시 폭동 소송에 관여한 판사와 치안판사 다수는 폭력행위에 대한 대중의 분노를 고려해서 처벌해야 한다는 뜻을 밝혔다. 2012년 4월 손더스 판사는 폭동 당시 연금 수령자 리처드 매닝턴 보즈가 화재를 진압하려 할 때 그를 주먹으로 때려 살해한 죄로 대럴 드수즈에게 유죄판결을 내린 후, "살인죄는 항상 심각한 범죄이지만 이번 사건은 광범위한 시민 소요사태의 와중에 벌어진 일이라 더욱 심각하다"고 밝혔다. 이어서 손더스는 폭동이 일어난 직후 법정에서 내려진 판결(그리고 나중에 최고법원에서 확정된 판결)이 무거운 만큼, 법원은 차후 후속 사건에 대해서도 "그들의 행위에 대한 대중적 비난이 어느 정도 식었더라도" 폭동 직후와 유사한 형량을 내려야 한다고 주장했다.[56] 드수즈는 8년형을 살았다.

사법부의 일반적인 관행상 집단 시위에 가담한 사람에게 무거운 형벌을 내리는 것은 무정부주의에 대한 억제책이기도 하고 한편으로는 집단으로 자행된 범죄 행위는 항상 더 위험하고 파괴적이라는 관점을 반영한 결과이기도 하다. 이번 사건에서는 사법부가 과도하게 가혹한 판결을 내린 걸까? 영국 국민들도 그렇다고 여기는 듯하다. 여론조사에서는 폭력을 행사하지 않은 가담자에게 내려진 처벌이 부당하다는 인식이 광범위하게 확산된 것으로 드러났는데, 일반적으로 영국 국민들이 형사법원을 지나치게 관대하다고 본다는 사실을 감안하면 이례적인 상황이다.[57] 대중의 과열된 정서를 판결문에 넣는 것은 문제가 있어 보인다. 대중의 정서도 어느 정도는 폭도들의 광기와 타고난 범죄성에 관한 감상적이고 비과학적인 생각을 유포하는 정치인과 언론사 논설위원들에 의해 촉발되었기 때문이다.

전체적으로 이 사건에서 군중심리의 새로운 과학은 사회적 행동에 대한 법적 이해와 낙차를 보인다. 법정에서는 거의 예외 없이 집단행동을 더 무거운 범죄로 간주한다. 물론 집단행동에 관한 역학—특히 주변 사람의 규범에 동일시하고 그것을 채택하려는 인간의 타고난 성향—을 정상참작 요인으로 봐주는 경우도 있기는 하다. 반면 사회 질서가 얼마나 순식간에 와해될 수 있는지 알기 때문에 사회 질서를 유지하는 데 높은 가치를 두는 현실이 엿보인다. 그리고 레이처가 지적하듯이, 주어진 맥락에 따라 개인의 정체성이 달라질 수 있다는 개념은 사법 제도에 심각한 문제를 제기한다. "군중 속에 있던 사람과 피고석에 앉은 사람이 다르다면 그 사람을 어떻게 처벌할 수 있겠는가?"[58]

제4의 구조요원

과학이 군중에 대한 대중의 이해를 앞서가는 또 하나의 영역은 바로 비상사태에서 보이는 사람들의 행동이다. 대규모 재난에 관한 최근의 연구에서는 남을 돕는 행동과 영웅주의가 예외적인 현상이라기보다는 일반적인 현상인 것으로 나타났다.

2005년 7월 7일 오전 혼잡한 출근시간에 이슬람 자살 테러 단체가 런던 지하철에 폭탄 네 개를 터뜨려 52명이 사망하고 700명이 넘게 부상당했을 때, 구조되리라는 확신도 없고 곧 추가 폭발이 일어날지 어떨지도 모르는 상태에서 승객 수백 명이 그을음 가득한 컴컴한 지하 터널에 갇혀 있었다. 이처럼 혼란스러운 아수라장에서 사람들이 서로 협조하는 놀라운 사례들이 나타났다. 그때 현장에 있었던 세 사람의 이야기를 들어보자.

내가 계단 쪽으로 걸어가 계단을 다 올라섰을 때 반대편에서 한 남자가 오고 있었다. 그 남자가 어떤 몸짓을 했는지 기억이 난다. 나더러 먼저 가라고 말하는 것 같은 정중한 몸짓이었다. "먼저 가세요"라고 말하는 듯한……. 나는 충격을 받았다. 맙소사! 이런 상황에서도 진심으로 예의를 차리는 사람이 있다니! 사소한 일이지만 내 기억에 남아 있다.[59]

그때 현장이 얼마나 차분했는지 생각하면 아직도 놀랍다. 어느 대단한 사람이 나서서 우리가 밖으로 나갈 수 있을지 어떨지는 모르지만 평정심을 잃지 말고 서로 계속 대화해야 한다고 말했다. 그 말이 우리에게 준 여파는 대단했다. 우리는 모두 좋지 않은 예감에 사로잡혀 이리저리 두리번거리면서 밖으로 나갈 수 있다는 신호를 찾으려고 애쓰면서도, 유체이탈을 경험하듯 옆자리 승객들과 대화를 나누었다······.[60]

우리가 모두 한배를 탄 사람들이라는 생각이 들었다. ······ 그러다 내가 느끼는 감정을 남들도 느낄 수 있겠다는 생각이 들었다. 평범한 인간이라면 그냥 차분히 앉아서 '오, 그래, 이거 멋지군!' 하고 생각할 사람은 없을 테니까······. 스트레스가 심한 상황이었다. 모두 그 안에 함께 있고 거기에서 빠져나가는 최선의 방법은 서로를 돕는 것이었고······. 그렇다, 그래서 나는 주위의 사람들과 아주 가까워진 느낌을 받았다.[61]

이상의 증언은 비상사태에 대한 기존의 보고와 비교하면 놀랍다. 지금까지는 주로 비이성적인 공황상태와 무분별한 개인주의가 나타나는 것으로 보고되었기 때문이다. 군중이 우매하다고 확신하는 쪽에서는 흔히 재난상황, 이를테면 우르르 몰려드는 순례자들, 빽빽이 들어찬 축구장의 관중, 화재가 난 나이트클럽에서 무턱대고 출구로 몰려드는 사람들을 예로 들어서 자신의 논거를 입증한다. 그러나 실제 증거를 관찰하면 이런 고정관념은 입증되지 않는다. 비상사태에서 집단 속의 사람들은 공황상태에 빠져 서로 먼저 도망치려고 싸우기보다는 서로서로 도와줄 가능성이 훨씬 크다. 연대의식이 이기심을 이긴다. 존 드루어리가 이끄는 서식스 대학교의 심리학 연구팀이 런던 폭탄 테러 생존자들을 인터뷰한 결과, 공황상태와 무질서는 찾아보기 힘들고 '집단 탄력성collective resilience', 곧 위험의 한복판에서 서로 돕고 연합하는 태도가 두드러지는 것으로 나타났다.[62]

연대 행동의 사례는 많이 보고되었다. 2008년 드루어리의 연구팀은 지난 40년 동안 발생한 11가지 비극적인 사건에서 살아남은 사람들을 만났다. 그중에는 1989년 리버풀 팬 96명이 초만원의 관중석에 갇혀서 질식사한 힐즈버러 축구장 참사, 1983년 IRA*의 폭탄 테러로 런던 해러즈 백화점 앞에서 6명이 사망한 사건이 포함된다. 드루어리 연구팀이 인터뷰한 사람들 대다수는 위기상황에서 느낀 강렬한 유대감과 모르는 사람끼리 서로 도와주는 분위기를 보고했다.[63] 드루어리는 서로 돕지 않았다면 사상자 수가 훨씬 더 늘었을 거라고 말한다. 그는 군중을 "제4의 구조요원"이라고 부르지만, 경찰이나 비상사태 계획 당국이나 대중 안전 전문가들 사이에서는 그러한 개념이 공유되지 않는 것으로 보인다.[64] 드루어리는 대규모 재난에서 군중의 행동에 책임을 돌리는 것은 잘못된 태도라고 말한다. 사실 대개의 경우 사전 준비가 미흡하거나—한 장소에 사람을 너무 많이 들여보내는 등—장소 설계가 잘못된 데에 실질적인 원인이 있다.

학문적 해석은 대략 이렇다. 위기상황이나 심지어 터널 속에서 기차가 고장 나는 것과 같은 사소한 사고에서도 낯선 사람들의 집단은 심리적 군중을 이룬다. 한순간에 모두 같은 운명에 놓이고, 주위의 고통받는 사람들이라든가 애써 모른 척하려던 승객 모두와 정체성을 공유하게 된

• '아일랜드 공화국군 임시파'로 1969년 조직되었던 무장단체.

다. 각자의 이해 범위가 개인에서 집단으로 확장된다. 힐즈버러 참사의 한 생존자는 이렇게 표현했다.

모두가 스스로를 축구팬으로 간주하던 정의를 넘어선 현실을 받아들인 것 같다. …… 그 순간에는 엄밀히 말해서 모두 그저 살려고 발버둥 치는 인간일 뿐이었다. …… 누구도 서로를 리버풀 팬과 노팅엄 포리스트 팬으로 본 것 같지 않다. …… 사람들은 이제 더는 축구팀의 팬이기를 멈추고 그저 사람들이 되었다.[65]

힐즈버러 참사 나흘 뒤 《선Sun》지가 1면 기사에서 술 취한 리버풀 팬들이 구조요원들을 공격하고 시신에 오줌을 싸고 희생자의 주머니를 털었다고 비난하면서 훌리건에 의해 일어난 참사라는 견해를 발표한 것은 얼마나 경솔한 짓인가. 그 지역 하원의원과 익명의 고위 경찰관들이 책임 소재를 따지면서 제기한 혐의는 나중에 모두 근거 없는 낭설로 밝혀졌다.[66] 지금까지도 리버풀에서는 《선》을 경멸한다.

재난의 심리학

군중의 광기는 군중을 피해야 하는 이유로 종종 거론된다. 그러나 비상사태에서는 사람들이 공황상태에 빠지는 경향이 있어서 더욱 위험해질 수 있다. 긴급 대피 절차를 설계하는 공학자들은 흔히 사람들이 경보음을 듣거나 연기 냄새를 맡거나 건물이 흔들리는 느낌을 받으면 당장 반응할 거라고 전제한다. 그러나 현실은 그렇지 않다. 대개의 경우 사람들을 신속히 움직이게 만들기는 쉽지 않다.

9·11 테러 당시 납치된 비행기가 뉴욕 세계무역센터에 충돌했을 때 사람들이 어떻게 반응했는지를 밝힌 일부 연구에 따르면, 건물 안에 있던 사람들 대다수가 가까운 출구로 달려가지 않고 꾸물거렸다고 한다.[67] 가까스로 탈출한 사람들도 평균 6분쯤 지체한 뒤 계단으로 향했다. 30분 정도 서성이면서 새로운 소식을 들으려고 기다리거나, 들고 나갈 물건을 챙기거나, 서랍 안에 서류를 안전하게 넣어두거나, 신발을 갈아 신거나, 화장실에 다녀오거나, 이메일을 마무리하거나, 전화를 걸거나 컴퓨터를 종료했다. 건물을 떠날 때도 거의 서두르지 않고 건물 안전 전문가들의 예상보다 훨씬 더 천천히 계단을 내려갔다.[68]

만약 그날 세계무역센터 안에 있던 사람들이 더 빠르게 움직였다면 분명 더 많은 사람이 탈출에 성공했을 것이다. 마찬가지로 지상에 추락해서 화재가 난 비행기에서도 승객들이 너무 오래 자리에 앉아 있다가 탈출을 시도한 탓에 많은 사람이 사망했다. 1985년 8월 22일 55명이 사망한 맨체스터 공항 항공기 화재 사건의 공식 조사단은 보고서에 이렇게 적었다. "가장 큰 의문은 승객들이 왜 항공기에서 급히 빠져나오지 않았느냐는 점이다."[69] 오슬로 대학교에서 재난심리학을 연구하는 존 리치John Leach는 화재나 여객선 침몰 같은 심각한 긴급상황에서 대다수 사람들은 살아서 빠져나갈 방법을 생각하기보다는 '얼어붙는' 경향이 있다는 점을 발견했다. 사람들이 얼어붙는 이유는, 당황한 탓에 뇌에서 새로운 정보를 처리하기 어려워지기 때문이다. 그래서 무엇을 해야 할지 적절히 생각하지를 못한다.

비상사태에서 어떻게 행동할지 모를 때 필요한 조언은 바로 "움직여라!"이다. 다만 군중 속에 있을 때는 사정이 조금 복잡해질 수 있다. 일단 집단의 협동심이 발동한 뒤에는 따로 행동하고 싶은 마음이 줄어들고, 또 그렇게 행동하는 것은 현명하지 않은 처신일 수 있다. 드루어리의 연구 결과 중 하나는, 비상사태에서 이기적으로 행동하면 경쟁적이고 파괴적인 행동으로 이어져서 모든 이의 생존 가능성이 줄어들 수 있다는 것이다. 반면 9·11 테러와 1993년 세계무역센터 폭탄 테러,[70] 그 밖에 수많은 항공기 사고를 보면 규모가 큰 집단은 작은 집단보다 합의를 도출하는 데 시간이 더 걸리기 때문에 탈출 계획을 세우기 전까지 더 오래 우왕좌왕한다. 결국, 정면으로 부딪혀야 한다. 주변에 있는 사람들에게 당신은 출구로 향할 것이고 모두 같이 움직이기를 바란다고 명확히 알려야 한다. 그다음에는 서둘러야 한다.

군중 속의 온기

연대의식과 이타심은 군중 사건 보고자들에게서는 거의 언급되지 않지만, 인간 행동을 연구하는 심리학자와 연구자들에게는 점점 주목받고 있다. "인간은 군중 속에서만 접촉의 공포에서 자유로워질 수 있다." 1960년 불가리아의 지성 엘리아스 카네티Elias Canetti가 한 말이다. "군중 속에서는 모두 평등하다. 차이가 중요하지 않고, 성별도 중요하지 않다. 나를 떠미는 누군가는 나 자신과 같다."[71] 군중 속의 온기는 레이처가 1980년 브리스톨에서 세인트폴 폭동을 연구하던 중에도 명백히 나

타인의 영향력

타났다. 레이처가 인터뷰한 어떤 사람은 이렇게 말했다. "신문에서 떠드는 것처럼, 완전히 정신 나간 폭도들이 아니었어요. 모두 함께였어요. 모든 사람이 줄곧 서로를 바라보고 있었어요. 흑인이든 백인이든, 나이든 사람이든 젊은 사람이든, 정말 굉장했어요."[72]

최근 레이처와 동료들은 대규모 집회에 참여하는 긍정적인 체험—여기서는 수백만의 독실한 신자들이 모이는 인도 북부의 힌두교 마그 멜라 순례—이 사람들의 행복감과 신체 건강까지 증진하고 그 효과가 몇주 동안 지속될 수 있다고 입증했다.[73] 마그 멜라는 사람들로 북적이고 시끄럽고 비위생적인 축제로 유명하지만, 그 어느 것도 친밀한 사회적 교류에서 얻는 심리적인 힘을 침해하지 못하는 듯하다.[74] 이러한 심리적인 힘은 2012년 런던 올림픽에 참석한 사람들에게는 그리 낯설지 않다. 그때는 영국에서 가장 냉소적이고 비관적인 사람들조차 화기애애한 축제 분위기에 빠져들었다.

긍정적인 군중 체험을 높이 사는 이유는, 사실 낯선 사람들과 예기치 않게 말을 섞게 되는 경험—예를 들면 서둘러 기차를 타러 가거나 가게 앞에서 꿈쩍도 않고 늘어선 줄에 끼어 있는 경험—은 대체로 그리 호의적이지 않기 때문이다. 뉴욕의 임프라브 에브리웨어Improv Everywhere라는 놀이 집단의 목표 가운데 하나는 "공공장소에서 혼란스럽고도 재미있는 장면"을 연출하여 여럿이 함께하는 체험을 재미있게 만드는 데 있다. 이 단체는 2001년 8월부터 즉흥 거리공연을 100회 이상 연출해왔는데, 그중에는 뉴욕 옥상의 가짜 U2 콘서트, 그랜드센트럴역 한가운데에서 배우 150명이 5분 동안 꼼짝 않고 있는 '얼음 장면', 해마다 전 세계 60개 도시에서 한겨울에 하루 동안 열리는 '바지 안 입고 지하철 타기'

시애틀에서 열린 '바지 안 입고 경전철 타기' 행사

행사에 참가한 사람들은 대부분 서로 모르는 사이였지만 팬티 차림으로 만나자 이내 담소를 나누었고, 바지를 입고 탔던 이들은 웃으며 그 자리에서 벗어 보이기도 했다. '임프라브 에브리웨어'의 행사는 공공장소에서 일상의 질서를 깨뜨리는 작은 혼란을 통해 사람들에게 즐거움을 선사하고 그들의 연대를 만들어낸다.

행사가 있다. 사람들은 이런 행사를 만나면 대부분 깜짝 놀라면서도 공모자가 된 것처럼 훈훈한 느낌을 받는다. 이것이 바로 임프라브 에브리웨어가 노리는 효과다. 이 단체의 설립자 찰리 토드Charlie Todd는 이런 행사가 "사람들이 서로 교류해서 방금 대체 무슨 일이 일어났는지 함께 알아보게 만들어준다"고 말한다.[75]

간혹 군중이 연대해서 역사를 바꾸는 예도 있다. 2011년 이집트 혁명을 예로 들어보자. 이 사건의 역학 관계―이를테면 계기가 무엇이고, 어떻게 조직되었으며, 주동자가 누구인지―를 둘러싸고 많은 논의가 오가고 아직까지 별다른 합의가 도출되지 않았지만, 사건이 일어난 배경만큼은 잘 알려져 있다. 이집트에 오랜 탄압으로 경제·사회·정치적 불만이 쌓여 있었지만 운동권 세력은 국민들에게 개혁을 요구하는 운동에 동참해달라고 설득하지 못하던 터였다. 그런데 2010년 6월 6일, 모든 것이 달라졌다. 알렉산드리아에서 스물여덟 살의 칼레드 사이드Khaled Said가 경찰들에게 맞아 죽자 "우리는 모두 칼레드 사이드다"라는 페이스북 운동이 일어나고 이집트 전역에서 정부의 만행을 규탄하는 격렬한 항의시위가 벌어졌다. 7개월 뒤 정부가 총선에서 노골적으로 선거 부정을 저질러 그나마 남아 있던 정당성마저 무너뜨리면서 (그때나 지금이나) 제1야당인 무슬림 형제단Muslim Brotherhood이 2005년 총선에서 얻은 88석 가운데 87석을 "잃게" 만들었다.

그럼에도 불구하고, 만약 튀니지가 시위를 벌여 사회·정치적 불만을 터뜨린 지 한 달 만인 2011년 1월 14일 지네 엘 아비디네 벤 알리Zine El Abidine Ben Ali 대통령을 끌어내리지 않았다면, 적어도 당시 상황에서 이집트 혁명은 끝내 일어나지 않았을지도 모른다. 카이로에서 활동하는 기자 아슈라프 칼릴Ashraf Khalil은 혁명을 기록한 저서 《해방광장Liberation Square》에서 이렇게 주장한다. "튀니지 모델의 영향은 아무리 과장해도 지나치지 않다. 그런 일을 해낼 수 있다는 사실, 그러니까 평화로운 대중시위를 끈질기게 이어가서 난공불락의 독재자를 끌어내릴 수 있다는 사실을 지켜보는 것만으로도 당장 모든 이의 인식에 변화가 일어났다. 그러자 모든 통념이 깨졌다."[76)

튀니지의 대변혁에 이집트가 보여준 첫 반응은 경찰의 날 공휴일인 2011년 1월 25일 화요일에 일어난 대규모 시위였다. 카이로에서 시위를 조직하는 데 일조한 청년운동가 바셈 파시Basem Fathy는 시위대가 몇백 명, 많아야 1000명쯤 모일 것으로 예상했다고 말한다. "그런데 수천수만 명이 거리로 쏟아져 나왔고, 그들 다수가 한 번도 정치에 개입한 적이 없는 사람들이었어요. 아무도 예상치 못한 일이었지요."

파시는 이집트에서는 결코 변화의 물결이 일어나지 않을 거라고 주장한 국내외의 수많은 분석가(그중에는 BBC, 《이코노미스트 Economist》《타임 Time》《포린 폴리시 Foreign Policy》의 기자들이 있다)가 틀렸다는 사실이 입증되어 기쁘다고 말한다. 또한 파시는 해외 언론에서 말하는, 소셜미디어의 주도로 일어난 혁명이라는 주장에 반박한다. "이런 일을 페이스북 혁명으로 설명할 수는 없습니다. 타흐리르 광장의 최전선에서 경찰과 싸우던 사람들 중 어느 누구도 페이스북 계정을 가지고 있지 않았을 겁니다."

페이스북과 트위터가 특히 이집트의 중산층 젊은이들을 자극하는 데 지대한 영향을 끼치기는 했지만, 많은 언론에서 보도한 것처럼 일반적인 현상은 아니었다. 시위에 나선 이집트인 1200명을 대상으로 한 설문

타인의 영향력

조사 결과, 그중 52퍼센트만 페이스북 계정을 보유하고 16퍼센트만 트위터를 이용하는 것으로 나타났다. 응답자의 절반 가까이는 시위 소식을 친구나 지인, 친척에게서 직접 전해 들었다고 답했다. 28퍼센트만 페이스북으로 정보를 얻었고, 트위터로 정보를 얻은 사람은 1퍼센트 미만이었다(다만 5퍼센트는 트위터로 거리 소식을 알렸다).[77] 1월 25일 타흐리르 광장에 도착한 시위대는 처음에 카이로 서부의 불라크 알다크루르라는 노동자 계층 거주지의 골목에서 모이기 시작해 트위터나 페이스북이 아니라 거리에 배포된 전단지를 통해 조직되었다.[78]

사흘 뒤, 타흐리르 광장의 군중이 갈수록 불어나자 정부는 인터넷을 차단하고 이동통신망까지 끊어서 시위자들이 서로 협력하지 못하게 막으려 했다. 그러나 정부의 이런 대응책은 오히려 일부 혁신적 전술에 영감을 주었다. 위성 텔레비전 방송국에서 뉴스를 라디오로 방송하기 시작하자, 운전자들이 방송을 듣고 시위대에 소식을 전달했다. 알렉산드리아의 청년 활동가 압달라 헨다위Abdallah Hendawy는 시위 계획을 지폐에 적어 상점과 버스에서 유포함으로써 집회를 조직하는 데 일조했다고 말했다. 칼릴은《해방광장》에서, 그러는 동안 카이로는 "초현실적인 구전口傳 사회"로 되돌아갔다고 적는다. "길을 걷다가 반대편에서 오는 시위대를 만나면 어디서 오는 길인지, 그쪽 상황은 어떤지 물었다. 친근하고 즐거워 보이기까지 했다."[79] 이렇게 친밀한 분위기는 2월 11일 이집트 대통령 호스니 무바라크Hosni Mubarak가 대통령직에서 물러날 때까지 꾸준히 유지되었다.

사회혁명에는 복잡한 생명 형태처럼 다층적인 진화의 역사가 있기 때문에 단순하게 설명할 수 없다. 사회학자 던컨 와츠는 사회혁명의 역학을 아주 작은 변동에서 시작해 가늠하기 어려운 변화로 이어지는 카오스 시스템Chaotic System의 역학에 비유한다. 이런 나비효과의 문제는 "우리가 폭풍의 기미를 알아챌 즈음이면 나비 자체는 역사의 연무 속으로 사라져버린다"는 데 있다.[80] 그래도 연무가 일어나는 모습을 관찰하면 인간 행동의 미묘한 차이에 관해, 우리의 정체성과 심리 상태가 주위 사람들과 어떻게 연결되어 있는지에 관해 많은 것을 알 수 있다.

이집트 혁명 초반에 폭력사태와 인명 손실이 발생한 뒤 타흐리르 광장에 남아 있던 사람들 대다수는 일생일대의 순간을 맞이했다. 그들은 군중 속에서 전에는 거의, 아니 한 번도 느껴보지 못한 감정에 사로잡혔다. "혁명은 내 평생 가장 위대한 사건이었어요." 과학 전문 기자 모하메드 야히아Mohammed Yahia가 내게 해준 말인데, 나는 이 말을 여러 번 들었다. 파시는 이렇게 말한다. "낙원의 한 조각 같았어요. 아무도 기독교도인지 이슬람교도인지, 부자인지 가난한지 따지지 않았어요." 기자인 어슐러 린지Ursula Lindsey는 그때 분위기를 이렇게 회고한다.

그곳에 모인 사람들을 보면 파도가 내 쪽으로 몰려오는 것 같은 느낌이었다. 기분이 아주 좋았다. 다들 아주 환상적인 기분에 젖었다. 사람들은 거대한 집단의 일부가 된 것을 보면서 열광했다. 무한하고 마음이 열리고 확신이 드는 경험이었다. 그렇게 많은 사람이 나와 함께하기 때문에 두려움이 사라지고 의기양양해졌다. 그 열여드레는 사람들에게서 최선의 면모를 끌어냈다. 사람들은 자신의 가장 좋은 모습을 보여주었다.

2011년 '아랍의 봄' 당시 바레인의 여성 시위대

■ ■

"낙원의 한 조각 같았어요. 아무도 기독교도인지 이슬람교도인지,
부자인지 가난한지 따지지 않았어요."

변화가 일어나는 길

사람들이 군중 속에서 정체성을 내팽개치기보다는 자신의 정체성을 군중에 적응시켜나간다는, 나아가 "자신의 가장 좋은 모습을 보여줄" 수 있다는 관점은 군중이 가브리엘 타르드의 "무시무시한 벌레"라는 표현처럼 광기에 사로잡히고 위험한 존재라는 보편적인 시각과 배치된다. 과학은 전자의 시각에 우호적이다. 재난 희생자의 이타심에서 혁명의 연대의식에 이르기까지, 군중이 온전한 정신 상태라는 것을 보여주는 증거는 셀 수 없이 많다. 프랑스혁명 같은 예외도 있지만, 군중은 사회 질서에 위협이 되면서도 그만큼 긍정적인 변화를 끌어낼 수도 있다. 지난 사반세기 동안 군중은 부당한 세금제도를 철폐하고, 소중한 자연환경의 파괴를 저지하고, 독재자를 끌어내리고, 세계 모든 지역에서 정치와 경제의 변화를 이끌었다. 레이처는 군중이 "늘 저항의 가능성을 불러온다. 군중은 무서운 만행을 저지를 수도 있지만 힘없는 사람들이 목소리를 내는 도구이기도 하다. 군중은 변화로 통하는 길이다"라고 말한다.

그러나 사람들이 군중 속에서 보여주는 정체성과 행동은 일시적이라서 오래가지 못한다. 사막의 꽃처럼 특정 조건에서만 꽃을 피운다. 많은 보도에 따르면, 혁명 기간의 타흐리르 광장은 성희롱 청정지대였다고 한다. 평소 이집트의 공공장소에서는 늘 성희롱의 위협이 도사리고 있었다. 린지는 이렇게 말한다. "남녀의 벽이 잠시 무너지고 무척 자유로운 분위기였다. 여자들이 마음 놓고 자유로이 다녔다." 그러나 무라바크가 하야한 직후, 많은 사람이 처음으로 시위대에 합류했을 때 분위기가 급변했다. 다시 말해서 연대의식은 해체되고 구태의연한 행동 규범이 다시 나타났다. 여성들은 군중 속에서 더 이상 안전하지 않았다.

건물 안에 연기가 자욱하다면,
어떻게 행동해야 할까?
| 군중 비상사태에서 살아남는 법 |

사람들이 운집한 장소에 사고가 났다. 기차가 터널 속에서 고장이 났거나 건물 안에 연기가 자욱하거나 시위대가 폭력적으로 돌변한 현장에 당신이 있다면? 군중행동에 관한 심리학 연구에서 선별한 다음 세 단계를 따르면 생존에 도움이 될 수 있다.

1. 비상사태에 맞닥뜨리면 누구나 자연히 충격에 빠지고 당황하다가 마침 내 얼어붙을 수 있다는 사실을 기억하라. 가능한 한 이런 반응을 무시하 고, 머리를 써서 빠져나갈 방법을 궁리하라.
2. 주위 사람들과 협력해야지 경쟁해서는 안 된다. 재난 사고에서는 이타 적인 행동이 흔히 나타나며, 이타적으로 행동할수록 생존 가능성도 높아 진다.
3. 탈출 방법을 미리 머릿속에 그려본다. 낯선 장소나 상황에 들어갈 때마 다 이런 연습을 해야 한다. 머릿속으로 행동을 미리 숙지하면 사고가 났 을 때 꾸물거릴 가능성이 크게 줄어든다.

The Power of Others

3

세상에서 가장 독립적인 사람들

탐험가의 성공을 좌우하는 것

1993년 1월 초, 마이크 스트라우드Mike Stroud와 래널프 파인스Ranulph Fiennes는 무지원無支援으로 남극대륙을 횡단해서 남극점을 통과하는, 아무도 시도한 적 없는 고난도 탐험의 중반쯤에 이르렀다. 둘 다 노련한 탐험가로 서로를 마음 깊이 존경했다. 3년 전 두 탐험가는 흔들리고 갈라지는 북극의 빙하에서 800킬로미터나 이동했지만, 극심한 영양실조와 설맹雪盲과 저혈당증에 시달린 끝에 북극점을 160킬로미터쯤 남겨두고 탐험을 종료했다. 스트라우드는 저서 《황무지의 그림자Shadows on the Wasteland》에서 이렇게 적었다. "우리는 고난을 함께 견디면서 쌓아온 동지애, 비록 실패로 얼룩지긴 했지만 함께 경험한 고통과 성취감을 통해 서로 긴밀하게 연결된 느낌이 들었다."[1]

북극과 남극에 한 번도 가본 적이 없는 사람들에게는 북극이나 남극이나 매한가지로 보일지 모른다. 사실은 엄연히 다르다. 스트라우드와 파인스에게 광활한 빙원氷原과 위험천만한 크레바스•가 펼쳐진 남극대륙은 전혀 다른 도전이었고, 미지의 세계에서 인간의 행동은 어디로 튈지 모른다. 절친한 친구끼리도 서로에게 놀라는 일이 생길 수 있다. 그

• 빙하 표면이 갈라져서 생긴 좁고 깊은 틈.

리고 실제로 그런 상황이 벌어졌다. 묵묵히 걷던 54일째, 스트라우드가 심한 설사병에 걸려서 여행을 중단해야 했을 때, 파인스는 뜻밖에도 스트라우드를 버리고 혼자 가기로 마음먹었다는 듯 부상당한 동료를 항공기에 태워가라는 무전을 치겠다고 협박했다. 아이들 놀이터에서나 볼 수 있는 심술이었다. 스트라우드의 반응은 다음과 같았다.

나는 슬슬 화가 치밀었다. 마음 깊은 곳에서 분노가 끓어올랐다. 거의 두 달 동안 뒤에서 멍청하게 터덜터덜 걸어오던 친구를 기다려주었다. 지금 이 친구는 자기 짐 일부가 내 썰매에 실려 있어서 이를 악물고 참았다. 잠시 지체했다고 어떻게 감히 나를 윽박지를 수 있나?[2]

훗날 스트라우드가 밝힌 바에 따르면 파인스는 곧 자신의 행동을 진심으로 후회하는 뜻을 전했다고 한다. 두 사람은 탐험을 계속 이어가서 잘 마무리했고, 절친한 친구로 남았다. 그러나 서먹한 사건 이후 적어도 한동안은 무언가 달라졌다. 스트라우드는 이렇게 적었다. "그 친구가 다시는 같은 짓을 하지 않으리라고 믿어야 할지 의문이었다."[3] 다른 탐험가들은 두 사람의 관계를 재미와 감탄이 섞인 감정으로 보았다. 극지 탐험가 에릭 라르센Eric Larsen은 스트라우드와 파인스가 계속 함께 탐험하는 이유는 단지 "다른 모든 사람을 싫어하는 것보다 그나마 서로를 덜 싫어했기" 때문이라고 말한다.

세상에서 '가장 추운 여행' 탐험대

이 일이 있고 20년 가까이 흐른 2012년 12월 6일 아침, 나는 SA아굴라스SA Agulhas의 갑판 위에서 마이크 스트라우드를 만났다. 이 배는 스트라우드와 파인스를 비롯한 여러 사람이 최근의 별난 탐험을 위해 마련한 내빙 보급선이었다. 탐험 목적은 내내 어둠이 걷히지 않고 섭씨 영하 80도까지 떨어지는 극지방의 겨울철에 3200킬로미터나 길게 뻗은 남극대륙을 횡단하는 데 있었다. 아직 아무도 성공한 적 없는 최후의 탐사 목표였다. 그날 SA아굴라스가 템스 강 남안南岸의 타워브리지 근처 계선장을 출항하면서 파인스가 '가장 추운 여행The Coldest Journey(이번 탐사의 공식 명칭)'이라고 직접 거창하게 이름을 붙인 탐험이 시작되었다. 파인스는 "의심할 나위 없이 사상 최고로 위대하고 최고로 어려운 극지탐험"이 되리라고 장담했다.[4]

그날 아침, 적당히 쌀쌀하고 구름 한 점 없는—런던에서는 흔치 않은—영하의 날씨에 스트라우드와 나는 탐험대가 열전지 발열복과 저온 금속 부전증과 깊이를 가늠할 수 없는 크레바스에 관한 내용으로 전 세계 미디어를 흥분시킬 기자회견이 시작되기를 기다리고 있었다. 사각 뿔테 안경을 쓴 의욕 넘치는 교수 같은 모습의 스트라우드는 추위에 아랑곳하지 않는 듯 보였다. 후드 달린 파란색 파카를 입은 그는 이보다 훨씬 낮은 기온에서도 끄떡없을 것처럼 보였다. 나는 그에게 1993년 남극탐험 당시의 설사병 사건과 그전에 북극탐험에서 파인스가 죽도록 미워서 쏴 죽이고 시체를 바다에 던져버릴까 생각했다던 사건에 관해 물었다.[5] 스트라우드는 전부 잊은 것 같았다. "선생께서 말씀하시는 그 일들은 제 책에서 다시 찾아서 읽어봐야겠군요. 제 기억에 우리 둘 다 중압감에 시달리다가 잠깐씩 폭발한 적은 몇 번 있어도 대체로 감탄스러울 만큼 잘 해낸 것 같습니다." 그러고는 장난스럽게 덧붙였다. "제 단기기억에는 큰 결함이 있어요. 이런 일에 반복해서 도전하는 데 필요한 유일한 심리적 자질이지요."

원래 이번 탐험은 스트라우드가 낸 아이디어이기는 했지만 그는 따라나서지 않았다. 대신 그는 의료 자문과 과학 이사로 참여하기로 했다. 원래는 스트라우드와 파인스가 스키만 타고 횡단하면서 전략적으로 배치된 보급소에서 지원받을 계획이었다. 이제는 여섯 명의 대원이 아이스 트레인ice train을 이용해 탐험하는 쪽으로 계획이 변경되었다. 단열 처리된 강철 승무원차 두 대로 된 아이스 트레인은 항공기 연료(7만 리터가 필요하다)로 움직이는 특수 개조 캐터필러Caterpillar 트랙터가 이끌었다. 이렇게 모든 기술을 장착하고도 탐험을 마무리할 때까지 1년 정도 걸리는 일정이기 때문에, 사우샘프턴 대학병원에서 위장병 전문의 고문으로 일하는 스트라우드로서는 시간을 내기 어려웠다. 파인스가 여봐란 듯이 거창하게 극지 탐험의 영광에 도전한 데 대해 스트라우드는 뭐라고 평할까? "거의 미친 짓이죠. 그런 환경에서 복잡한 기계장치를 가동하다 보면 화를 자초하게 되거든요."[6]

파인스는 탐험가들 사이에서 강철 같은 의지와 외곬으로 돌진하는 태도로 유명한데, 이런 자질 덕분에 종종 극한의 조건에서 엄청난 신체적 대가(심한 동상, 설맹, 심장마비)를 치르면서 양극지방의 만년설을 횡단하고 아이거 북쪽 사면과 에베레스트 정상까지 오를 수 있었다. '가장 추운 여행' 탐험대의 이사인 여배우 조애나 럼리Joanna Lumley는 파인스를 "한마디로 오늘날 세계의 거대한 짐승들 중 하나"라고 표현했다. 스트라우드는 파인스를 "회복력이 출중하고 단호한" 사람이라면서 "그의 추진력은 내가 만난 어느 누구와도 비교가 되지 않는다"고 말했다.

기자회견에서 탐험대 대원들과 함께 가설무대에 오른 파인스는 독수리 같은 자세로 앉아서 청중을 둘러보았다. 키가 193센티미터인 그는 다른 다섯 명의 대원들보다 머리 하나는 더 크고, 예순여덟 살이라서 쉰다섯의 횡단 탐험가 브라이언 뉴엄Brian Newham을 제외한 나머지 대원보다 3, 40년은 더 살았다. 파인스는 귀족적이고 가부장적이고 다소 성마른 사람처럼 보였다. 그는 대체로 의례적인 미소조차 짓지 않는다. 그의 얼굴은 잠시도 가만있지 않고 숱 많은 허연 눈썹이 안테나처럼 신호를 찾아 끊임없이 씰룩거렸다. 그는 진지하게 대답하고 진부한 말은 한마디도 하지 않았다. 왜 겨울에 남극을 횡단하느냐는 질문을 받자 그는 노르웨이에 대한 영국의 해묵은 경쟁의식을 들먹이며, 노르웨이인들은 영국인 같은 사람들이 "극지방을 자기네 땅인 줄 알고 들어가서 어슬렁거리면 안 된다고 여기기 때문"이라고 대답했다. 나는 파인스에게 그의 팀원들이 오랜 기간 동안 가까이 붙어서 잘 지낼 수 있을지 물었다. 그는 이렇게 대답했다. "저는 서로를 자기 아내처럼 대해야 한다고 생각합니다. 아시다시피 아내와 잘 지내는 데는 두 가지 규칙이 있어요. 첫째, 아내가 항상 자기 뜻대로 한다고 생각하게 해줘야 합니다. 둘째, 아내가 항상 자기 뜻대로 하게 해줘야 합니다. 질문에 답이 됐습니까?"

딱히 답이 되지는 않았다. 그렇지만 그다음에 그가 여러 가지 비슷비슷한 질문에 내놓는 흥미로운 답변을 들었다. 한번은 그가 기자에게 남극대륙에 데려가고 싶지 않은 두 부류가 있다고 말했다. 안경 쓰는 사람은 안개가 끼면 앞을 보지 못해서 안 되고, "요크셔 사람들"은 시무룩한 편이고 용서하지도 않고 잘 잊어버리지도 못해서 안 된다고 말했다.[7]

심리검사는 행동을 예측하지 못한다

행동을 연구하는 연구자들에게 탐험가는 매력적인 족속이다. 무엇보다도 탐험가는 인간 본성의 거대한 도전에 끊임없이 맞서기 때문이다. 극지방을 탐험하든 산 정상에 오르든, 세계기록에 도전하든 개인 기록을 세우려 하든, 어쩔 수 없이 동기 수준이 높고 집착이 강하고 외곬으로 목표를 추구하는 사람이어야 한다. 탐험가는 제일 먼저이거나 제일 빠르거나 제일 유별난 사람이 되고 싶어 한다. 그러나 탐험가가 활동하는 극한 환경에서는 혼자 목표를 달성하는 경우가 드물다. 탐험가는 팀의 일원으로 움직일 뿐 아니라 독자적으로 활동해야 하고, 언제 무엇을 해야 하는지 알아야 한다. 인간이라면 누구나 하루하루 임해야 하는 게임이지만, 극지방의 빙하나 산중의 눈보라 속에서는 생사가 걸린 게임이다. 탐험 중에는 날마다 긴장과 불화가 생기고, 경쟁과 내분 탓에 단결력이 자주 위협받는다는 사실도 놀랍지 않다.

탐험대의 단결력이 와해된 가장 유명한 사례 중 하나가 1985년 남극점으로 향하는 '스콧의 발자취를 따라서In the Footsteps of Scott'라는 탐험에서 발생했다. 그해 겨울, 로버트 스완Robert Swan이 이끄는 탐험대(마이크 스트라우드도 포함된다)가 로버트 팰컨 스콧Robert Falcon Scott*의 통나무 오두막에서 해안으로 내려가면 바로 나오는 에번스 곶에서 야영을

했다. 그리고 일부 대원들은 스콧의 경로를 따라 남극점으로 향했다. 탐험의 공식 일지에는 당시의 상황과 관련해 서로 전혀 다른 내용이 담겨 있다. 1985년 4월 9일에 기록된 다음의 두 일지를 살펴보자.[8]

개러스 우드: 가끔 오두막에서 지내기가 힘들다. 청소하고 정리하는 사람은 나밖에 없는 것 같다. 다들 깨끗한 마른행주로 아무 데나 닦고 대충 뭉쳐서 선반에 올려놓는다. 수건걸이에 제대로 걸어두는 사람은 나밖에 없는 건가?

로저 미어: 나는 마이크하고 제일 친하게 지낸다. 마이크는 탐험에 관한 이야기 말고도 무엇이든 나와 관심사를 함께 나누는 유일한 친구다. 개러스는 성실하긴 하지만 제일 짜증 나는 인간이고, 심지어 앞으로 남은 여행에서 서로 부딪칠 수밖에 없어서 나하고는 서로 참아주는 관계인 로버트보다도 더 거슬린다.

그들은 결코 천생연분의 조합이 아니었다. 스트라우드와 미어, 우드가 기온이 섭씨 영하 40도까지 떨어진 캄캄한 어둠 속에서 로스 빙붕氷棚을 가로질러 크로지어 곶까지 가서 펭귄 알을 수집해오는 100킬로미터 대장정에 나섰을 때 상황은 더 나빠졌다. 그들은 1911년에 스콧의 대원 세 명이 완수한 탐험을 재현할 계획이었다. 다만 결과는 그만큼 처참하지 않기를 바랐다. 사실 스콧의 대원들은 오두막으로 돌아왔을 때

• 영국의 탐험가. 1901~1904년에 디스커버리호로 남극탐험을 완수했으며, 1912년 두 번째 남극탐험에서 사망했다.

얼어붙은 옷을 잘라서 몸을 끄집어내야 할 정도였다.[9] 그중 한 명인 동물학자 앱슬리 체리 개러드Apsley Cherry-Garrard는 "세상 최악의 여행이었다. …… 어떤 말로도 당시의 공포를 표현할 길이 없다"고 회고하면서 추위 때문에 모든 대원의 치아에 금이 가고 물집 잡힌 피부에는 고름까지 얼어버렸다고 말했다. 그러나 혹독한 상황에서도 동료들에 대한 감탄은 줄어들지 않았다.

그들은 순수하고 반짝거리는 순도 100퍼센트의 금이었다. 그들의 동지애가 얼마나 훌륭했는지는 이루 다 말할 수 없다. 그 며칠과 그 후로 내내 인간이 살아서 나가지 못할 혹독한 암흑 속에서 최악의 결과가 머릿속을 떠나지 않았지만, 동료들은 초조해하지도 않고 분노의 말도 한마디 입에 올리지 않았다.[10]

불행히도 스트라우드와 미어, 우드는 사정이 달랐다. 그들은 끊임없이 다투고 서로에게 적대감을 드러내서 여행의 방향을 잃고 목숨까지 잃을 뻔했다. 그래서 스트라우드는 이번 파인스의 극지 탐험에서도 "지독한 재난"을 예상했다.[11]

탐험대원들은 어려운 상황에서 서로의 능력과 생존 의지에 전적으로 의존하기 때문에 탐험대에 누구를 포함시킬지 선정하는 일이 무엇보다 중요한 과정일 수 있다. 탐험가 에릭 라르센은 이 문제를 진지하게 고민해왔고, 극한 환경을 헤쳐나가는 법에 관한 과학 논문을 공동 집필하기까지 했다.[12] 2012년 12월 나와 만났을 때 라르센은 얼마 후 혼자 자전거를 타고 남극점까지 여행할 예정이었으며, 그는 자전거 한 대만 벗 삼아 헤쳐나가는 과정에 관심을 쏟았다.[13] 하지만 라르센은 같이 간 동료들과 구체적인 목표가 다르거나(남들은 남극점에 도달하는 것보다 과학 연구에 관심이 많았다), 내면에서 동기가 우러나오지 않거나("마음속에서 꼭 하고 싶다는 불길이 타올라야 하거든요!"), ─가장 파국적인 예로─서로 성격이 맞지 않아서 좌절했던 몇 차례의 경험을 들려주었다. "제게는 다른 무엇보다도 성격이 중요합니다." 심지어 그는 2010년 북극탐험을 위해 탐험대를 꾸리면서 모든 지원자에게 50문항의 설문지를 보내 불안한 사람과 자신감 넘치는 사람, 친근한 사람과 냉담한 사람을 분류하려고 시도했다. "지원자들에게 어떤 음식을 좋아하는지, 아침형 인간인지 저녁형 인간인지, 무슨 일을 재미있어하는지 물었습니다." 어떻게 됐을까? "결과적으로 성공하지는 못했지만, 일단 함께 훈련하고 탐험을 시작한 다음에는 그들이 어떤 사람들인지 이해하는 데 도움이 됐습니다."

라르센과 함께 극한 환경에 관한 논문을 쓴 공저자들 중 한 사람인 노르웨이 베르겐 대학교의 심리학자 그로 산달Gro Sandal은 지난 20년 동안 고립되거나 폐쇄된 곳에서 활동하는 탐험가와 우주비행사의 행동을 연구해왔다. 산달은 집단 응집력을 공고히 다지는 데 필요한 세 가지 특징으로 정서적 안정, 강력한 사회적 기술과 의사소통 기술, 공동 목표에 대한 헌신을 꼽았다.[14] 그러나 성격에 근거해서는 극지방의 빙하나 지구에서 320킬로미터 떨어진 캡슐 안에서 함께 고립될 때 그 사람이 어떻게 적응하고 어떻게 협력할지 예측하기가 무척 어려운 것으로 나타났다. 사람들의 다양한 행동의 60퍼센트 정도는 표준 심리 측정 검사로 예측하지 못한다. 따라서 라르센의 설문조사로는 그의 탐험대에 자원한 사람이 어떤 사람인지는 알 수 있어도, 그 사람이 집단 안에서 어떻게 행동할지는 거의 예측할 수 없다는 뜻이다.

심리검사보다는 모의 탐험에서 지원자들이 상호작용하는 모습을 관찰하면서 누가 탐험대에서 좋은 구성원이 될지 더 잘 알아볼 수 있다고 산달은 말한다. 예를 들어 극지 탐험을 준비하고 있다면 지원자를 춥고 혹독한 환경으로 데려가본다. "행동은 사회적인 맥락에 따라 크게 달라진다. 다른 사람들의 행동을 고려해야 한다." 극한 환경에서 특히 맞는 말이다. 고립되고 특이한 장소에서 수십 차례 행동 연구를 실시한 의료 인류학자 로런스 팰린커스Lawrence Palinkas는 남극지방에서 "겨울을 넘긴" 과학 연구자와 그 밖의 사람들은 주로 개인의 성격 특질보다는 주어진 물리·사회적 조건의 영향을 받는다는 결과를 얻었다. 그리고 심리적 대처 기제는 "상황 의존적"이어서, "어느 한 가지 사회적·환경적 맥락에서 다른 맥락으로 일반화되지 않는다"[15]고 주장한다.

극한 탐험의 사례 가운데 2012년 1월 애틀랜틱 오디세이 조정팀에서 일어난 사건만큼 예측 불가능한 환경의 힘이 성격을 압도하는 경우를 잘 설명한 예도 없다. 영국-아일랜드 조정팀 대원들은 30일 동안 대서양을 동쪽에서 서쪽으로 횡단하는 신기록을 세우려 했다. 스키퍼 매튜 크로웰Skipper Matthew Craughwell은 최고의 조종 선수 세 명과 노련한 탐험가 세 명을 선발했는데, 모든 사람이 속도와 지구력을 최대로 끌어 올릴 거라고 기대한 조합이었다. 그들은 출발부터 도착까지 2시간마다 번갈아 노를 저을 계획이었고, 한 사람이 소비해야 하는 에너지는 24시간에 1만 2000칼로리(정상 권장 수준의 5배 가까이)였다.

대원들 중 스물아홉 살의 스코틀랜드인 마크 보몬트Mark Beaumont는 자전거로 81일 만에 세계를 일주한 세계기록 보유자였다. 세계일주 때는 28주 동안 하루에 150킬로미터 이상씩 페달을 밟았다. 대서양 항해 몇 달 전에는 다섯 명과 함께 노를 저어 캐나다 북극지방을 통과해서 1996년 자북극 지점까지 올라갔는데, 그전에는 오직 도보로만 가능한 여정이었다. 따라서 보몬트는 혼자 탐험할 때 어떻게 끊임없이 동기를 끌어내는지에 관해 조금 아는 사람이었다. 그는 "포기하는 사치를 부리지 못한다"고 말한다. 그는 집단 탐험에도 여러 번 참여해봤기 때문에 함께 여행할 사람을 아주 까다롭게 선정했다. "탐험 전에 이력서를 작성할 때는 다들 비슷비슷한 내용을 적어 넣을 수 있고, 누구나 같은 항목에 체크할 수 있고, 누구나 비슷한 자격을 갖춘다. 그러나 스트레스 상황에서 어떻게 반응할지는 적혀 있지 않다."

애틀랜틱 오디세이 항해 28일째에 이런 극적인 스트레스 상황이 벌어졌다. 길이 11미터의 배가 거센 파도에 뒤집히는 바람에 바베이도스의 목적지에서 800킬로미터 정도 떨어진 바다에 내던져졌다. 가까스로 구명정을 풀지 못했다면 모두 익사했을 것이다. 보몬트와 대원들은 여러 번 물속으로 들어가서 뒤집힌 선체 밑에서 비상 신호등, GPS 추적기, 위성전화, 식수와 음식을 건져냈다. 그때 대원들의 반응은 제각각이었다. 보몬트는 이렇게 회고한다. "두 친구가 상당히 큰 충격을 받았다. 그중 한 친구는 거의 한마디도 하지 못했다. 그저 눈을 감고 정지 상태로 들어갔다. 스스로 행동을 통제하지 못하는 상황에서 합리적인 선택은 아니다." 나중에 그는 보몬트에게 당시의 상태를 설명했다고 한다. "그 친구는 내게 이렇게 말했다. '나로서는 감당하기 힘든 상황이었어. 내가 할 수 있는 일이라곤 기껏해야 구명정 안에서 공간을 최대한 적게 차지하고 눈을 감고 앉아서 죽든 구조되든 다 지나가기를 기다리는 것밖에 없었네.'"[16]

마이크 스트라우드는 탐험대 내의 불화가 얼마나 위험한지 잘 안다. 그렇지만 파인스의 '가장 추운 여행' 탐험대의 의사인 그는 심리 적합성 검사로 대원을 선발하는 방법을 채택하지 않았다. 그는 심리검사로 무엇이든 알아낼 수 있을 거라고 보지 않는다. '스콧의 발자취를 따라서' 탐험 때 스트라우드와 다른 네 명의 대원은 에번스 곶의 작은 오두막에서 함께 겨울을 나기 전에 NASA와 미국 남극지방 프로그램에서 사용하는 심리 프로파일 검사를 받았다. 평가는 "한참 빗나간 것으로" 드러났다. "우리 중에서 대인관계에 어려움을 겪을 사람을 전혀 골라내지 못한 채 잠재적인 문제를 제시했지만" 정작 평가에서 제시한 문제는 전혀 발생하지 않았다. "사람들이 어떻게 행동할지 예측하는 것이 불가능하지는 않다고 해도 매우 어렵다"고 스트라우드는 말한다.

남극대륙에 기지를 둔 일부 국가에서는 신입 대원을 선발할 때 일련의 심리 측정 검사를 실시하지만 과학적으로 타당성이 검증된 검사는 하나도 없다. 반면 영국의 남극자연환경연구소British Antarctic Survey(BAS)에서는 심리검사를 실시하는 대신에 좀 더 직관적인 접근을 채택하여, 면접에서의 수행과 숙련된 선배 대원들의 평가를 선발 기준으로 삼는다. 조화로운 팀을 꾸리는 측면에서는 효율적인 선택으로 보이지만 평가자들의 평가 기준을 수량화하기 어렵다는 단점이 있다. 팰린커스와 그의 동료들은 이 점을 확인하기 위해 성공적인 BAS 대원 177명에게 남극대륙의 다른 기지에서 사용하는 심리검사를 실시하여 이들의 심리검사 점수가 평가자들의 판단과 얼마나 일치하는지 알아보았다. 결과적으로 상관관계가 거의 없는 것으로 나타났다. BAS에서 남극의 겨울에 대처하는 능력과 관련이 있다고 보는 특징은 심리검사로는 측정할 수 없으며, 적어도 적당한 심리검사가 아직 발견되지 않았다는 뜻이다.[17]

스트라우드도 직관을 선호한다. 그는 파인스와 함께 떠나는 다섯 명이 태평한 성격이고 적응력이 뛰어난 사람들이라서 꽤 잘 지낼 거라고 믿었다. 나 역시 그들이 파인스가 요구하는 전반적인 요건, 그러니까 "아무런 악의가 없고 일이 잘 풀려도 지나치게 흥분하지 않고 상황이 안 좋게 돌아가도 크게 실망하지 않는 차분하고 유순한 사람들"이라는 기준에 잘 맞는다고 생각했다.[18] 물론 아무도 안경을 쓰지 않았고 요크셔 출신도 아니었다. 그래도 스트라우드는 자칫 "아주 안 좋게 풀릴 수도" 있다면서, "스트레스가 극심한 환경이 될 겁니다. 극지 탐험의 역사를 돌아보면 작은 상자 속에 갇힌 작은 집단에서는 믿기지 않을 만큼 불화가 심했거든요"라고 말했다.

520일간의 고립, 화성 탐사 시뮬레이션

'가장 추운 여행'은 사회적 역학과 물리적으로 비현실적인 환경—극도로 고립되고 혹독하고 밤낮의 주기가 깨지고 구조될 가망이 요원한 상황—에서 지상의 순례라기보다는 우주공간의 여행에 가까웠다. 스트라우드는 이런 측면에 대한 조사의 가능성을 놓치지 않고 '하얀 화성 프로젝트White Mars Project'라는 조사를 추가하여 극한 환경이 인간의 생리와 심리에 끼치는 영향을 조사했다. NASA와 그 밖의 우주기구에서도 이 프로젝트에 주목한다. 정신적 행복과 팀의 응집력은 우주 탐사에서 가장 위험한 요인으로, 임무를 방해하거나 중단시킬 가능성이 높은 요인으로 간주된다.

이와 같은 미지의 행동과 심리를 밝혀내기 위해 러시아의 생물의학문제연구소Institute for Biomedical Problem와 유럽우주기구European Space Agency에서는 2010년 6월 3일 화성 탐사 시뮬레이션을 시작하면서, 모스크바 근처의 모형 우주선에서 '우주비행사' 6명을 520일 동안 고립시키고 그들이 어떻게 대처하는지 관찰했다. 연구자들은 2011년 11월 4일에 우주선 문이 열릴 때까지 실험을 관찰하면서 장기간의 감금 생활이 수면-기상 주기와 스트레스 수준, 기분 안정과 외로움, 경계심과 인지적 수행과 동기에 끼치는 영향에 관한 방대한 자료를 수집했다.

예를 들어 대원들은 임무가 진행되는 동안 점차 움직임이 줄어들었고, 막바지에 이르러서는 처음 시작할 때보다 수면과 휴식에 평균 1시간씩을 더 할애했다. 6명 가운데 2명은 유독 심하게 수면 패턴이 교란되어, '여행'의 20퍼센트 이상 동안 나머지 대원들이 깨어 있을 때 잠을 자거나 아니면 남들이 잠을 잘 때 깨어 있었다. 펜실베이니아 대학교의 교수로 주로 수면 손실이 인지와 행동에 끼치는 영향을 연구하고 '화성 520 Mars 520' 연구 중 한 편을 공저한 데이비드 딘지스David Dinges는 수면의 불협화음이 장기간 우주비행에서 대원들 사이의 협동을 방해할 수 있다고 경고한다.[19]

가장 우려할 만한 결과는 우주비행사들이 외로움을 느끼는 정도가 평균적으로 처음 6개월 동안 증가하다가 서서히 줄어드는데(개인차가 꽤 크기는 하지만), 이런 상태가 인지 능력에 뚜렷한 영향을 끼치는 것으로 보인다는 사실이었다. 외로움을 많이 느끼는 사람일수록 연구팀이 지정한 여러 가지 수치 작업에서 수행이 나빠졌다. 연구팀을 이끌던 로마 스 피엔차 대학교의 베르나데트 판 바르센Bernadette van Baarsen은 반응 시 간 지연과 같은 인지 능력 손상은 우주탐사 임무에서, 특히 반응 시간이 몇 초밖에 주어지지 않는 상황에서 문제가 될 수 있다고 여긴다. 그렇지 만 실제 임무에서 수행을 검사하지 않고서는 단정하기 어렵다고 덧붙인 다. "화성520은 실제 상황과 비슷하기는 해도 실제는 아니다. 대원들은 그들이 모스크바 한복판의 탱크 속에 들어 있다는 사실을 알았다." 분 명한 사실은 "대원들 간의 사회적 관계가 좋은 편이라는 점이다. 그들 끼리도 의사소통을 잘하고 지상의 대원들과도 의사소통을 잘할 수 있 다. 의사소통에 실패하면 실제로 안전에 위협이 된다."[20]

장기간 고립과 철저한 감금, 문화적으로 다양한 대원들(러시아, 프랑 스, 이탈리아, 중국) 사이에 갈등이 생길 가능성에도 불구하고 화성520 시 뮬레이션에서는 대원들 사이에 극단적 분열이나 엄청난 적대감이 일어 나지 않았다. 그래도 실제 화성 탐사에서는 시뮬레이션으로는 알 수 없 는 다른 심리 문제가 발생할 수 있다. 말하자면 최대 3년간 철저히 자율 적으로 생활하면서 자급자족하고 지구와의 모든 통신이 30분 동안 늦어 지며 고향 행성이 아주 작은 점 하나로 줄어드는 광경을 지켜보는 극도의 고립감을 경험해야 비로소 알 수 있다. 스트라우드는 다음과 같은 이유를 들어서 화성520 실험이 이런 점을 포착했을지 의문이라고 말한다.

대원들은 사실 주차장의 상자 안에 갇혀 있었다. 심리적으로 동일하지 않다. 만약 무슨 문제가 발생했다면 그들은 밖으로 나와서 병원으로 옮겨질 수 있었다. 남극대륙에서는 그렇게 할 수가 없다. 혹독한 환경에서 오는 현실적인 위협이 존재하는 것이다. 다치거나 심리적 압박에 시달릴 가능성이 더 높다. 내가 보기에는 훨씬 더 현실적이다.[21)]

'하얀 화성 프로젝트'에서 스트라우드는 극지 탐험을 우주여행의 대리전으로 삼는다. 다만 '가장 추운 여행'에는 적합할지 몰라도 대다수 극지 탐험에도 해당되는 것은 아니다. 극지 탐험가들은 분명 매우 자립적인 사람들이지만 반드시 의사소통에 능한 것은 아니다. 그들은 식사하거나 캠프를 철거하거나 작전을 상의할 때만 동료들과 어울린다. 이에 반해 우주비행사는 장시간 가까이 붙어 있는 편이다. 게다가 극지 탐험가는 강박적으로 몰아붙일수록 도움이 되는데, 이는 그들이 단체 활동에 뛰어난 유형은 아니라는 뜻이다. 극지 탐험가는 스스로 결정하는 사람들이다. 말하자면 남에게 끝없이 관심을 받으려 하거나 남에게 복종을 요구하는 부류라면 두 달 동안 빙하를 가로지르는 고된 여정에는 적합하지 않아 보인다. 사회적 제약이 있고 장비가 고장 날 가능성이 높은 극지 탐험에서 타인의 관심과 복종을 필요로 하는 성격 특질은 이내 걸림돌이 된다. 반대로 이런 특질은 우주선 안에서 1년 반 동안 동료들과 함께 협업하는 조건이라면 강점이 될 수도 있다.

에베레스트 등반의 숨은 공신

저널리스트 레베카 스티븐스Rebecca Stephens는 서른다섯 살이던 1993년에 영국 여성 최초로 에베레스트에 오르면서 불가능해 보이는 목표를 달성하는 데 필요한 자질을 몸에 익혀야 했다. 하지만 그에 못지않게 팀의 일원이 되는 장점도 배웠다. 스티븐스는 혼자서는 결코 에베레스트를 오르지 못했을 거라고 단언했다. 그녀는 함께 등반한 사람들이 아이스폴icefall*과 크레바스를 가로지르면서 심리적으로 "보듬어주고" 저산소 지역에서 호흡을 나눠준 데 감동하면서 산을 내려왔다.

스티븐스는 앙 파상과 카미 체링이라는 두 셰르파**와 함께 등반하면서 에베레스트 정상에 오른 최후의 고투를 이렇게 기술한다.

우리 세 사람은 끈끈히 단합된 팀으로 함께 등반한 덕에 실질적인 혜택을 보았다. 한 사람씩 돌아가면서 앞장서고 뒤에 따라오는 일행을 위해 눈밭을 파서 큼직한 계단을 만들어주며 함께 짐을 나누었다. 그러나 훨씬 더 중요하고 기억에 남는 것은, 각자가 서로에게 끼치는 심리적 영향이었다. 우리는 모두 함께 가거나 아무도 가지 않았기 때문에, 나머지 두 사람이 어디까지 가는지는 내가 어디까지 가는지만큼 중요했다. 나 자신을 돌보는 만큼 나머지 두 사람에게도 마음을 썼으며 …… 그들의 존재가 내게 기운을 불어넣었다. 뒤처질 때는 앞서가는 두 사람의 어렴풋한 형체를 보고 따라잡으려고 기운을 차렸다. 그들에게 실망을 안겨주고 싶지도 않고 나 스스로를 실망시키고 싶지도 않아서였다. 사우스이스트리지South East Ridge의 더 높은 지점에 오를 때는 마치 우리 셋이 보이지 않는 밧줄에 묶여 있기라도 한 것처럼 한

• 빙하의 붕락崩落.
•• 셰르파는 네팔 동부 산악지대에 거주하는 민족으로, 히말라야 산맥을 등반하는 이들의 가이드와 짐꾼으로 활약하여 '원정을 돕는 사람들'이라는 뜻으로 쓰이고 있다.

에베레스트를 오르는 사람들

■ ■

1953년 세계 최초로 에베레스트 산을 등정한 에드먼드 힐러리는 셰르파인 텐징 노르가이가 없었더라면 자신은 오르지 못했을 거라고 밝혔다.

몸으로 움직이던 기억이 난다.[22)

경쟁이 치열한 거친 남자들의 스포츠로 통하는 오늘날의 산악 등반에서 위와 같은 정서는 8.8킬로미터 높이에서 바람 한 점 없는 날만큼 이례적이다.

20년 후 스티븐스는 스스로 해낸 일을 돌아보면서 에베레스트의 경험과 거기에서 느낀 강렬한 유대감 덕분에 그 뒤로 인간의 상호의존성을 바라보는 시각이 완전히 달라졌다고 말한다. "전에는 내가 철저히 독립적인 사람인 줄 알았다. 전부 착각이었다. 내 삶은 친구와 가족, 동료들과 연결되어 있었다. 혼자서는 살아남을 수 없었을 것이다."

스티븐스의 기록을 보면 앱슬리 체리 개러드가 1911년 겨울 남극의 '지상 최악의 여행'에서 경험한 것을 회고한 내용이 떠오른다. 탐험대는 혹독한 환경에서 "마호메트의 천국의 모든 아내보다 더 나은 친구들"이 되었다고 체리 개러드는 적었다. "세상을 휩쓸어버릴 수 있다는 순수한 이상을 간직하고 세상에 환멸을 느끼지 않은 그때의 남극 탐사 대원들이 나는 좋다."[23) 주위 사람들과 함께 유쾌하게 고통을 견디는 에드워드 시대적 성향은 이듬해 극한 상황에서 시험에 들었다. 체리 개러드의 동료 둘이 스콧과 함께 남극 빙원의 텐트 안에서 사망했을 때였다.[24) 그들의 동료애는 죽음 앞에서도 굳건했다. 스콧은 죽기 몇 시간 전에 쓴 편지에서 작가이자 극작가인 친구 J. M. 배리J. M. Barrie에게 이렇게 말했다. "절망적인 상태야. 발은 동상에 걸리고 연료는 다 동이 나고 음식은 멀리 떨어져 있어. 그래도 누구든 우리 텐트 안에서 우리의 노래를 듣고 유쾌한 대화를 들으면 기분이 좋아질 거야."[25)

그것은 가장 순수하고 아름다운 모험이었다. 동료들과 협력하거나 함께 죽고, 각자의 야망은 여러 동기 중 하나일 뿐이지 최우선도 아니고 결코 가장 두드러진 요인도 아니었다. 1차 세계대전이 끝난 뒤 조지 맬러리George Mallory를 비롯한 영국의 유명 산악인들은 대영제국의 기대를 어깨에 짊어지고 무자비한 에베레스트의 산비탈에 거듭 도전했는데, 맬러리는 그곳을 "춥고 기만적인 지옥의 산"이라고 불렀다.[26] 인류학자 웨이드 데이비스Wade Davis는 1920년대의 에베레스트 산악인들을 아름답게 그린《침묵 속으로Into the Silence》라는 역사서에서 이들을 무시무시한 전쟁의 참호에서 되도록 멀리 떠나고 싶은 마음에 이끌린 사람들이라고 적는다. "난데없이 벌어진 전쟁이 한 세대를 삼켜버리고 전후 고립된 황무지만 남았다. 모두가 혼자 있는 법을 배워야 했다."[27] 그들은 에베레스트에서의 경험 말고는 혼자 있어본 적이 없었다.

숭고한 대의를 추구하던 전성시대가 실제로 존재하기는 했지만—분명 맬러리는 누구보다도 최초로 정상에 오르는 데 집착했다—산악인들은 오늘날 그런 사심 없는 이상이 드물다고 여긴다. 오늘날 에베레스트 등반대는 대체로 배경과 동기, 능력과 건강 상태가 제각각인 사람들이 모인 이질적인 집단이며, 그들 중 다수는 함께 모여서 등반을 연습하기는커녕 서로 한 번도 만난 적이 없다. 수만 달러를 내고 노련한 가이드를 고용하면, 가이드가 사람들을 이끌고 정상까지 오르도록(아니면 적어도 죽지 않도록) 도와준다. "그렇다고 유대관계가 형성되지 않는 건 아니다"라고 스티븐스는 말한다.

나는 산에서 아주 강렬한 유대감을 주는 셰르파들만 만났고, 그들이 없었다면 끝내 에베레스트에 오르지 못했을 것이다. 그렇지만 서로를 잘 모른다면 문제가 생겼을 때 도와줄 만큼의 감정을 끌어내기 어려울 거라고들 생각했으며, 8000미터 위에서는 결국 혼자 버텨야 한다는 말도 들었다. 어쨌든 나는 이런 생각에 동의하지 않는다.

현대의 등반대에서 결속력이 떨어져서 벌어질 수 있는 끔찍한 결과로, 1996년 5월 여덟 명이—그중 셋은 노련한 가이드였다—에베레스트를 오르기 시작한 지 24시간 만에 사망한 사건이 있었다. 나중에 참사의 두 가지 요인이 밝혀졌다. 우선 많은 사람이 아직 정상에 있을 때 예기치 못한 눈보라가 불어닥쳤고, 또 그날 정상에 오르려고 시도한 등반대가 여러 팀이라 평소보다 사람들이 지나치게 많았다(서른네 명이었다). 이처럼 개인적인 분위기에서는 단체정신이 발휘될 여지가 거의 없었다. 당시의 생존자 존 크라카우어Jon Krakauer는 그날의 참사를 이렇게 회고했다.

황량한 이곳에서 나는 함께 산에 오르던 사람들과—정서적으로나 정신적으로나 육체적으로—단절된 느낌을 받았다. 그전에 다른 어떤 탐험이나 등반에서도 경험해보지 못한 정도의 단절감이었다. 슬프게도 우리는 이름뿐인 팀이라는 사실을 깨달았다. 한 팀으로 캠프를 출발한 지 몇 시간 만에 우리는 제각각 산을 오르면서 밧줄로도 어떤 깊은 신의로도 서로 연결되어 있지 않았다. 거기서 우리는 각자 거의 혼자 있었다. 나 역시 다를 바 없었다. 이를테면 나는 더그가 정상에 오르기를 진심으로 바랐지만, 그가 돌아서 내려간다고 해도 나는 있는 힘을 다

해 계속 올라갈 생각이었다.[28]

금연 집단 치료 참가자들의 흡연이 늘어난 까닭

응집력은 매우 바람직한 자질이자 어느 집단에서든 열심히 다져야 하는 기반처럼 들린다. 그러나 응집력은 간혹 전혀 바람직하지 않은 결과를 초래하면서 집단사고로 알려진 비뚤어진 의사결정 과정을 부추길 수 있다. 응집력이 형성되면 기분이 좋아지기 때문에—구성원의 자존감이 높아지고 내면의 힘이 강해져서—다른 모든 것을 놓치더라도 응집력을 지키려는 동기가 강하다. 그 결과 개인이 종종 집단의 합의를 위협할 만한 의견을 내거나 정보를 공유하기를 꺼린다. 일부러 반대 의견을 내지 않다가 실제로 아주 위험한 상황을 자초하기도 한다.

예일 대학교의 심리학자 어빙 재니스Irving Janis는 40년도 더 전에 만든 집단사고라는 용어를 집단의 규범에 동조해야 하는 압력에 의해 "정신의 효율성, 현실 검증, 도덕적 판단이 악화되는 현상"이라고 설명했다.[29] 연구 심리학자인 재니스는 미국의 중독 전문 병원에서 심한 흡연자 집단을 연구하면서 집단사고의 독특한 현상을 처음 접했다. 그는 치료가 진행되는 동안, 집단 구성원들이 서로에게 하루에 피우는 담배 개수를 늘리도록 압력을 가하는 식으로 결속력을 다지면서 금연 치료를 마치고 모두 각자의 길로 돌아가야 하는 날을 미루려는 것처럼 보이는 현상을 발견했다. 한 집단에서는 강경한 파벌이 형성되어 과도한 흡연은 치료가 거의 불가능한 중독이고, 날마다 흡연량을 급격히 줄이는 방법은 전혀 소용없는 짓이라고 억지 주장을 펼쳤다. 누구 하나라도 이의를 제기하면 집단에서 배척당했다. 재니스가 개입하여 집단의 목적은 가능한 한 빨리 흡연을 줄이도록 돕는 것인데 그들이 핵심을 놓치고 있다고 지적했지만, 그들은 재니스를 무시했다. 집단의 연대가 그들 자신의 건강보다 더 중요해진 것이다.[30]

중독 치료의 역학은 탐험가에게 필요한 극단적인 동기와는 거리가 먼 듯 보일 수도 있다. 그러나 집단사고는 집단이 균형을 이루려 할 때마다 항상 위험요인으로 작용하여, 평지풍파를 일으킬 두려움에 선체의 벌어진 틈을 놓치게 만들 수 있다. 비즈니스 세계도 집단사고로 인해 엄청난 침몰을 겪은 일이 있다. 미국에서 네 번째로 큰 투자은행 리먼 브러더스Lehman Brothers의 전前 직원들은 2008년에 회사가 파산을 선언하기 전 최고경영자 리처드 펄드Richard Fuld가 회사 내부의 충성 문화를 조장해서 반대 의견을 내는 것이 거의 불가능한 분위기였다고 주장했다. 펄드는 14년 동안 회사를 이끌면서 분열된 직장을 화목한 일터로 바꾸기는 했지만, 화목한 분위기가 도를 넘었다. 회사가 잘못 돌아간다는 신호가 명백히 나타났는데도 경영진에서 신호를 포착하지 못하거나 동료들에게 알리지 못한 이유는 다들 서로 동의하거나 상사의 의견을 따르는 데만 몰두했기 때문이다. 구글Google 회장 에릭 슈미트Eric Schmidt는 일부러 이런 분위기를 멀리하려고 노력한다고 말했다. "나는 회의실에서 발언하지 않는 사람들, 의견을 밝히기를 두려워하지만 반대 의견이 있는 사람들을 찾아내려고 애쓴다. 그들이 마음속에 품은 생각을 말하게 하면 토론이 활기를 띠고 바람직한 결과가 나온다."[31]

집단사고는 기업의 회의실과 시청의 위원회, 교구회와 학교의 이사회에서도 똑같은 힘을 발휘한다. 법정의 배심원단처럼 구조화한 의사결정 절차를 거쳐서 편견 없이 심사숙고하려고 애쓰는 조직에서도 집단사고가 눈에 띄게 나타난다. 판사들도 집단사고에서 자유롭지 않다. 예를 들어 미국 연방항소법원의 3인 재판부를 대상으로 한 연구에서, 민주당 대통령이 지명한 판사는 공화당 쪽 판사 두 명과 함께 배석하면 더 보수적으로 표를 행사하는 경향을 보였다.[32] 이런 동조 경향은 5장에서 살펴볼 솔로몬 아시Solomon Asch가 선 실험에서 얻은 결과와 비슷하다. 동조 경향이 나타나는 이유는 열린 토론이 부족할 뿐 아니라 사회적 감수성도 부족한 탓이다. 이를테면 어떤 의견을 비판하면 의견을 낸 당사자를 비판하는 것처럼 비쳐서, 집단 내의 위치를 중시하는 사람에게는 아주 위험한 전략이다.

집단사고가 부추긴 가장 유명한 참사로는, 2003년 2월 1일 우주왕복선 컬럼비아호가 대기권으로 재진입하다가 텍사스 상공에서 폭발해 승무원 7명 전원이 사망한 사건이 있다. 직접적인 원인은 이륙하던 중 헐거워진 발포단열재 조각에 의해 기체의 열차폐막이 손상된 데 있었다. NASA는 컬럼비아호가 아직 궤도상에 있을 때 문제를 바로잡을 수 있었지만, 16일 동안의 NASA 비행 관리부 회의록을 살펴보니 최악의 상황을 고려하지 않으려 하는 위험한 분위기가 있었던 것으로 드러났다. 당시 성공에 치중한 NASA의 분위기에서는, 다시 말해 기술적인 위험을 정치와 경제적인 결과와 함께 놓고 저울질해야 하는 분위기에서는, 아무도 발포단열재가 컬럼비아호의 날개를 파열시켰을 가능성을 거론해 현 상황에 의혹을 제기하려 하지 않았다. 한 보고서에 따르면 당시 NASA의 해당 부서에서는 반대 정보를 논의하는 것조차 "거의 불가능"

했다고 한다.[33] 예를 들어 관리자들은 발포단열재가 날개를 강타한 사실을 알았지만 위성사진을 받아서 추가로 조사하기를 거부하고, 심지어 위성사진을 제시하라는 외부 전문가들의 요청까지 무시했다.

우리는 왜 극단에 끌리는가

집단사고만큼 위험하고 어디에서나 볼 수 있는 집단 효과로는 사람들이 응집력을 갈망하는 성향 때문에 결국 생각이 처음보다 더 극단적으로 쏠리는 현상이 있다. 티파티 운동 Tea Party movement*의 세금 전망에 약간 비판적이던 민주당 지지자들은 한 시간 반 동안 화기애애하게 토론하고 나면 티파티 운동의 정책이 터무니없다고 확신한다. 고전을 면치 못하는 축구 클럽의 열성 팬들은 그저 선술집 한구석에 쭈그리고 앉아서 어차피 시즌이 끝날 때는 그들의 팀이 우승할 거라고 서로에게 확신을 주기만 하면 된다. 인종차별주의자들은 비슷한 부류와 대화를 나누면 더 심한 편견에 사로잡힌다. 회사 중역 회의에서 모두가 선호하는 마케팅 전략을 차근차근 논의하면 외부인에게는 위험이 도사리는 듯 보이는 상황에서도 예산을 더 늘리는 쪽으로 의사결정이 난다.

극단화polarization는 두 가지 이유에서 발생한다. 첫째, 생각이 비슷한 사람들에게 둘러싸이면 내 견해를 지지하는 주장만 듣게 돼서 관점이 더 확고해질 수밖에 없다. 둘째, 사람들은 항상 자기를 남들과 비교하

• 2009년 미국의 길거리 시위에서 시작한 보수 성향의 조세 저항 운동. 오바마 행정부의 의료보험 개혁정책, 사회보장제도, 복지 프로그램 등에 비판적인 견해를 취한다.

면서 남과 다르게 보이지 않으려고 애쓴다. 이런 사고가 '모험이행risky shift'이라는 현상에도 작용한다. 모험이행이란 그러잖아도 위험한 행동을 하기 쉬운 청소년이 또래와 몰려다니다 보면 더 과감하게 행동하는 현상을 말한다. 청소년이 특히 이런 현상에 취약한 이유는 친구들의 존중과 같은 사회적 보상에 높은 가치를 두고 부정적인 결과는 보려 하지 않기 때문이다. 또래 친구들과 함께 지내는 시간이 늘어나는 시기에는 사회적 판단을 좇을 가능성이 커진다. 이것은 필라델피아 템플 대학교의 심리학자 로런스 스타인버그Laurence Steinberg의 실험에서 증명된 사실이다. 스타인버그는 성인과 청소년에게 모의 운전 게임을 하게 하고 fMRI 스캐너로 뇌 활동을 측정했다. 청소년은 성인과 달리 더 난폭하게 운전했으며—예를 들어 교통신호가 바뀔 때 가속 페달을 밟았으며—, 동시에 옆방에서 친구들이 수행을 지켜보고 있다고 생각하면 신경 보상 체계의 활동이 늘어나는 것으로 나타났다.[34)] [35)]

하버드 대학교 법률 전문가로《넛지Nudge》[36)]의 공저자인 카스 선스타인Cass Sunstein은 집단 극단화group polarization의 위험에 공식적으로 주목하도록 누구보다 앞장선 사람이다. 그는 버락 오바마Barack Obama 대통령의 자문으로 2009년부터 2012년까지 백악관 정보규제관리실Office of Information and Regulatory Affairs을 맡아서 행동경제학의 이해를 기업과 사회와 환경의 규제에 주입하려고 시도해왔다. 선스타인은《우리는 왜 극단에 끌리는가 Going to Extremes》라는 책에서 극단화 사고가 주위에 흔히 나타나기 때문에 우리는 모두 극단화 사고를 인식해야 한다고 경고한다. "극단화 사고는 경제적 결정, 이웃에 대한 평가, 심지어 우리가 무엇을 먹고 무엇을 마시고 어디에서 살지를 결정하는 것과도 관계가 있다."[37] 집단사고와 마찬가지로 극단화는 기본적으로 상황에 따른 현상이지, 기질적인 현상은 아니다. 말하자면 최고경영자도 사무실의 일반 직원만큼 극단화에 쏠리기 쉽다. 그리고 가장 극단적인 상황에서는 무정부나 테러로 이어질 수 있다. 이를테면 다수의 과격한 근본주의 집단은 처음에는 사회적으로나 심리적으로 주류에서 동떨어진 비슷한 부류의 모임으로 시작한다.

선스타인은 누구보다 빈틈없이 사고하는 사람들도 집단 극단화에 빠질 수 있다면서, 미국 연방항소법원 판사들이 이념적으로 치우친 결정을 내리는 현상을 자주 예로 든다. 앞에서 (역시 선스타인 덕분에) 연방항소법원 판사들이 정치적 신념이 다른 판사들과 함께 배석하여 수적으로 열세일 때 집단사고에 휘말릴 수 있다고 했다. 전원이 공화당인 재판부는 눈에 띄게 보수적인 의견을 내고, 모두 민주당인 재판부는 눈에 띄게 진보적인 의견을 낸다. 일례로, 동성애 권리 재판에서 공화당 쪽 판사의 16퍼센트가 찬성표를 던지고 민주당 쪽 판사의 57퍼센트가 찬성표를 던졌다. 그러나 이념적으로 동질적인 재판부에서 공화당 쪽 판사는 14퍼센트만 찬성표를 던지고, 민주당 쪽 판사는 100퍼센트 찬성했다.[38]

이념의 극단화는 미국의 정치 풍경에서 우려할 만한 특징이 되었다 (그리고 몇 안 되는 정당이 지배하는 다른 서구식 민주주의에서도 갈수록 극단화 현상이 나타나고 있다). 그것은 사회적 원심분리기와 비슷하다. 말하자면 서로 대립하는 이해 집단들이 통합될 가능성이 거의 없이 중간지대에서 멀리 튕겨나간다. 1992년 갤럽 여론조사에서 처음으로 미국인의 이념을 조사한 이래 '중도'를 자처하는 인구 비율은 43퍼센트에서 35퍼센트로 꾸준히 감소하고, 보수나 진보로 치우치는 인구 비율은 증가해왔다.[39] 미국에서는 지리적으로도 극단화 현상이 나타난다. 당선 가능성이 있는 대통령 후보가 60퍼센트 이상을 득표하는, 곧 "압도적인 표차"를 보이는 지역에 사는 미국인의 비율은 1976년에 26.8퍼센트에서 2008년에 47.6퍼센트, 2012년에 52.2퍼센트로 증가했다.[40] 한편 영국과 유럽의 다른 지역에서는 30년간 정치적 다문화주의—다양한 문화와 민족이 스스로 선택한 방식으로 스스로를 표현할 수 있어야 한다는 원칙—를 지지하는 경향에 의해, 애초 의도대로 사회 통합이 일어나지 않고 오히려 소외 집단끼리 서로를 의심의 눈으로 바라보는 일종의 분열된 다양성이 나타났다는 인식이 점점 확산되고 있다.

어째서 이런 추세가 극단으로 흐를까? 이유를 말하기는 어렵지만, 교통 기반시설과 통신기술이 발달하고 주택을 소유할 기회가 늘어나는 등의 사회 변화로 인해 자신과 도덕관, 정치관을 공유하는 이들이 모여 사는 지역으로 이동하기 쉬워졌기 때문이다. 가상세계에서는 훨씬 더 그렇다. 인터넷은 오랫동안 사회를 평등하게 만들어줄 것으로 예견되어 왔지만 실제로는 내 의견과 편견을 반영해주는 사람들과 교류하도록 도와준다. 우리는 인터넷에서 선스타인의 표현처럼 우리 자신의 가치관을 "더 크고 더 요란한 버전"으로 접할 수 있고, 덕분에 이념의 성 안에서 더 공고히 자리 잡는다.[42] 마찬가지로 케이블 텔레비전도 시청자에게 점점 더 당파적인 뉴스 채널을 선택할 기회를 제공한다.[43] 어느 것도 사회적 화합에는 좋은 소식이 아니다. 중용에는 상호작용이 필요하고, 건강한 민주주의에는 반대 의견을 허용하는 문화가 필요하다.[44]

우리는 당파적 문화를 통제하고 어디서든 우리를 우매하게 만드는 집단사고와 극단화의 영향에 과감히 맞서야 한다. 위원회, 학교 이사회,

직장, 스포츠팀, 정부 위원회, 법정, 교회, 남학생 클럽, 규제기관, 기업 이사회 등 어디서든 맞서야 한다. 오늘날의 사회적 소집단 시대에는 묵묵히 의견을 일치시키려 하지 말고, 무턱대고 동조하지 않는 태도를 높이 사야 한다. 나는 미국의 정치 활동가이자 작가이자 자칭 잘못된 믿음을 타파하는 데 앞장서는 바버라 에런라이크Barbara Ehrenreich의 조언을 좋아한다. "애국심은 악당의 은신처일 때가 너무 많다. 반대와 반란, 전면적인 소동은 여전히 애국자의 진정한 의무다."[45]

'투르 드 프랑스' 우승의 비결

응집력의 해악은 북극탐험가든 월스트리트 경영자든, 공동의 목표를 추구하는 사람들이 모인 집단이라면 어디서나 나타날 수 있다. 그렇지만 집단으로 협력하면 대체로 위험요인보다 장점이 훨씬 많다. 이 장점은 게임의 규칙과 구성원 각자의 역할과 능력과 팀의 목표가 명확하고 협력 수준이 높은 스포츠에서 특히 부각된다. "잘 구성된 팀에서는 응집력이 신뢰와 소통과 배려, 그리고 구성원들끼리 서로 협조하는 분위기를 형성해 모든 구성원의 수행이 좋아질 수 있다." 뉴햄프셔 대학교의 경영전문가 앤서니 페스코솔리도Anthony Pescosolido의 말이다.[46] 그는 집단 협업의 기간이 길수록 효과가 커진다고 덧붙인다. "함께 팀으로 활동하는 기간이 길수록 함께 연습한 명확한 방식과 구체적인 역할을 개발하는 역량이 강화될 수 있다. 스포츠팀에서 몇몇 선수가 갑자기 깨달음을 얻고 다 함께 부둥켜안은 다음 라커룸을 나서서 모든 이의 기대를 뛰어넘는 성과를 올리는 장면은 영화의 클리셰일 뿐이다." 이런 이유에서 한 번의 시합을 위해 결성된 올스타팀이 대개 기대에 못 미치는 실력을 보이고, 축구 시즌이 새로 시작할 때 새로운 선수를 많이 영입한 클럽의 팬들이 몹시 괴로운 시간을 보낼 수 있는 것이다. 대체로 개인적인 재능의 총합이 통일성의 결핍을 보완하지는 못한다.

산악 등정과 마찬가지로 개인이 뛰어난 역량을 발휘하는 것이 주요 동기인 사이클에서도 응집력이 팀에 유리하게 작용할 수 있다. 도로 사이클 경주에서는 개인의 엄청난 노력이 필요하지만, 투르 드 프랑스° 같은 대회에서 우승하려면 팀워크가 필요하다. 같은 팀 선수를 뒤따라가면서 육체적으로 엄청난 혜택을 누릴 수 있기 때문이다. 힘과 속도는 제곱 비례 관계라서, 속도를 2배로 늘리려면 힘을 8배나 써야 한다. 빨리 달릴수록, 속도를 높이려면 더 많은 힘이 들어간다. 그러나 다른 선수 뒤에서 따라가는 선수는 힘을 40퍼센트쯤 덜 쓰면서도 같은 속도를 유지할 수 있다. 브래들리 위긴스Bradley Wiggins 같은 최고의 사이클 선수들은 앞뒤와 양옆으로 같은 팀 선수들이 포진한 캡슐 안에서 달리면서 바람의 저항을 최소로 줄이고 60퍼센트까지 힘의 이점을 누릴 수 있다. 따라서 선두로 치고 나가야 하는 순간에 힘이 비축되어 있다. 가장 성공적인 팀은 선수들이 물리학의 기본 법칙을 최대로 활용하도록 조직된 팀이다.

이런 전술은 같은 팀 동료의 막대한 희생을 요구한다. 선두로 달리면서 팀의 에이스가 바람의 저항을 덜 받도록 막아주며 힘을 다 소진하고

• '프랑스 일주'라는 뜻으로, 매년 7월 프랑스에서 3주 동안 열리는 세계 최고 권위의 프로 사이클 대회.

타인의 영향력

2012 투르 드 프랑스

∎ ∎

22개 팀, 198명의 선수가 참가해 153명이 완주했다. 그중 종합우승을 차지한 브래들리 위긴스와 그를 중심으로 한 스카이 팀이 마지막 구간을 달리고 있다. 사진 왼쪽의 마크 카벤디시는 구간 최다 우승을 기록했으며, 선두에서 위긴스의 방패 역할을 한 크리스 프룸은 "투르 드 프랑스를 시작하기 전에는 스스로도 이렇게 잘 달릴 줄 몰랐다"라고 인터뷰했다.

정작 자신이 우승할 기회를 잃기 때문이다. 예를 들면, 크리스 프룸Chris Froome은 2012 투르 드 프랑스에서 위긴스를 보조하는 데 엄청난 노력을 기울였다. 열성 사이클 팬들은 프룸이 더 많은 지원을 받았다면 직접 옐로저지*를 받았을 거라고 보았다(프룸은 이듬해에 투르 드 프랑스에서 우승했다). 스포츠 심리학자이자 전직 사이클 선수인 리처드 데이비슨Richard Davison은 20년 동안 선수들의 수행에 영향을 끼치는 요인을 연구해왔고, 지금은 영국의 차세대 사이클 코치를 훈련시키고 있다. 그는 온 힘을 다해 동료를 선두에 내보냈다고 생각하면 훨씬 더 보람된 희생으로 보일 수 있다고 말한다. "무리의 선두에서 달리다 보면 개인의 한계를 뛰어넘게 되지만, 팀에는 더욱 바람직한 일이다. 팀을 앞으로 끌고 가거나 팀의 에이스가 혼자 신체적 역량을 발휘해 우승할 수 있는 위치까지 가게 해준다. 그러면 제 역할을 다하는 셈이다."

그 밖에도 사회적 역학 관계가 사이클 경주의 수행에 영향을 줄 수 있는 차원이 있다. 1898년 《미국 심리학 저널American Journal of Psychology》에 발표되고 최초의 사회심리학 연구로 유명한 연구에서[47] 심리학자 노먼 트리플렛Norman Triplett은 사이클 경주에서 다른 선수들과 경쟁하거나 페이스 조절 집단과 함께 달리는 선수는 혼자 달리면서 시간하고만 싸우는 선수보다 1마일**당 평균 각각 26퍼센트와 23퍼센트 더 빨리 달린다는 결과를 제시했다. 단지 누가 옆에 있기만 해도 유의미한 에너지 효과가 있는 것으로 나타났다.[48]

• 투르 드 프랑스에서 종합 선두주자가 입는 옷.
•• 약 1.6킬로미터.

추위보다 혹독했던, 아이스팀의 진짜 장애물

2013년 1월 20일 '가장 추운 여행' 탐험대가 남극대륙에 도착하고 얼마 지나지 않아 스트라우드가 예상한 최악의 시나리오가 현실로 나타나기 시작했다. 파인스가 한 달 만에 장갑을 벗은 채 스키 바인딩을 수선하다가 왼손 손가락에 동상을 입었다. 수술까지 받아야 하는 상태여서, 겨울이 오기 전에 마지막으로 남극대륙을 떠나는 비행기에 몸을 실었다. 남은 다섯 대원들은 탐험을 계속 이어갔지만, 6월 중순에 이르러 험악한 날씨에다 25톤짜리 차량을 타고 이동하면서 한 번도 시험해본 적 없는 예기치 못한 위험이 도사리는 광활한 크레바스 평원과의 사투 끝에, 남극점까지의 탐험을 중도 포기했다. 그리고 봄이 와서 안전하게 철수할 수 있을 만큼 해가 날 때까지 남은 넉 달 동안 그대로 얼음 위에 머물기로 했다. 심리적으로는 어느 때보다 더 우주여행에 가까웠다. "영원한 어둠과 폐소공포증을 유발하는 환경에서 중압감이 아주 심하게 나타날 것이다"라고 스트라우드는 예상했다.[49]

그 뒤 어떤 일이 벌어졌는지는 명확하지 않다. '하얀 화성 프로젝트'의 자료가 아직 공개되지 않았기 때문이다. 한 가지는 분명하다. 응집력 면에서 이후 넉 달은 재앙에 가까운 시간이었다. 대원들 사이에 성격이 충돌하고 예기치 못한 행동 문제가 발생하여 탐험대 내부에 심각한 분열이 일어났다. 11월 말 영국으로 돌아간 뒤 2주 만에 가진 전화 인터뷰에서 탐험대의 의사였던 로브 램버트Rob Lambert는 암울한 평가를 내놓았다. "결코 우리를 한 팀이라고 표현할 수는 없습니다." 그리고 그는 이렇게 말했다.

우리는 그곳에 간 동기가 저마다 다르고 어떤 일을 해야 한다는 기대가 전혀 다른 개인들의 집단이었습니다. 사람들이 평소 환경에서 벗어나면 어떻게 행동할 수 있는지를 깨달았습니다. 직접 보지 않았다면 믿지 못했을 것 같아요. 어느 정도는 우리가 놓인 환경 탓이고, 또 어느 정도는 사회적 압력 탓이었습니다. 일지를 다시 훑어보니 '놀이터'라는 단어가 자주 눈에 띄더군요. 큰 아이들이 작은 아이들을 괴롭히는 놀이터랑 똑같았으니까요. 2, 30대의 성인들이 그렇게 행동할 줄은 몰랐습니다. 정말 끔찍했어요.

남극 전문가들은 남극대륙을 종종 인간 심리의 확대경이라고 표현하면서, 그곳에서 보내는 시간이 사람들의 성격에서 특정 측면을 더 과장한다고 설명한다. 내향적인 사람은 더 내향적이 되고 외향적인 사람은 더 외향적이 된다. 램버트는 '가장 추운 여행'에서도 어느 정도는 이런 상황이 벌어졌다고 본다. 파인스가 떠날 때 그 대신 지도자 역할을 맡은 램버트와 브라이언 뉴엄 모두 탐험대원 선발 과정이 충분히 엄격하지 않았다고 여긴다. 탐험을 시작하기도 전에 탐험대 내부에 문제가 발생했다. 뉴엄은 내게 이렇게 말했다. "일부 대원들은 다른 몇몇 대원과 잘 어울리지 못했어요. 공동의 목표(남극대륙 횡단)가 있을 때는 큰 문제가 아니었어요. 다들 고도로 집중하고 확고한 결의에 차서 목표를 달성하기 위해 각자 할 일에 매진했으니까요. 그런데 목표가 사라지자 사회적 역학 관계가 악화된 겁니다. 더 이상 공동의 목표가 없었어요. 그래서 집단 차원에서는 더 힘들어졌지요."

'가장 추운 여행'을 실패작으로 간주하는 것은 부당해 보인다. 탐험대는 과학 실험을 통해 눈의 물리학과 화학, 극한 서식지 미생물의 생물학, 남극대륙 해안 빙하의 이동과 관련한 소중한 통찰을 얻었을 뿐 아니라, '하얀 화성 프로젝트'를 통해 생리학과 심리학적 결과까지 얻었다. 나아가 '보는 것이 믿는 것 Seeing is Believing'이라는, 예방 가능한 실명에 대처하는 국제자선단체를 위해 200만 달러 이상의 기금을 조성하기도 했다(다만 원래 목표액은 1천만 달러였다). 그러나 남극대륙 탐험의 역사에서 이번 탐험은 스트라우드가 경고한 대로 서로 섞이지 못하는 성격들 간의 충돌, 낯선 환경에서 어떻게 반응할지 예측하기가 거의 불가능한 현실, "작은 상자 안에 갇힌 작은 집단"에 닥칠 수 있는 "믿기 힘든 불화"를 보여주는 새로운 사례로 추가될 것이다.

특히 네덜란드 비영리 재단에서 추진 중인 '마스 원 Mars One', 즉 2024년에 우주비행사 네 명을 지구로 돌아올 기약 없이 화성으로 보내서 화성에 영구 정착지를 건설하는 프로젝트를 후원하는 사람들에게 생각할 거리를 던져준다. 앞으로 100년 동안 심리학자들이 소집단의 공존 가능성에 관해 지난 100년보다 더 많이 알아내지 못한다고 해도, '마스 원 프로젝트'에 내재된 위험은 '가장 추운 여행' 탐험을 휴가 캠프 정도로 보이게 할 것이다.

당신은 조직의 지배적인 생각에서 자유로운가?
| 집단사고의 8가지 증상 |

'집단사고'라는 용어를 처음 만든 심리학자 어빙 재니스는 8가지 증상을 제시했다. 어느 한 가지라도 나타나면 집단이 자체 규범에 순응한 나머지 결과적으로 의사결정 과정이 변질될 위험이 있다는 뜻이 될 수 있다. 당신의 조직에 다음과 같은 현상이 나타나면 조직의 업무 관행을 재평가해야 할 수 있다.

1. 대다수 또는 모든 구성원이 서로 상처를 주면 안 된다는 생각을 공유해서 과도한 낙관주의를 조장하고 극단적인 위험을 감수하도록 부추긴다.
2. 집단 고유의 도덕성을 무조건 신뢰한다.
3. 집단의 가정을 다시 생각하게 만들 만한 경고나 정보를 집단 차원으로 무시하려 한다.
4. 적의 지도자에 대한 고정관념에 사로잡혀 그들이 사악해서 협상에 진지하게 임하리라는 보장이 없다고 여긴다.
5. 구성원들이 명백한 집단 합의에 대해 품은 모든 의심을 스스로 검열하는 경향이 있다.
6. 자기 검열 때문이든 침묵은 곧 동의라는 잘못된 가정 때문이든, 다수의 의견을 따르는 판단에는 모두 동참해야 한다고 착각한다.
7. 집단의 약속에 강력한 반대 의견을 내는 구성원에게 직접적인 압력을 행사한다.
8. '마인드가드mindguard'를 자처하면서 집단을 부정적인 정보로부터 보호하겠다고 나서는 사람이 출현한다.

출처: Irving Janis, *Groupthink: Psychological Studies of Policy Decisions and Fiascoes* (Houghton Mifflin, 1982), pp. 174~5에서 발췌.

The Power of Others

4

행복한 소수가 발휘하는 막강한 힘

전우애로 읽는 조직의 심리학

멀리 미국의 버몬트 주 그린 산맥을 여행할 때면, 버몬트 주에서 가장 이름난 독립전쟁의 영웅 이선 앨런Ethan Allen과 맞닥뜨리지 않기란 쉽지 않다. 그의 이미지는 전쟁 추모비에도 있고, 도로표지판과 호텔과 암트랙Amtrak 기차에도 있고, 미국 최대의 가구회사 가운데 한 업체*에도 있지만, 그가 어떻게 생겼는지 확실하게 아는 사람은 없다. 그 지방의 술집이나 상점 계산대에서 대화하다가 불쑥 그의 이름을 꺼내면 교과서와 구전으로 내려오는 그의 업적에 관한 황당무계한 일화가 쏟아져 나올 것이다. "앨런의 부하들은 분명 파티를 좋아했어요." 내가 묵었던 아이라 앨런Ira Allen 여관의 안주인 마리아가 단언했다. 밤나무 기둥에 마룻장의 높낮이가 들쑥날쑥한 이 집은 이선이 그의 형 아이라와 함께 1779년에 지은 집이다.[1] "그때 그 사람들이 여기서 회합을 가졌어요. 와우, 파티요!"

코네티컷 시골에서 자란 이선 앨런은 친척 몇 명을 따라서 뉴햄프셔 그랜트New Hampshire Grants**로 알려진 코네티컷 강 북서 지방(오늘날의

* 미국의 전통 명품 가구 브랜드 'Ethan Allen'.
** 그랜트Grant는 원래 메인·뉴햄프셔·버몬트에서 주정부가 개인이나 기관에 무상으로 불하한 토지를 말한다.

버몬트 주)에 정착한 뒤 운동가로서 명성을 쌓았다. 앨런이 도착할 무렵 그 지역에서는 장기간 끌어온 갈등이 극심했다. 한쪽에서는 앨런처럼 뉴햄프셔 주지사에게서 토지에 대한 법적 소유권을 사들인 지주들이 그 랜트 지역과 동쪽으로 경계를 맞대고 있었다. 다른 한쪽에서는 그랜트 지역과 서쪽으로 접한 뉴욕 주가 토지에 대한 지배권을 주장했다. 뉴욕 주정부는 뉴햄프셔가 사기 행각을 벌인다고 선포하고는 정착민들에게 추가로 소유권을 사지 않으면 퇴거시키겠다고 협박했다. 뉴욕의 조치 는 앨런과 이웃들의 심기를 건드렸다. 1770년 여름 베닝턴(현재 버몬트 남부의 역사적 중심지)의 캐터마운트 여관에 모여 그 집의 술—럼주를 넣 은 사과주—에 힘을 얻은 그들은 저항단체를 결성하여, 자꾸만 간섭하 는 '요커들Yorkers'로부터 그들의 이익을 지키기로 결의했다. 이들은 그 린마운틴보이스Green Mountain Boys로 알려졌다.

그린마운틴보이스는 '형제단band of brothers'으로서 아주 효과적인 성 과를 거두었다. 그들은 독립전쟁에서 영국군을 패퇴시켰으며, 1777년 과 1791년 사이에 버몬트가 대영제국과 신생 미합중국 양쪽으로부터 독립한 짧은 역사에서 중요한 역할을 했다. 그들이 본래 개척자라서 개 인주의적이고 자급자족에 치중할 것으로 예상하겠지만, 그린마운틴보 이스는 또한 신의로도 유명했다. 그들 중 다수가 그야말로 긴밀하게 연 결된 지역사회에서 형제이거나 사촌이거나 이웃이었다. 그들은 이렇게 혈연으로 맺어지거나 하루하루의 생존을 위해 서로 의지하면서 연결된 유대를 기반으로 막강한 전투력을 발휘할 수 있었다.

오합지졸 반란군을 승리로 이끈 것

"언덕의 신들은 계곡의 신들이 아니다." 뉴욕 주정부가 앨런과 이웃 정착민들에게 서쪽의 지주들을 상대로 비열한 계략을 꾸미지 말라고 경고했을 때 앨런이 한 말이다.[2] 얼마 지나지 않아 요커들은 앨런의 말이 무슨 뜻인지 깨달았다. 앨런의 자유전사들은 결단식을 치르자마자 얼굴에 검댕을 칠하고 모자 띠에 전나무 가지를 비스듬히 꽂고서 뉴욕의 토지조사관과 무상 토지 소유주들을 눈에 띄는 대로 강제로 몰아냈다. 전쟁을 일으키지 않는 대신 현란한 말로 협박하고 굴욕적인 처벌로 맞섰다. 1775년에 독립전쟁이 일어나기 전까지 그들은 아무도 죽이지 않았다. 뉴욕 법령을 집행하려다가 붙잡힌 요커들은 자기 집 지붕이 날아간 모습을 발견하거나 '황야의 나뭇가지 징벌'이라는 창의적인 채찍질을 당하기도 했다. 간혹 운이 나쁘면, 새뮤얼 애덤스Samuel Adams라는 의사처럼 더 공개적으로 망신 당하는 예도 있었다. 그는 흔들의자에 앉은 채 캐터마운트 여관의 8미터 높이 간판 꼭대기로 끌려 올라가서 몇 시간 동안 여관 손님들에게 조롱당했다.[3] 1774년 뉴욕 주정부는 이처럼 "모든 질서와 선량한 정부를 전복하려고 시도하는 폭동과 방종의 위험하고 파괴적인 정신"을 개탄하면서 그린마운틴보이스의 지도자를 체포하는 데 현상금을 걸었다.[4] 그러나 그쯤 되자 뉴욕의 무상 토지 소유주들 중 뉴햄프셔 그랜트로 들어가 소유권을 주장할 만큼 배포가 큰 사람은 거의 없었다.

앨런이 이끄는 반란군이 어떻게 서부 버몬트의 산악지대에서 주도권을 잡을 수 있었는지는 짐작하기 어렵지 않다. 이 지역은 사방이 숲으로 둘러싸였기 때문에 일단 걸어서 도시나 도로를 벗어난 뒤에는 아무리 산등성이와 산꼭대기에 올라가도 방위를 확인하기 어려울 수 있다. 바람 한 줄기 없는 어느 날 아침, 나는 매사추세츠에서 캐나다 국경까지 길게 이어지는 그린 산맥의 야생 산길인 롱트레일Long Trail을 따라 11~12킬로미터쯤 산행을 했다. 사시나무와 자작나무, 단풍나무, 참나무, 솔송나무 틈새로 길잡이로 삼을 만한 풍경을 하나도 만나지 못했다. 그럼에도 산악지대의 등산길에 빠져들었다. 나무들 그림자 속으로 주의를 빼앗는 것들―잘게 조각난 자작나무 껍질의 흔적, 덤불숲에서 종종걸음을 치는 들꿩, 토성의 고리처럼 죽은 나무를 둘러싼 버섯―이 끊임없이 나타나고, 매 순간 어디로 가고 있는지 자각해야 했다. 앨런은 계곡의 신들의 법을 들이대는 사람들에게 이렇게 충고했다. "그린마운틴보이스는 겁먹지 않고 매복해서 너희를 공격할 것이다. 우리는 산악지대의 좁은 길을 훤히 꿰고 있고, 활기차고 강인하며, 활을 노련하게 다룰 줄 아니까."[5]

　그린마운틴보이스 형제단의 사회 구조는 그들의 가장 유명한 작전, 곧 독립전쟁 초기에 영국군이 차지한 타이콘더로가 요새Fort Ticonderoga를 함락하기 위해 병사들을 동원한 과정을 들여다보면 명확히 드러난다. 영국과 식민지 사이의 갈등이 극에 다다른 1775년 4월 전면전이 벌어지자, 그린마운틴보이스는 요커들과 화해하고 광기에 사로잡힌 조지 왕(조지 3세)의 폭정에 항거하는 전쟁에 동참했다. 양측은 전쟁에 참전하자마자 뉴햄프셔 그랜트 서쪽 경계의 샹플랭 호수가 내려다보이는 요충지에 위치한 별 모양의 거대한 타이콘더로가 요새를 차지하기로 합의했다.

앨런은 정예부대를 이끌고 베닝턴에서 북쪽으로 100킬로미터 행군을 시작했다. 행군 도중에 농장과 농가, 여관에서 자원병을 모집했는데, 대부분 앨런과 친척이거나, 개인적으로 앨런을 알거나, 뉴욕 주정부에 대항하여 토지 권리를 지켜낸 위인으로 앨런을 우러러보던 사람들이었다. 요새의 포격 사정권 안으로 들어갈 즈음 앨런은 230명에 이르는 '친족 부대'를 모집했다. 그중에는 앨런의 형제가 적어도 세 명(아이라도 있었다), 사촌 세 명, 마을과 농가의 조합이 포함되었으며, 한 농가에서는 두 세대에 걸쳐 최소한 여섯 명이 자원했다.

앨런의 전기를 최근에 가장 충실하게 쓴 전기 작가 윌러드 스턴 랜들Willard Sterne Randall에 따르면, 앨런의 부대는 오합지졸이었다고 한다. 랜들은 그중에서도 사냥꾼과 덫사냥꾼, 변호사와 여관 주인, 소도시 서기와 상점 주인, 시인, 예일대를 갓 졸업한 학생, 스코틀랜드와 잉글랜드, 아일랜드에서 배를 타고 건너온 지 얼마 안 된 이민자, 미래의 의원들을 꼽았다. 샹플랭 호숫가의 집결지 핸즈 코브에 도착했을 때 그들은 "작업복 차림이거나 아내나 누이, 어머니가 만들어준 사슴가죽 사냥 셔츠를 입었고······면모綿毛 교직물이나 퍼스티언* 또는 플러시** 천을 걸치고, 모직 스타킹이나 모카신 또는 대충 만든 부츠를 신고, 값나가는 비버가죽 모자나 곰가죽 모자를 쓰고, 옥양목이나 실크 조끼를 입고 있었다."[6]

오합지졸이기는 해도 잘 통합된 부대였다. 미국의 어느 역사가는 그들의 사회적 역학 관계를 종합적으로 분석하면서 앨런이 어떻게 독립전

---

* 보통 한쪽에만 짧은 보풀을 세운 능직 무명.
** 벨벳과 비슷하지만 길고 보드라운 보풀이 있는 비단이나 무명 옷감.

돈 트로이아니, 〈베닝턴 전투〉

. .

오합지졸에 불과했던 민병대 그린마운틴보이스가 어떻게 미국 독립전쟁을 승리로 이끌었을까? 그
린마운틴보이스는 그 뒤 남북전쟁에서도 연방군을 위해 싸웠으며, 지금도 여전히 버몬트 주방위군
으로 그 명맥을 잇고 있다.

쟁 직전에 "버몬트 서부의 이질적인 집단을 혁명기 독립국가의 특징을 모두 갖춘, 사기충천한 반란 조직"으로 결성했는지 살펴보았다.[7] 그들은 각기 다르면서도 개척자 정신과 서로에 대한 신뢰로 끈끈하게 결합해 있었다. 배경과 목적이 잘 통합된 덕분에 타이콘더로가 전투에서 승리를 이끌어낸 듯하다. 뉴햄프셔 그랜트에는 영국 국왕파國王派* 수천 명이 있을 뿐만 아니라 독립혁명에 가담할 뜻이 없는 사람이 많았는데도, 타이콘더로가 요새를 지키던 영국군은 공격의 표적이 된 줄도 모르고 있다가 1775년 5월 10일 새벽에 눈을 떠서 연병장에 사열해 있는 앨런의 반란군을 발견했다. 영국군 사령관은 당장 항복했다. 이로써 독립전쟁에서 미국 쪽 최초의 공격은 인명 손실도 없고 총성도 거의 울리지 않은 채 승리하여 앨런의 부대원들에게 "기분 좋은 실망"을 안겨주었다.[8]

그린마운틴보이스는 타이콘더로가의 승리를 인정받아서 정규 식민지군에 독립 연대로 편입되는 동시에, 앨런과 그의 사촌 세스 워너Seth Warner는 연대의 지휘권을 확보하고 특별 혜택으로 자체 장교 선발권까지 얻어냈다. 타이콘더로가 전투가 끝나고 5개월 뒤 앨런은 무모하게도 몬트리올을 차지하려는 작전을 펼치다가 영국군에게 붙잡혀서 2년 반 동안 포로생활을 했다. 1777년 8월, 앨런의 뒤를 이어 연대를 지휘한 워너는 한때 그린마운틴보이스가 자주 모이던 캐터마운트 여관에서 몇 킬로미터 떨어진 곳에서 벌어진 베닝턴 전투에서 영국군을 궤멸했다. 그들은 다시 결정적인 승리를 거두었고, 영국군은 이 전투에서 1000명 가까이 전사했다.

---

* 독립혁명 때 영국에서 독립하는 것을 반대한 사람들.

"우리는 행복한 소수다"

사회 결속력이 군사적 성과에 중요하다는 것은 장군과 전략가들이 오래전부터 알고 있던 사실이다. 1415년 헨리 5세는 수적으로나 영양상태 면에서나 한참 앞선 프랑스 군대와 맞붙은 아쟁쿠르 전투에서 승리를 거두기 전에 사회 통합의 중요성을 강조했다. 셰익스피어의 희곡에 나오는, 헨리 5세의 사기를 북돋우는 연설—"우리는 소수다, 우리는 행복한 소수다, 우리는 형제단이다. 오늘 나와 함께 피 흘리는 자는 내 형제가 될 것이다"[9]—은 그 후 여러 세대에 걸쳐 영국군이 만만치 않은 전투를 앞두고 외치는 구호가 되었다.

미국의 남북전쟁에서 북부 연방군Union이든 남부 연합군Conferderate이든 병사들은 적은 임금을 불규칙하게 받으면서 목숨을 걸고 힘겨운 싸움을 해나가야 했기 때문에 집단 신의는 "군대를 결속하는 힘"이었다.[10] 덕분에 훈련 부족과 전반적인 군기 이완이 보완되었다. 연방군은 체계적으로 결성되었다. 자원병 중대는 서로 잘 알 법한 마을이나 계곡 출신으로 구성되었다. 이들은 함께 입대하고 함께 싸우고 함께 전사했으며, 외부인이 대신 투입되는 예는 거의 없었다.

자원하기 전부터 존재하는 동질집단으로 군대를 조직하는 방법의 효과는 최근 로스앤젤레스 캘리포니아 대학교의 경제학자 도라 코스타Dora Costa와 매튜 칸Matthew Kahn(두 사람은 결혼했다)이 입증했다. 두 저자는 남북전쟁을 다룬 사회학 연구《영웅과 겁쟁이Heroes and Cowards》에서 같은 지역에서 모집되고 나이가 비슷하고 전쟁 전에 직업이 비슷한 사람들(농부나 노동자)과 함께 복무한 연방군은 탈영이나 무단이탈을 감행할 가능성이 훨씬 적었다고 밝혔다. 모두 부대의 집단 정체성을 정의하는 데 도움이 되는 요인으로, 누가 계속 남아 싸울지를 판단하는 데는 사기나 이념적 열정보다 훨씬 더 중요했다.[11] 이처럼 가장 치열한 충돌에서는 주변 동료들에 대한 신의가 다른 무엇보다 중요했다.

제122 뉴욕 보병연대 자원병이었던 어느 남북전쟁 참전용사의 편지에서 전우애의 영향이 어떻게 표현됐는지 살펴보자. 1864년 7월 9일 그는 누이에게 이렇게 썼다.

죽음을 생각하면 겁나지 않느냐고 물었지. 나도 죽고 싶지 않아. ……나야말로 누구보다 겁이 많은 사람이지만, 내 친구와 동지가 모두 전진한다면 비겁자가 되느니 차라리 총탄을 맞겠어. 한 번, 꼭 한 번, 우리 연대가 포화를 받을 때 나 혼자 낙오한 적이 있는데, 그때 내 심정은 말로 어떻게 표현할 수가 없어. 오직 군인만이 알 거야. 나는 걸을 수가 없었어. …… 그런데 소총이 달가닥거리는 소리를 들은 순간 나는 우리 연대가 한창 교전 중이라는 걸 알고 절뚝이면서 들판을 달려 그들에게 갔어.[12]

그때부터 거의 한 세기 뒤인 2차 세계대전 중에도 결속력과 동지애는 사람들을 싸우게 만드는 결정적인 요인이었다. 미국의 앞서가는 사회학자 새뮤얼 스투퍼Samuel Stouffer는 2차 세계대전 중 육군성 정훈국 연구분과Research Branch of the War Department's Education and Information Division를 이끌면서 미군 50만 명 이상을 설문조사했다. 스투퍼는 병사들에게 전쟁에 임하는 태도, 전투 중에 그들을 이끌어주는 원동력, 군인으로서 자신의 역할에 대한 감정, 미군이 전쟁에 뛰어든 이유가 자신의 목숨을 바칠 만큼 가치 있다고 생각하는지 여부를 물었다. 스투퍼의 설문조사 결과는 군 지도부에서 전투의 심리로 간주하던 대부분의 정보와 일치하지 않았다. 병사의 전투 의지를 좌우하는 가장 중요한 동기는 흔히 생각하는 것처럼 이념이나 지도력, 생존 본능, 적을 향한 증오가 아니라, 집단의 연대의식과 더불어 전쟁을 마치고 사랑하는 가족들 품으로 돌아가고 싶은 마음이었다.[13)]

미 육군은 스투퍼의 설문조사를 진지하게 받아들여서, 그 결과를 바탕으로 정책을 만들고 프랭크 카프라Frank Capra의 '우리는 왜 싸우는가Why We Fight' 시리즈 같은 프로파간다propaganda* 영화를 만들었다. 군 지도부가 최초로 사회 통념보다 과학적 분석을 신뢰하고 병사들을 전장에 내보내는 데 필요한 최선의 준비 방법을 고민하기 시작한 것이다. 스투퍼는 심지어 병사들이 휴가차 고향으로 돌아갈 때도 민간인 복장이 아니라 군복을 입고 다니게 하라고 제안함으로써 탈영 비율을 줄이는 데 일조했다. 군복을 입고 고향에 나타나면 가족과 친지들이 영웅으로 대접해줘서 병사의 자부심이 커지고 군대에 복귀할 가능성이 커졌다.

2차 세계대전 후반 스투퍼의 연구팀 소속이었고 '집단사고' 이론의 아버지인 어빙 재니스는 20대 초반에 징집되어 몇 달 동안 유럽에서 싸우던 미군 병사들을 인터뷰했다. 재니스는 부대에서 승진 대가로 다른 부대로 전출될 때 승진을 거절하는 사례가 얼마나 많은지, 병에 걸리거

• '선전'을 가리키는 용어. 특정한 의도를 가지고서 사람들의 판단이나 행동을 원하는 방향으로 이끄는 활동을 뜻한다. 2차 세계대전 당시 나치 선전장관이었던 요제프 괴벨스Joseph Goebbels가 프로파간다를 실천한 대표적 인물로 꼽힌다.

나 부상당한 병사들이 병가를 반납하는 사례가 얼마나 많은지, 심지어 전우들에게 돌아가고 싶어서 의사의 지시를 무시하고 퇴원하는 사례가 얼마나 많은지를 알고 크게 놀랐다. 그는 이렇게 적었다. "우리는 전우들을 실망시킬까봐 (두려운 마음에) 자신의 이익을 위해 행동하지 않는 사례를 여러 번 거듭해서 접했다."[14] 2차 세계대전 전투 역사가 S. L. A. 마셜S. L. A. Marshall은 부대가 와해되어 소속 병사 한 명을 다른 부대에 배치하면 거의 효과를 보지 못하지만, 둘씩 짝을 지어서 재배치하면 대체로 잘 싸우는 현상을 관찰했다.[15]

1차 세계대전 중에 왕립포병대에서 싸운 E. W. 스토넘E. W. Stoneham 중위는 동료의식을 다음과 같이 요약했다.

남자들의 동지애는 참으로 가장 기이하고 설명하기 어려웠다. 언젠가 나는 여단 본부에 들어갈 생각이 있으면 후방의 안전한 보직을 보장해 준다는 제안을 받았다. 꽤 솔깃한 제안이었지만 나는 옮기고 싶지 않았다. 전우들과의 관계에는 깨뜨리고 싶지 않은 뭔가가 있었다. 나는 왠지 그들에게 배신자로 비칠까봐 제안을 거절하고 그들 곁에 남았다.[16]

포화 속에서 이와 같은 집단 신의는 결코 남자들만의 전유물이 아니다. 1914년부터 1918년까지 서부전선에서 활약한 응급간호사부대First Aid Nursing Yeomanry(FANY)는 군대 지배층이 여성의 군복무를 막으려고 안간힘을 쓰던 시대에도 동지애와 주어진 의무에 헌신하는 자세로 유명했다. FANY 자원병들은 가장 위태로운 환경에서, 그러니까 사방에서 포탄이 터지고 불빛 하나 없는 한밤중에 종종 얼어붙을 듯 춥고 공기 중에는 살이 타는 냄새가 진동하는 와중에도 사지가 잘려나간 병사들을 병원으로 후송했다. 어느 자원병은 그 경험을 "무섭고 고통스러운 지옥" 같았다고 회고했다.[17] FANY의 병영생활을 다룬《보그Vogue》의 한 기사에서는 그들이 "피가 무릎까지 찬 곳에서 휴식이나 교대도 없이 절단하고 동여매고 붕대를 감았다"고 보도하고, 기사를 쓴 저자는 그들의 헌신을 목격한 뒤 "여자들은 함께 일할 수 없다는 거슬리는 남성 중심의 '헛소리'"를 막아야 한다고 주장했다.[18]

신뢰가 무너진 군대의 최후

위험에 닥쳤을 때 집단 응집력이 사기를 북돋우는 데 극적인 영향을 끼치는 이유가 무엇일까? 물론 집단 응집력이 생존에 결정적인 역할을 하기 때문이다. 한 군인이 총격전에서 살아남을 가능성은 서로의 성격과 역량을 잘 아는 사람들과 함께 싸울 때 훨씬 커진다. "내가 꼼짝없이 붙잡히거나 위험한 상황에 놓였을 때 그들이 나를 지원해주기를 바라고, 그들도 내게 의지할 수 있다는 느낌을 받아야 한다." 2차 세계대전 때 미군 제5 보병연대 박격포병이었던 로런스 니켈Lawrence Nickell의 설명이다.[19]

2003년 4월 연합군이 이라크를 침공한 직후 미국의 육군전쟁대학에서 군사 전략을 가르치는 레너드 웡Leonard Wong 교수는 연구팀과 함께 이라크로 가서 병사들을 전투에 나서게 만드는 동기를 알아보려 했다. 웡은 여러 병사와 인터뷰를 마친 뒤 미군 보병들 사이에는 예전에 경험한 그 어떤 감정도 뛰어넘고, 남편과 아내 또는 아버지와 아들의 관계보다 더 돈독한 신뢰 관계가 형성되어 있다고 보고했다. 한 병사는 윙에게 이렇게 말했다. "[전우가] 어느 누구보다 중요합니다. 전우가 죽으면 나도 죽습니다. 그래서 어떤 상황에서든 서로를 지켜주는 것 같습니다. 제 잘못으로 전우가 죽은 사실을 안다면 죽는 것보다 더 끔찍할 겁니다."[20] 불명예보다 죽음을! 군인의 금언이자 연대에서 가장 흔히 쓰이는 표어다.[21]

윙은 동지애가 전투 능률에서 필수요인인 이유를 알아보면서 경쟁이나 불신이나 무능한 지도력에 의해 신뢰가 무너질 때 관계가 깨지는 사례를 들여다보면 동지애의 중요성을 이해하는 데 도움이 된다고 보았다. 신뢰의 붕괴는 전투에서 종종 패배로 이어진다. 윙은 2003년 이라크에서 연구하면서 이라크인 전쟁포로들을 인터뷰했는데, 그들의 증언에 따르면 이라크 정규군 내부에서는 결속력이 현저히 떨어진다고 전했다. 소대가 부족이나 지역에 따라 분열되고, 병사들이 대거 탈영했다. 윙은 이라크군의 분열을 "사회 결속력과 지도력이 부재할 때 나타날 수 있는 상황을 연구하는 데 좋은 사례"라고 설명했다.[22] 개인 차원에서, 문제 많은 부대는 머물기에 좋은 집단이 아니다. 치열한 전투에 나설 때는 공감해주는 지도자와 동료의 공동체가 정서적으로 든든하게 뒷받침해주지 않으면 쉽게 불안정해질 수 있다. 외상후스트레스장애PTSD를 유발하는 지름길이 될 수도 있다. PTSD의 주된 위험요인 중 하나가 바로 강력한 사회적 지지망의 부재다.

마찬가지로 군대에서는 결속력이 부족한 병력이나 군비를 메워줄 수 있다. 베트남전쟁 때 북베트남군은 미군의 압도적인 화력과 군수지원에 맞서 놀랍도록 의연했다. 전통적인 척도에서 군사력을 나타내는 모든 부문이 열세였지만, 북베트남군에는 반티엔중Van Tien Dung 대장이 "도덕적 우월성"이라고 일컬은 요인이 있었다. 말하자면 사기충천하고 충성스러운 병사들이 세심하고 조직력이 뛰어난 지휘관 밑에서 전투에 임한 것이다. 국가 동원령이 떨어지자 긴밀하게 연결된 마을 단위로 함께 '자위대'를 결성하고 정부에서 무기를 공급받았다. 한편 영국군은 1982년 포클랜드 전쟁 때 아르헨티나 군대와 맞붙어서 이와 비슷한 우위를 차지했다. 영국 본토에서 1만 3000킬로미터 떨어진 곳에서 전쟁을 치르는 탓에 병참의 어려움과 함께 공군력의 한계와 수적 열세를 안고도 현지에서는 별로 문제가 되지 않았다. 얼마 지나지 않아 징집된 아르헨티나 군대의 조직력이 약하다는 사실이 드러난 것이다. 아르헨티나는 항복하는 조건으로 장교들이 부하들로부터 신변을 지키기 위해 권총을 소지하게 해달라는 조건을 내걸었다. 아르헨티나 군 지도부에 대한 신뢰가 얼마나 추락했는지를 보여주는 단면이었다.[23]

군인들의 유대관계를 가장 명확히 분석한 연구로, 시카고 대학교의 사회학자 에드워드 실스Edward Shils와 모리스 재너위츠Morris Janowitz가 2차 세계대전 마지막 몇 달 동안 퇴각하는 독일군의 놀라운 집요함을 조사한 연구가 있다. 일반적으로 베어마흐트Wehrmacht*가 꾸준히 잘 싸우고 탈영 비율이 낮았던 이유는 병사들이 국가사회주의 이념을 고수했기 때문이라고 알려졌다. 그러나 실스와 재너위츠는 새로운 사실을 발견했다. 이들의 주장에 따르면, 전형적인 독일군 병사가 전투에 뛰어든

---

* 2차 세계대전 당시 독일 국방군.

　　　　　　　　　　　　　　　타인의 영향력

이유는 가장 가까이 지내는 집단에서 기본적이고 자연스러운 욕구를 충족시켜주었기 때문이다. "[그것은] 병사에게 장교와 전우 모두의 애정과 존경을 안겨주고 내면의 힘을 길러주고 당국과의 관계를 적절히 조율할 수 있게 해주었다." 나치의 최고 사령부는 처음부터 이와 같은 역학 관계를 조종했다. 이를테면 나이가 비슷하고 민족적 배경이 비슷한 사람들끼리 옆에서 나란히 싸우게 했다(가장 능률적인 부대는 대개 오스트리아나 체코나 폴란드 사람이 거의 섞이지 않고 순수 독일인들로만 구성된 부대였다). 또한 사단 전체를 최전선 안팎으로 이동시키면서 신병들이 실전에 나가기 전에 부대에 잘 녹아들 기회를 주었다.[24] 20년 뒤 베트남전쟁에서 미군의 사기가 떨어지고 전투 성공률이 저조하자, 재너위츠를 비롯한 사회학자들은 병사와 장교들을 다른 부대로 자주 전출시키는 데 원인이 있다고 주장했다. 연대의식이 없으면 화력도 무용지물이 된다.[25][26]

유대를 강화하는 의식儀式

배경이 제각각인 사람들을 서로 협력하게 만들 방법이 있을까? 다시 말해서 베어마흐트처럼 고유의 균일성에 의존하거나 그린마운틴보이스처럼 사회적인 유대를 활용하지 못할 때도 협력이 가능할까? 군대에서는 모든 종류의 책략을 활용한다. 밀집대형* 행진과 동시 동작을 강화하는 다른 훈련이 실제 전투와는 무관한데도 통상적으로 훈련에 포함되는

• 부대 구성원들이 좁은 간격과 거리로 가로와 세로로 줄을 맞추어 이루는 대형.

이유는 경계를 허물고 신뢰와 협력을 강화하기 위한 확실한 방법이기 때문이다.[27] (함께 발 맞춰 행진하는 방법은 또한 집단의 경제 분야의 의사결정을 향상시키는 것으로 나타났는데, 경영자들이 아직 제대로 써먹지 않고 있다.)[28]

세계 어디에서나 남학생 사교 클럽과 친목 단체, 그 밖의 여러 조직에 공통으로 존재하는 신고식은 종종 굴욕적이고 가학적이고 안전하지 않고 거의 언제나 정식으로 인정받지 못하지만, 유사한 심리적 목적을 달성한다. 고통스러운 희생을 치르고 집단의 일원이 되는 것의 의미를 신참에게 일깨워주는 데 목적이 있다. 조롱하는 고참병들 앞에서 다른 신참의 엉덩이에서 사과를 빼거나 맨살에 연대 배지를 꽂으면 실제로 기분이 고양되는데, 그것은 똑같은 고통을 겪어본 사람들의 영광스러운 집단에 받아들여진다는 의미이기 때문이다.

의식儀式은 사회적 유대를 강화한다. 의식은 사람들을 하나로 묶어준다. 어떻게 가능할까? 옥스퍼드 대학교의 하비 화이트하우스Harvey White-house는 연구자로서 줄곧 이 질문의 답을 찾아왔다. 그는 현재 옥스퍼드 인지 및 진화 인류학 연구소Oxford's Institute of Cognitive and Evolutionary-Anthropology에서 500만 달러짜리 연구 프로젝트를 진행하면서 사회 행동와 아동 발달, 정치 체제에서 의식의 역할을 연구한다.[29] 화이트하우스는 의식이 효과적인 이유 가운데 하나는 웬만해서는 기억에서 지워지지 않기 때문이라고 믿는다. 무섭거나 고통스러운 일을 겪으면 그 경험이 내 삶의 일부가 되고, 그 경험을 사람들과 함께 나누면 "자아 감각이 그들에게로 확장하고 사실상 그들이 나의 일부가 된다." 충격적인 의식일수록 경험이 풍부해지고, 의식에 참여한 사람들 사이의 연결이 강해진다고 화이트하우스는 말한다.

포화 속에서 함께 싸울 때도 비슷한 효과가 나타날 수 있다. 2011년 화이트하우스와 그의 박사과정 제자인 브라이언 매퀸Brian McQuinn은 리비아로 건너가 미스라타에서 무아마르 가다피Muammar Gaddafi 군대와 맞서는 혁명군의 집단 응집력을 연구했다. 혁명군 중에서도 가장 격렬한 총격전을 경험한 병사들은 가족보다도 같은 부대원들에게 더 강한 친밀감을 느끼는 것으로 나타났다. 화이트하우스가 다른 곳에서 발견한 것처럼 무서운 경험을 함께 견뎌낼수록 집단이 더욱 친밀해졌다. 리비아 반군의 일부 집단에서는 의식을 이용하여 전투 중에 서로 돕게 하는 것으로 나타났다. 화이트하우스는 이렇게 말한다. "가장 치열한 시가전이 벌어지는 중에도 여단의 한 병사는 무기를 전혀 들지 않고 구호만 선창했다. 그들은 싸우면서 "알라후 아크바르Allahu Akbar(신은 위대하다)"라고 외쳤다. 이렇게 구호를 외치면 용기가 더 샘솟는다. 더 나아가 장기적으로는 집단이 더욱 똘똘 뭉치게 해준다."[30]

전우들이 깊은 신뢰관계를 형성하려면 몇 주 또는 몇 달 동안 함께 생활하고 훈련받아야 되지만, 일단 신뢰가 쌓이면 웬만해서는 관계가 끊어지지 않는다. 참전용사들이 종종 군대에서의 분대나 분과를 가족처럼 말할 때가 있다. 이라크에서 한 미군 병사는 윙에게 이렇게 말했다. "우리는 먹고, 마시고, 〔화장실에 가고〕—모든 것을—함께합니다. 꼭 그런 식이어야 했던 것 같습니다. …… 저는 진심으로 이 친구들을 제 가족처럼 생각합니다. 우리는 함께 싸우고 함께 놀고……. 심지어 우리는 분대장을 '아빠'라고 부를 정도입니다."[31]

어빙 재니스는 2차 세계대전 중 전투병들에 관한 연구를 검토하면서 이와 같은 갈망을 프로이트의 분리불안separation anxiety과 전이

transference 개념으로 이해하려 했다. 재니스의 추론에 따르면, 극도로 무서운 상황에서는 기본적인 아동기 불안―어머니나 아버지로부터의 분리―이 되살아나 현재의 집단 안에서 위안을 찾게 된다. "따라서 중 대장이나 군의관이 아버지의 상징적인 대리인이 되고, 동료 병사나 환 자가 형이나 동생의 대리인이 될 수 있다."[32] 소중한 지도자나 대리 가 족의 한 사람을 잃거나 심지어 대리 가족과 떨어지기만 해도 외상 경험 이 될 수 있다. 2차 세계대전 중 이탈리아에서 무명의 어느 미군 병사 는 다른 부대로 전출될 때 마치 "고아가 된 것처럼 …… 상실감과 외로 움에 사로잡혔다"고 말했다.[33] 군 정신과 의사들은 전장에서 전우의 죽 음을 병사들에게 가장 큰 고통의 원인으로 꼽으면서 부모가 자식을 잃 는 느낌에 비유했다. 왜냐하면 대체로 전우를 지키기 위해 더 노력하지 않은 자기에게 회한과 죄책감, 분노가 일기 때문이다.[34] 문학과 예술에 서도 이런 정서를 무수히 그렸는데, 그중에서도 에리히 마리아 레마르 크Erich Maria Remarque의《서부 전선 이상 없다All Quiet on the Western Front》 에서 가장 유려하게 표현되었다.

내 뒤의 참호 속에서 들리는 목소리, 나직한 몇 마디 말소리, 발소리가 나를 거의 파멸로 몰고 간 지독한 외로움과 죽음의 공포에서 단번에 나를 끌어낸다. 그것은 내게 목숨보다 더 중요하고, 그 목소리, 그것은 모성애를 뛰어넘고 공포를 뛰어넘는다. 그것은 어디에도 없는 가장 강 렬하고 가장 큰 위안을 준다. 그것은 내 전우들의 목소리다.[35]

폭격 속에 살아남은 일곱 명의 대원

2012년 말의 어느 비 오는 날, 나는 차를 몰고 영국 남부 해안의 어느 막다른 골목에 있는 집으로 가서 군대가 가족의 소집단 역학을 어떻게 끌어들이는지를 잘 아는 인물을 만났다. 여든여덟 살의 앨런 비펜Alan Biffen은 2차 세계대전 중 영국 공군의 7인 랭커스터Lancaster 폭격기를 조종하는 은밀하고 위험한 작전을 수행했다. 랭커스터 폭격기에 모두를 날려버릴 고사포탄을 가득 실은 대원들은 다 같이 살거나 다 같이 죽었고, 전사할 가능성이 매우 높았다. 폭파부대 소속 항공병 12만 5000명 중 44퍼센트 이상이 전사했다. 1차 세계대전 때 보병 장교의 생존 가능성보다 낮은 수치였다.[36)

현관에서 나를 맞아준 주인공은 앨런의 4년 지기 쾌활한 친구로, 화려한 양탄자처럼 생긴 '지기'라는 이름의 열두 살짜리 골든레트리버였다. 벽에는 항공기 그림이 걸려 있고, 그중에는 앨런이 탔던 랭커스터도 있다. 앨런은 갈색 코듀로이와 진한 자홍색 스웨터 차림에 은발을 뒤로 빗어 넘겼다. 그는 건강한 분위기를 풍긴다. 그는 생존자처럼 보인다. 실제로 그는 아내 둘을 먼저 보내고 살아남은 사람이기도 하다. 그의 회복력은 집안 내력이다. 스핏파이어Spitfire 전투기 조종사였던 그의 형 토니는 내가 방문하기 3주 전 아흔한 살의 나이로 세상을 떠났다. 그의 아버지는 솜 전투에서 심한 부상을 입고도 살아남았다.

앨런은 열일곱 살에 나이를 속이고 공군에 입대했다. 애리조나의 구름 한 점 없는 상공에서 훈련을 마친 뒤 1년 동안 참모 조종사로 복무하면서 신입 항법사들이 영국의 변덕스러운 날씨에서 항로를 찾도록 훈련

항공기에 오르는 공군 병사들

■ ■

배경이 제각각인 군인들이 짧은 시간에 가족보다 강한 집단 유대감을 형성하는 현상은 항공병 사이에 특히 두드러진다.

시켰다. 그리고 1944년에 직속 사병들을 받았다. 앨런의 부하들은 운이 좋았다. 14차례 정도 임무를 수행하고도 매번 거의 멀쩡한 상태로 복귀했다. 전사할 확률을 알면서도 그들은 한 번도 격추될 가능성을 입에 담지 않았다고 앨런은 말한다.

기정사실이었습니다. "가면 다 같이 간다. 그러니 서로 바짝 붙어 있자. 모두 무엇을 하려는지 알고 무슨 수를 써서라도 임무를 완수하고 복귀한다." 언젠가 고사포에 격추된 폭격기 한 대가 공중에서 불덩어리가 되어 날아가는 광경을 본 적이 있습니다. 아무도 한마디도 하지 않았어요. 하느님의 은총이 없다면 우리도 그렇게 되리라는 것을 알았으니까요. 그래도 우리에게는 그런 일이 생길 거라고 생각하지 않았습니다. 절대로. 왜 이런 식으로 생각하는지는 모릅니다. 아마 여럿이 함께 어려운 상황을 헤쳐나가는 과정의 심리적 효과겠지요.

대화를 나누던 중 어느 순간에 앨런이 금테 안경을 고쳐 쓰면서 약간의 인지부조화cognitive dissonance를 알아챘다. "가끔 그때를 돌아보면서 생각해요. 우리가 정말로 그랬을까, 아니면 어디 책에서 읽은 걸까?" 하지만 그는 그때의 느낌을 아주 또렷이 기억했고, 부하들 이야기를 할 때는 마치 바로 어제 그들과 함께 있었던 것처럼 말했다. 나는 앨런에게 평균 스물두 살인 여섯 명의 부하들과 어떻게 모이게 되었는지 물었다. 참 이상한 일이었다고 앨런은 말했다.

모두 어느 강당에 들어가라고 하더군요. 그러고는 제군, 제군의 사병을 선택하라, 그러더군요. 그게 다였어요. 우리는 모두 돌아다녔어요. 서로서로 질문을 던졌지요. 10분마다 다음 사람에게로 넘어가거나, 아니면 좋다. 항법사든 통신병이든 폭격수든 뭐든 나와 함께하겠느냐고 물었어요. 모두 그렇게 모인 겁니다.

가장 힘든 조건에서 함께 보내는 시간을 고려하면, 언뜻 보기에 놀랍도록 마구잡이로 대원을 선정한 것처럼 보인다. 그러나 이런 선택이야말로 가장 직관에 충실한 방법이다. 많은 인사관리 컨설턴트들은 무수한 성격과 기질의 조합을 지나치게 면밀히 분석하다가는 결국 장고 끝에 악수를 둘 수 있다고 귀띔할 것이다. 집단의 유대는 서로 성격이 잘 맞아서가 아니라 함께 나눈 경험에서 우러난 상호의존을 바탕으로 형성된다. 앨런과 여섯 명의 부하는 곧 랭커스터 폭격기에서 살아남으려면 협동정신이 필요하다는 사실을 깨달았다.

얼마 지나지 않아 혼자서는 항공기를 몰 수 없다는 사실을 깨달았어요. 내 옆에 다른 사람들이 있고, 내가 그 사람들을 책임질 뿐 아니라 나도 그 사람들에게 의지했습니다. 내게 어디로 갈지 알려주는 항법사에게 의지했고, 폭격 조준기를 정확히 맞춰놓는 폭격수에게 의지했고, 끊임없이 적의 전투기를 감시하는 사수에게 의지했어요. 대원들끼리 돈독한 우정을 나누는 근본적인 이유는 각자의 목숨이 항상 그들에게 달려 있다는 사실을 본능적으로 알았기 때문입니다. 완전히 신뢰하는 느낌이었지요.

군 정신과 의사 로이 그린커Roy Grinker와 존 스피걸John Spiegel은 전시에 미 공군 병사들 사이의 심리적인 고통을 연구하면서 집단의 유대가 외상을 막아주는 현상을 관찰했다. 폭격기 승무원들은 대부분 우연히 모인 집단이었는데도 급속히 친밀해졌다. 연구자들은 이렇게 말했다. "날마다 반복해 임무를 수행하는 과정에서 서로에 대한 신뢰가 쌓이고, 이런 신뢰는 결국 전투원의 안전과 능률에 이득이 된다. 그래서 항공병들 사이의 정서적인 관계가 특수한 성격을 띤다는 데는 의문의 여지가 없다. 병사들과 전투기는 민간에서는 가족들 사이에만 나타나는 강도로 서로에게 동일시된다."[37]

이 정도로는 충분히 설명되지 않을 수 있다. 어빙 재니스는 전투부대에서 발견되는 심리 과정은 일상에서 집단행동을 결정하는 심리 과정과 비슷하다고 주장했다.[38] 그러나 양쪽 세계를 모두 경험한 사람들은 거의 동의하지 않는다. 앨런은 이렇게 말했다. "저는 랭커스터 대원으로 복무하면서 경험한 동지애와 존중, 그 모든 감정을 긴 세월이 흐른 지금까지 간직해왔고, 앞으로도 영원히 잊지 못할 겁니다. 감사하는 마음이고, 그런 경험을 해서 기쁩니다. 덕분에 제가 더 나은 사람이 됐다는 뜻은 아니지만, 분명 민간에서 경험한 적 없는 뭔가를 주었습니다."

앨런과 헤어지면서 나는 외증조부와 전쟁 이야기를 나누었을 때 같은 기분에 젖어들었다. 그분들이 경험을 들려주기로 해서 기쁘고, 그분들을 진실로 이해하는 사람들은 그때 그곳에 함께 있던 사람들이라는 생각이 들었다. 나중에 나는 두 사람 사이의 끈을 이어보았다. 앨런은 디데이D-Day* 상륙작전 직후 프랑스의 캉이라는 마을을 대낮에 폭격한 적이 있다고 말했다. 내 외증조부는 노르망디 지상에서 왕실근위연대와 함께 전차부대의 선두에 있었으니까 틀림없이 그날의 폭격을 목격했을 것이다. 외증조부의 일기에는 이렇게 적혀 있었다. "폭격기 1000여 대가 캉 북쪽의 독일군에 포탄을 퍼부었다. …… 동이 틀 무렵 우리는 그 모든 폭격기의 굉장한 광경을 보았다. …… 그런 맹공격 속에서는 아무것도 살아남지 못할 줄 알았다. 내 생각은 완전히 빗나갔다."[39]

뉴욕 소방국의 위대한 활약

전쟁 또는 전쟁 대비 훈련에서는 강력한 집단 애착의 모든 구성 요소가 나타나지만, 전쟁 말고도 이런 집단의 힘이 작용하는 영역이 있다. 형제단에는 전투부대만 있는 것은 아니다. 예를 들어 "뉴욕에서 가장 용감한 사람New York's bravest"이라고 알려진 뉴욕 소방국New York City's Fire Department(FDNY)은 신의의 문화로 유명하다.

뉴욕 소방국은 군대 못지않게 친밀한 조직이다. 형제와 아버지, 아들과 삼촌이 함께 근무하고, 이처럼 세대를 거듭해서 소방국에 들어가는 영예를 대물림한다. 혈연관계가 없는 사람들도 서로를 가족으로 여긴다. 소방서가 돌아가는 방식을 보면 그리 놀랄 일은 아니다. 소방관들은 소방서에 근무하면서 단지 함께 일하고 훈련하고 장비를 점검하는 것만은 아니다. 그들은 함께 생활하고 비좁은 숙소에서 함께 자고 식사도 함께 한다. 그리고 벨이 울리면 함께 출동해서 목숨을 걸고 일한다.

• 2차 세계대전 중 연합군이 노르망디 해안에 상륙한 1944년 6월 6일.

따라서 2001년 9월 11일 뉴욕 소방국에 벌어진 상황이 어느 정도 이해가 간다. 그날 오전 8시 46분, 뉴욕 소방국의 소방대장 조 파이퍼Joe Pfeifer는 맨해튼 거리에서 가스 누출을 점검하던 중 머리 위로 이상할 정도로 가까이에서 들려오는 비행기 소리에 고개를 들었다가 때마침 비행기가 세계무역센터 북쪽 건물에 부딪히는 광경을 목격했다. 해당 구역에서 직급이 가장 높은 파이퍼는 직접 나서야 할 사고가 일어났다고 판단했다. 그래서 대원들과 함께 소방차에 올라타고 곧장 세계무역센터로 향한 그는 건물 잔해와 깨진 유리 조각, 넋이 나가고 부상당한 사람들로 아수라장이 된 그곳 로비에 지휘본부를 차렸다. 그즈음 뉴욕에서 활동하는 소방관들이 거의 모두 시내로 들어왔으며, 파이퍼는 속속 도착하는 소방관들에게 비행기의 잔해 때문에 건물 골조가 불타던 90층 언저리까지 계단으로 올라가라고 지시했다.

그중에는 조 파이퍼의 동생으로, 뉴욕 소방국의 소방위인 케빈이 있었다. 훗날 조는 이렇게 회고했다. "우리는 몇 마디만 나누고 서로 무사할지 걱정하는 눈빛을 주고받았습니다. 그러나 사람들을 대피시켜야 했고, 건물 안에 수많은 사람이 갇혀 있었지요. 동생은 도움이 필요한 사람들을 구조하려고 시도하면서 계단을 오르기 시작했습니다."[40] 조는 두 번 다시 동생을 만나지 못했다. 남쪽 건물이 무너진 뒤, 조는 전 대원에게 북쪽 건물에서 빠져나오라고 지시했다. 북쪽 건물이 무너지는 것도 시간문제라고 판단한 것이다. 케빈도 계단을 내려오기 시작했다. 그는 10층까지 내려오다가 동료 몇이 막힌 출구 쪽으로 가는 것을 보고는 멈춰서 방향을 일러주었다. 케빈의 도움으로 많은 사람이 빠져나왔지만, 정작 그에게는 시간이 부족했다. 그는 그날 사망한 343명의 뉴욕 소방관 중 한 명이 되었다.

조 파이퍼 말고도 9·11 때 가까운 가족과 친척을 잃은 소방관이 몇 명 더 있었다. 소방차 운전사로 일하다가 은퇴한 존경받는 소방관 존 비지아노 시니어John Vigiano Sr는 그날 아들 둘을 모두 잃었다. 그의 아들은 경찰이던 조와 3대째 대를 이어 소방관이 된 존 주니어였다. 비지아노 시니어는 라디오와 텔레비전 인터뷰에서 원래 사업가를 꿈꾸던 존 주니어가 뉴욕 소방국의 형제애에 이끌려 소방관에 지원했다고 말했다. "차세대 도널드 트럼프가 되고 싶다던 아이였습니다. 백만 달러를 벌어서 부모를 모시려고 했어요." 뉴욕 소방국은 존 주니어에게 그의 조부가 달았던 것과 같은 배지인 3436번을 내주었다. 사망 당시 조는 서른네 살, 존은 서른여섯 살이었다. 우연히 숫자가 맞아떨어져서 그나마 비지아노에게 위안이 되었다.[41]

친밀한 관계로 구성된 집단에서는 현장에서 발생한 사고로 인한 상실감을 견디기 힘들 수 있다. 그러나 파이퍼는 뉴욕 소방국 소방관들의 많은 용기 있는 행동과, 나아가 사나운 불길에 맞서는 전설적인 공격성은 친밀한 관계로 맺어진 분위기에서 나온 결과라고 말했다. 예컨대 9·11 때 납치된 비행기가 쌍둥이빌딩을 들이받을 당시 퇴근 준비를 하던 수많은 소방관들은 일생일대의 화재를 동료에게 맡기고 퇴근하는 대신 계속 근무하는 쪽을 선택했다.

종종 소방중대 사이의 경쟁으로 나타나기도 하는 이러한 신의의 문화는 그 역사가 150년 이상 거슬러 올라간다. 그때는 뉴욕 시 소방대가 경쟁관계의 집단들로 구성되어 있어서 화재를 진압하는 영예를 얻기 위해 앞다투어 현장으로 달려가던 시대였다. 아버지와 장인, 할아버지와 삼촌들이 모두 뉴욕 시 소방관이었던 킨 대학교의 역사가 테리 골웨이Terry Golway는 경쟁이 치열해서 "많은 소방중대가 사람들이 붐비는 거리에서 맞닥뜨리면 갓돌 위로 올라가 인도로 달려서 일반 시민들을 실망시키고 가끔 공포에 떨게 만들었다"고 주장한다.[42]

집단 사이의 경쟁이 놀라운 헌신과 이타적 행동을 유도하기도 하지만 언제나 공익에 도움이 되는 것만은 아니다. 9·11 당시에도 비상사태 대응 분야에서 오랜 경쟁관계였던 뉴욕 소방국과 뉴욕 경찰국New York Police Department(NYPD)은 사람들의 목숨을 구하는 데 도움이 될 만한 정보를 공유하지 못했다. 남쪽 건물이 무너졌을 때 뉴욕 경찰국의 비상대응팀은 헬리콥터로 현장을 지켜보면서 북쪽 건물의 일부가 뜨거운 열로 빨갛게 타오르는 것을 보고 건물 내부의 모든 경찰에게 신속히 대피하라고 무전을 쳤다. 몇 분 뒤 건물이 휘면서 남쪽으로 기울어지는 것을 보고 또다시 같은 명령을 내렸다. 그러나 이 명령이 뉴욕 소방국에는 전혀 전달되지 않았고, 뉴욕 소방국 지휘관들은 하늘에서 조망한 정보가 없는 탓에 건물이 몹시 위험한 상태라는 사실을 인지하지 못했다. 뉴욕 소방국이 마침내 대피 명령을 내렸을 때도 뉴욕 경찰국의 명령만큼 다급하게 들리지 않았다. 그래서 경찰관들이 난간을 타고 층계참에서 층계참으로 건너뛰듯 건물을 빠져나오는 동안 소방관들은 계단을 걸어서 내려오고 있었다.[43] 소방관 약 150명이 북쪽 건물에서 사망했다. 공식 조사에 따르면 소통 부족이 많은 인명피해를 내는 데 일조했다고 한다.[44] 뉴욕 경찰국이 일부러 뉴욕 소방국에 정보를 주지 않았을 가능성은 없다. 그보다는 서로 협조하는 전략이 마련되지 않은 상황에서는 내집단 편향이 조직적인 실패로 이어질 수 있다는 사실을 보여주는 비극적 사례였다.

　뉴욕 소방국의 효율성은 역경 속에서 구축된 관계로부터 나온다. 그린마운틴보이스와 영국 공군 폭격기의 항공병들을 포함해 역사상 수많은 전투부대에 촉매작용을 한 요인과 동일하다. 이런 집단의 구성원들은 아리스토텔레스의 말마따나 함께 소금을 먹어본 사람들이다. 한마디로 그들의 우정은 그들만 아는 경험을 토대로 형성된다. 집단 내 응집력이 위기 상황에서 가장 공고해지는 것은 어쩌면 당연하다. 내 생존이 달린 사람들에게 이타적으로 행동하는 것이 내게도 이익이 되기 때문이다. 그러나 이것만으로는 왜 형제애의 유대가 이들 사례에 깊이 깔려 있으며, 왜 유대가 지속되는지도 설명되지 않는다.

　미국 독립전쟁이 끝나고 거의 한 세기가 지난 뒤 그린마운틴보이스의 후예들이 다시 한 번 계곡에서 내려와 싸웠다. 이번에는 남북전쟁에서 연방군을 위해 싸웠다. 지난번처럼 그들의 신의에는 의심의 여지가 없었다. 남북전쟁에서 버몬트 주의 인구 대비 전사자 수는 연방군의 다른 여러 주보다 두 배 많았다. 제1 버몬트 여단은 미국 육군 역사상 그 어느 여단보다 전투 중에 가장 많은 전사자를 냈다.[45]

　이런 희생의 뿌리를 오늘날의 버몬트 사람들은 잊지 않았다. 버몬트 주방위군은 반세기 이상 여군을 받아왔지만 여전히 그린마운틴보이스라고 불린다. 공식 깃발은 원래 그린마운틴보이스가 미국 건국 당시에 산악지대를 누비고 영국군을 추격하면서 들었던 깃발과 같다. (자연히) 초록색을 배경으로 왼쪽 위편의 파란색 사각형 안에 흰색 별 열세 개가 찍혀 있다.

앙리 마티스, 〈춤〉, 1910

프랑스의 세계적인 석학 자크 아탈리는, 사람들이 타인의 행복에서 기쁨을 얻는 형제애를 토대로 21세기 유토피아가 가능하다고 보았다. "형제애를 가장 넓은 의미로 정의하면, 옛날에 살았거나 지금 살고 있거나 앞으로 살게 될 모든 존재의 행복에서 기쁨을 찾는 것이라고 말할 수 있다. 모든 타자를 대상으로 하는 보편적 이타주의, 그것이 바로 형제애다."

모두가 ‘예’ 할 때 ‘아니오’ 할 수 있는가

동조의 심리 실험실

"악인을 비난하는 것보다 쉬운 일은 없다. 악인을 이해하는 것보다 어려운 일도 없다." 도스토옙스키의 이 말이 1961년 예루살렘의 한 극장을 개조한 법정에서 열린 나치 전범 아돌프 아이히만Adolf Eichmann의 공개재판에서만큼 절실하게 들린 적은 없었다. 그곳에 나치 잔학성의 화신이 있었다. 그는 2차 세계대전 중 유대인 수십만 명을 동유럽과 소련의 죽음의 수용소로 수송하는 절차를 고안한 인물, 히틀러의 최종 해결책Final Solution*을 실행에 옮기는 데 누구보다 많이 기여한 인물이었다. 당시 재판장에 있던 수백 명과 텔레비전으로 시청하던 수백만 명은 방탄유리 부스 안에 있는 머리가 벗겨지고 목이 가느다란 관료의 얼굴에서 악을 찾으려고 안간힘을 썼다. 마사 겔혼 Martha Gellhorn**은《애틀랜틱 먼슬리Atlantic Monthly》에 이렇게 보도했다. "우리는 모두 뚫어져라 쳐다보았다. 이따금 다시 노려보았다. 다들 같은 질문의 답을 찾으려 했지만 헛수고였다. 어떻게 가능한가? …… 저 인간의 내면에서는 무슨 일이 벌어지는가? 저자는 누구인가? 대체 누구인가?"[1]

---

* 유럽 전역의 유대인들을 강제수용소에 집결시켜 몰살하는 작전.
** 유대인 집안에서 태어난 미국의 언론인이자 소설가. 뛰어난 종군기자였으며, 어니스트 헤밍웨이의 세 번째 부인이었다.

악의 본성이 드러날 것으로 기대한 사람들은 아이히만의 얼굴에서 악을 발견하지 못할 것이다. 증언을 담은 비디오 속의 그는 무표정하고 대체로 차분하고 늘 잘 정돈된 모습이다. 두툼한 뿔테 안경을 닦고, 작은 탁자에 놓인 책과 소지품을 매만진다. 웨이터가 빵부스러기를 치우듯이 손수건으로 먼지를 턴다. 가끔 입속에서 혀를 굴리고 아랫입술을 깨무는 것처럼 보인다. 대량 학살을 저지른 장본인의 가식적인 모습인가? 평범한 한 인간의 모습인가?

세상의 아이히만들에게서 인간성을 상실한 모습, 그들을 우리와 구별해주는 극악무도한 모습을 발견할 수 있다면 한결 마음이 놓일 것이다. 기드온 하우스너Gideon Hausner 검사장은 재판 중에 나치 중령 아이히만을 변태적이고 가학적인 인간으로 묘사하려고 안간힘을 썼다. "저자는 인간으로 태어났지만 밀림 속의 야수처럼 살았습니다!" 그러나 아이히만의 평범한 모습은 법정 안의 코끼리 같았다. 아이히만의 재판과 처형이 진행되는 동안 종교 상담자 자격으로 줄곧 배석한 윌리엄 러벌 헐William Lovell Hull 목사는 그를 "지극히 평범하고 정상적인 사람"이라고 설명하고는 "그래서 불가사의하다"고 말했다.[2] 아르헨티나에서 이스라엘 첩보원들에게 체포된 아이히만을 8개월 동안 심문한 애브너 레스Avner Less 수사관은 아이히만이 얼마나 "완전히 평범해" 보이는지를 언급했다.[3]

역사가 데이비드 세자라니David Cesarani는 이렇게 단언했다. "우리는 아이히만이 정신병자이기를, 그래서 우리와 다르기를 바라지만, 그는 다르지 않았다." 세자라니는 아이히만의 평범한 성장배경과 교육, 사회생활, 관습에 충실한 태도를 지적한다. 젊은 시절의 아이히만은 과격한 반反유대주의 성향을 보이지 않았다. "사실 아이히만은 잔학한 학살의 공범이 되도록 '타고난' 인물은 아니었다. 아돌프 아이히만을 이해하기 위한 열쇠는 그 사람이 아니라 그를 사로잡은 신념과 그런 신념이 범람한 사회, 그런 신념을 공급하던 정치체제, 그리고 그런 신념을 용납한 환경에 있다."[4]

악을 행하는 사람들을 종종 정신병자나 심리적으로 문제가 있는 사람으로 여기지만 현실은 그렇지 않다. 아이히만의 심리 프로파일*에서는 가학증이나 편협성, 타락의 징후가 전혀 발견되지 않았다. 아이히만의 로르샤흐 검사, 곧 잉크 방울 그림에서 무엇이 보이는지 물어보는 심리검사를 살펴본 심리학자들은 아이히만이 사회적으로 고립되고 지적인 척하는 사람이기는 해도 정신병자는 아니라고 해석했다.[5] 다른 심리학자들은 아이히만이 "거의 모든 이가 기대하는 것보다 훨씬 더 정신이 상과는 거리가 멀고 정상인에 가깝다"고 밝혔다.[6]

아이히만이 자신의 행동을 직접 평가한 결과와는 얼마나 일치할까? 그는 홀로코스트가 일어난 사실이나 그 안에서 자신의 역할을 부정하지는 않지만 스스로를 "작은 톱니", 그러니까 무력하게 "명령에 따라 움직이는 부품"으로 표현했다. 그는 단지 의무를 수행했을 뿐이고, 그에게 죄가 있다면 상관에게 이의를 제기하지 않은 것이라고 말했다. 그런데 그의 증언을 살펴보면 그가 자신의 행동이 어떤 결과를 초래할지, 예컨대 그가 아우슈비츠로 보낸 헝가리계 유대인 43만 7000명 중 대다수가 가스실로 보내진다는 사실을 온전히 인지하고 있었다는 것이 드러났

---

* 범죄 관련 정보를 분석해 용의자의 나이, 직업, 습관, 성격, 범행 수법을 추론하는 범죄 유형 분석을 가리킨다.

다. 그는 다 알면서도 열심히 머리를 짜내며 꾸준히 임무를 수행해나간 것이다.

세상의 아이히만들

독일의 정치철학자 한나 아렌트Hannah Arendt는 아이히만의 동기에 얽힌 미스터리를 "전체 사건에서 도덕적으로나 나아가 법적으로나 가장 해결하기 어려운 문제"라고 일컬었다. 원래 지극히 정상적이던 사람이 어떻게 그런 끔찍한 일을 조직할 수 있었을까? 아렌트에게 아이히만의 증언은 '악의 평범성banality of evil'을 보여주는 증거였다. 아렌트는 가장 추악한 범죄는 주로 본래 악하게 태어나지는 않았지만 주어진 상황에서 도덕적 판단을 포기한 사람들이 진지하게 성찰하지 않고 무심히 저지른 범죄라고 주장했다. 이런 사람들은 상투적이고 진부한 의견에 굴복한다. "이런 새로운 유형의 범죄자는······ 스스로 잘못을 저지르고 있다고 인지하거나 자각하는 것이 거의 불가능한 상황에서 범죄를 저지른다."[7]

아렌트의 결론은 논란거리로 남았다. 아렌트를 비판하는 사람들은 아렌트의 이론이 법정의 증언과 일치하지 않는다면서, 증언에서는 대다수의 나치 학살자처럼 아이히만도 로봇처럼 명령을 이행한 것이 아니라 창의적이고 열정을 다해 명령을 수행했고 집단 학살에 기여한 업적을 뿌듯해하는 모습까지 보인다고 지적했다. 세자라니는 아이히만이 최종 해결책을 실행에 옮기는 책임이 주어지자 "모든 관리 기술을 마음대로 활용해서 새로운 임무에 따랐다"고 주장한다. "그는 훈련받고 배운 대로 집단 학살을 실행에 옮겼다."[8]

아렌트의 주장을 둘러싼 논쟁은 주로 아렌트가 실제로 한 말이 아니라 남들이 아렌트의 의도라고 간주한 내용에 집중되었다. '악의 평범성'이라는 말은—여전히 일부 사회심리학자와 역사가, 철학자들 사이에 널리 퍼져 있듯이—우리 각자에게도 아이히만이 있고 적절한 조건만 주어지면 누구나 악인으로 추락한다는 의미가 되었다. 아렌트는 사람들이 자기 의도를 잘못 이해했으며, '평범성'은 흔히 존재한다는 뜻이 아니라고 주장했다. 아렌트는 누구에게나 아이히만이 존재한다는 개념은 반대로 아이히만이 아무에게도 존재하지 않는다는 개념만큼 진실이 아니라고 말했다.[9] 아이히만이 교수형에 처해지고 2년 뒤 아렌트는 어느 강연에서, 기계 안에서 아무 생각도 없는 톱니가 된다 해도 행동에 대한 책임이 줄어드는 것은 아니며, 따라서 왜 어린아이나 노예처럼 기계에 복종하느냐고 물을 것이 아니라 왜 기계를 '지지'하느냐고 물어야 한다고 강조했다.[10]

밀그램의 복종 실험

예루살렘에서 아돌프 아이히만의 재판이 끝나가던 1961년, 미국의 젊은 사회심리학자 스탠리 밀그램은 뉴헤이븐의 예일 대학교에서 오늘날 악명 높은 실험으로 남아 있는 일련의 실험을 시작했다. 평범한 사람이 권위자로부터 타인에게 고통을 가하라는 지시를 받으면 어디까지 이행하는지 알아보는 실험이었다. 밀그램의 실험에서는 대다수 사람들이 끝까지 이행하려고 한다는 결과가 나왔다. 이 실험이 나온 시기는 우연이 아니었다. 밀그램은 동유럽 출신의 유대인 이민자 가정에서 태어났다. 어린 시절을 브롱크스에서 보내면서 밀그램은 그가 태어난 해에 집권한 히틀러 치하에서 유대인들이 얼마나 고통받는지 뼈아프게 인식했다. 밀그램은 열세 살에 바르미츠바*에서 "유대인에게 새로운 시대가 열리기를 …… 박해와 고통, 전쟁이 종식되기를 희망합니다"라고 간단히 소감을 밝혔다.[11] 그는 아이히만의 재판을 둘러싼 논의를 잘 알았으며, 자신의 실험이 권위의 위력에 대한 전후 세대의 우려에 "과학적 표현"이 되기를 바랐다.[12] 밀그램 혼자만의 생각은 아니었다. 아무리 좋은 의도에서라고 해도 사람들이 부도덕한 행동을 하는 과정을 이해하려는 노력은, 특히 2차 세계대전의 잔학 행위 이후 유대인 학자들에게 중요한 과제였다. 그러나 밀그램은 곧 스스로도 상상하지 못한 방향으로 파장을 일으켰다.

밀그램은 평범한 사람들이 언제, 어떻게, 명백한 도덕적 의무 앞에서 권위에 복종하거나 저항하는지 이해하는 것을 목표로 삼았다. 첫 번째 실험에 자원한 참가자들―모두 지역신문에 실린 광고를 보고 온 남성들―은 처벌이 학습과 기억에 끼치는 영향을 연구하는 실험에 참가한다고 믿었다.[13] 윤리적으로 문제가 있는 교묘한 속임수이기는 해도 실험 설계는 훌륭했다. 참가자가 실험실에 도착하면 실험자―회색 실험복을 입은 배우―가 맞이해서 참가자에게 '교사' 역할을 배정했다. 실

---

* 유대교에서 열세 살이 된 소년이 치르는 성인식.

Public Announcement

WE WILL PAY YOU $4.00 FOR ONE HOUR OF YOUR TIME

Persons Needed for a Study of Memory

*We will pay five hundred New Haven men to help us complete a scientific study of memory and learning. The study is being done at Yale University.

*Each person who participates will be paid $4.00 (plus 50c carfare) for approximately 1 hour's time. We need you for only one hour: there are no further obligations. You may choose the time you would like to come (evenings, weekdays, or weekends).

*No special training, education, or experience is needed. We want:

Factory workers	Businessmen	Construction workers
City employees	Clerks	Salespeople
Laborers	Professional people	White-collar workers
Barbers	Telephone workers	Others

All persons must be between the ages of 20 and 50. High school and college students cannot be used.

*If you meet these qualifications, fill out the coupon below and mail it now to Professor Stanley Milgram, Department of Psychology, Yale University, New Haven. You will be notified later of the specific time and place of the study. We reserve the right to decline any application.

*You will be paid $4.00 (plus 50c carfare) as soon as you arrive at the laboratory.

TO:
PROF. STANLEY MILGRAM, DEPARTMENT OF PSYCHOLOGY, YALE UNIVERSITY, NEW HAVEN, CONN. I want to take part in this study of memory and learning. I am between the ages of 20 and 50. I will be paid $4.00 (plus 50c carfare) if I participate.

NAME (Please Print). . . . .

ADDRESS . . . .

TELEPHONE NO. . . . . Best time to call you . . . .

AGE . . . . OCCUPATION . . . . SEX . . . . . .
CAN YOU COME:

WEEKDAYS . . . . EVENINGS . . . . . . WEEKENDS . . . .

밀그램의 피실험자 모집 광고

■ ■

학습과 기억에 관한 예일 대학교의 연구인 것처럼 작성되어 있다.

험자는 참가자를 '학습자', 그러니까 역시 배우이고 손목에 전극을 붙인 채 끈으로 의자에 묶여 있는 사람에게 소개했다. 다음으로 실험자는 교사를 다른 방으로 데려가서 15볼트부터 450볼트까지 15볼트 간격으로 스위치 30개가 일렬로 붙어 있는 거창한 전기충격 장치 앞에 앉혔다. 교사는 학습자에게 인터컴으로 단어 쌍을 불러주고 연상 단어를 말하게 해서 오답을 말할 때마다 전기충격을 주었다. 15볼트에서 시작해 오답이 나올 때마다 충격의 강도를 높여야 했다.

밀그램 실험의 가장 유명한 사례에서 학습자는 75볼트에 이르면 끙끙 앓는 소리를 내기 시작해 교사에게 고통스럽다는 뜻을 알렸다. 120볼트에서는 소리를 지르고, 135볼트에서는 신음 소리를 내고, 150볼트에서는 실험을 멈춰달라고 요구하고, 270볼트에서는 교사가 스위치를 누를 때마다 고통스러운 비명을 질렀다. 마지막으로 330볼트에 이르자 아무 소리도 내지 않고 꿈쩍도 하지 않는 듯 보였다. 사실 학습자는 전기충격을 전혀 받지 않았다. 학습자의 반응은 단지 교사가 실험자의 요구에 따라 실행에 옮기는 의지를 알아보기 위한 책략이었다.[14]

밀그램은 실험 결과에 크게 놀랐다. 참가자의 62.5퍼센트 이상이 최대 전압까지 계속 전기충격을 가한 것이다.[15] 그들은 학습자의 신음과 탄식, 불평과 고함, 비명을 무시하고 자기가 하는 행위에 대한 도덕적 갈등을 무시했다. 밀그램은 한 남자가 안정된 속도로 천천히 실험을 진행하면서 "슬프고 실의에 빠진 표정"을 짓던 모습을 떠올렸다. 또 어떤 참가자는 낄낄거리면서 전압을 올려놓고는, 나중에 "도저히 있을 수 없는 상황에 대한 반응이었을 뿐이며 …… 완전히 무력하고, 벗어날 수도 도와주려고 시도할 수도 없는 처지에 몰려 있어서 그랬다"고 해명했다.

타인의 영향력

많은 참가자는 학습자가 의식을 잃은 것처럼 보인 후에도 계속 실험을 진행했으며, 일단 330볼트까지 누르고 나면 실험을 중단하는 참가자가 거의 없었다. 어느 참가자는 그때 마음속으로 '맙소사, 저 사람 죽었어. 아, 어서 가자. 저 사람을 끝내자'라고 생각했다고 한다. "나는 그냥 계속 450볼트까지 가면서 …… 이렇게 생각했다. 자, 이건 실험이고, 예일대에서는 어떤 일이 벌어지고 있는지 알아. 예일대에서 괜찮다고 하면 나도 괜찮은 거야."[16]

밀그램의 복종 실험의 독창성은 처음 발표될 때 국제뉴스의 헤드라인을 장식한, 앞서 설명한 기본적인 통계자료가 아니라, 사람들의 동조 경향의 미묘한 차이를 추출하기 위해 실시한 40여 가지 변형 실험에 있다. 예를 들어 학습자의 목소리도 들리지 않고 모습도 보이지 않을 때는 교사가 전압을 높일 가능성이 더 컸고, 학습자와 교사가 같은 방에 있거나 교사가 학습자의 손을 잡고 충격판에 댄 채로 스위치를 눌러야 할 때는 전압을 높일 가능성이 줄어들었다. 그러나 놀랍게도 이런 실험 조건에서도 참가자의 30퍼센트가 최대 전압인 450볼트를 눌렀다.

밀그램은 생각할 수 있는 모든 조합을 시도했다. 실험 장소를 예일대 실험실 지하로 옮겨서 건강에 좋지 않은 환경이 저항을 부추기는지 알아보았다. 기대한 결과는 나오지 않았다. 실험자와 학습자 역할에 여러 배우를 투입해서 참가자가 개인의 성격에 따라 다르게 반응하는지 알아보았다. 이번에도 눈에 띄는 효과는 없었다. 실험자를 실험실 밖으로 내보내서 전화로 지시사항을 전달하게도 해보았다. 이 시도에서는 끝까지 복종하는 참가자의 수가 세 배나 줄어드는 극적인 변화가 일어났다. 참가자를 남자가 아니라 여자로 모집해봤는데, 여자들이 지시받은 행위에 더 괴로워하기는 했지만 남자들처럼 묵묵히 동조했다. 밀그램은 실험실을 브리지포트라는 인근 공업도시로 옮겨서 아이비리그 대학이 주는 경외심이나 권위라는 요인을 제거해보았다. 실험 결과, 끝까지 복종하는 참가자가 반 정도 감소했다. 관료처럼 보이는 실험자를 평범하게 생긴 남자로 교체해서 지시하게도 해보았다. 대다수 참가자가 더 쉽게 지시를 거역하고 더 빨리 실험을 중단했다. 이와 같은 다양한 변형 실험에서 주목할 만한 사실은, 실험을 끝까지 진행하기를 거부한 참가자 대다수가 희생자(학생)가 처음으로 중단을 요구한 임계 단계인 150볼트에서 주로 실험을 중단했다는 점이다.

밀그램이 입증한 가장 중요한 사실은 사람들의 행동이 주어진 맥락에 따라 달라지는 정도였다. 그는 사람들이 권위에 어떻게 반응하는지에 관심을 두었지만, 많이 알려지지 않은 두 가지 변형 실험에서는 동료의 압박이 주는 위력을 탐색했다. 우선 첫 번째 실험에서는 참가자(교사)와 함께 다른 교사 두 명을 실험실에 들여보냈는데, 두 사람 모두 참가자와는 모르는 사람이고 실험자의 공모자였다. 세 사람이 함께 학습자에게 지시를 내리고 처벌해야 했다. 150볼트까지 스위치를 누르자 공모자들 중 한 명이 계속 진행하기를 거부했다. 몇 단계 지나자 다른 공모자도 중단해서, 그 뒤로는 참가자 혼자서 전기충격을 가해야 했다. 이 실험에서는 참가자의 62.5퍼센트가 두 번째 공모자와 함께 중단하거나 그보다 먼저 중단했고, 단 10퍼센트만 450볼트까지 진행했다. 이것은 동료가 권위에 저항할 때는 권위에 저항하는 두려움이 줄어들 수 있다는 증거다.

밀그램은 안타깝게도 현실 사회에서는 정반대로도 작용할 수 있다는

타인의 영향력

사실을 발견했다. 후속 실험에서는 전기충격 장치를 조작하는 역할을 다른 사람에게 넘기고, 참가자에게는 관리자 역할만 맡겨 행동에서 한 걸음 물러나게 했다. 이를테면 강제수용소의 수송 서류를 정리하거나 총살형 집행대로 갈 탄약을 싣는 작업에 해당한다고 밀그램은 암시했다. 이 실험에서는 참가자의 90퍼센트 이상이 실험을 계속 진행하여 최대 전압까지 올렸다.[17] 폭력의 부속품이 되면 직접 방아쇠를 당길 때보다 양심의 가책이 줄어든다는 뜻이다.

한쪽에서는 밀그램의 실험 결과를 그 시대의, 곧 권위주의 체제의 해악이 아직 잘 알려지지 않은 시대의 특수성으로 일축하려고 시도해왔다. 오늘날에는 실험 윤리 규정 때문에 밀그램의 실험을 똑같이 재현하기가 거의 불가능하지만, 지난 50여 년 동안 다양한 유사 실험이 이루어졌고, 대체로 비슷한 결과가 나왔다.[18] 단 한 실험에서만 다른 해석을 제시했다. 1974년 오스트레일리아 여성들을 대상으로 한 이 실험에서는 참가자의 84퍼센트가 명령에 따르기를 거부했다. 이 결과를 오스트레일리아 여성의 완고한 성격 탓으로 해석할 수도 있지만, 이 실험을 진행한 연구자들은 그 무렵 대학 캠퍼스에 팽배한 반反권위주의 시대정신을 반영하는 동시에―이 실험에서는 학습자도 여성이므로―여성이 다른 여성들에게 동일시하고 권위적인 남성 실험자에게 집단적으로 저항하려는 의지를 반영한다고 보았다.[19]

밀그램은 복종 실험의 결과가 "무섭고 암울하다"고 보았다. 그는 실험을 통해 호통을 치는 거대한 제도의 변덕 앞에서 사람들이 도덕적인 책임을 내려놓는 경향을 입증했다고 주장했다. "한때 나는 미국에서도 악랄한 정부가 등장해서 독일과 같은 수준의 죽음의 수용소를 운영하는 데 필요한 도덕적으로 열등한 인력을 확보할 수 있을지 의문이었다. 이제는 뉴헤이븐 한 곳에서도 다 채울 수 있으리라는 생각이 들기 시작한다." 이 말은 밀그램이 동료 연구자에게 털어놓은 고민이다.[20] 그는 한나 아렌트를 공개적으로 지지하면서 악의 평범성 개념은 "누구도 상상하지 못할 정도로 진실에 가깝다"고 말했다.[21]

한편 아렌트는 밀그램의 실험에 관한 논의에 개입하지 않았다. 밀그램의 결과가 '모든 사람 안의 아이히만'이라는 잘못된 믿음에 힘을 실어줄까 두려워서였다. 아렌트는 복종만으로는 나치 독일의 잔학한 범죄든 그밖의 테러 공격이든 설명되지 않는다고 보았다. 그러나 밀그램은 평범한 사람도 결코 평범하지 않은 잔혹한 짓을 저지를 수 있으며, 특정한 조건이 주어지면 굴복할 가능성이 훨씬 더 커진다는 사실을 보여주었다.

흰 것을 검다고 우기는 사람들

밀그램이 2차 세계대전 이후 판단과 행동에 대한 사회적 압력의 강력한 효과를 강조한 첫 번째 사회학자는 아니었다. 밀그램의 실험은 그의 하버드 박사과정 지도교수이자 앞서가는 심리학자인 솔로몬 아시에게 큰 영감을 받은 결과였다. 아시는 1950년대에 사람들은 다수가 명백히 틀렸을 때조차 다수의 생각을 받아들일 때가 많다고 입증하면서 주목받았다. 아시의 실험 설계는 밀그램의 실험만큼 참신했고, 실험 참가자들에게는 그만큼 당혹스러웠다.

참가자가 실험실에 들어서면 6~8명의 사람들과 함께 앉으라는 지시

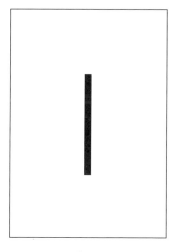

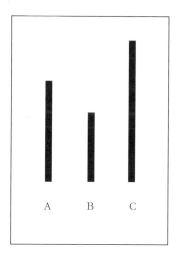

카드 1   카드 2

솔로몬 아시의 선 실험에 쓰인 카드

를 받았다. 이 사람들은 모두 아시의 동료였다. 다음으로 실험자가 사람들 앞에 커다란 흰색 카드 두 장을 놓았다. 한 장에는 검은색 세로선 하나가 있고, 다른 한 장에는 길이가 다른 세로선 세 개가 있으며, 세 개중 하나는 첫 번째 카드의 선과 동일했다. 참가자들은 돌아가면서 양쪽 카드에서 일치하는 선을 말했다.

처음 두 차례 돌아갈 때는 단순하고 예측 가능한 반응이 나왔다. 보이는 그대로 과제가 지루해 보였다. 그러나 나머지 16회 가운데 12회에서는 동료들이 기준 선보다 명백히 더 짧거나 더 긴 선을 선택하면서 틀린 답을 내놓았다. 아시는 12회 동안 참가자가 어떻게 반응하는지 알아보고 싶었다. 다시 말해서 참가자가 계속 자기 눈에 보이는 증거를 믿을 것인가, 아니면 (틀린) 다수의 의견을 따를 것인가. 아주 쉬운 과제인데도 참가자의 76퍼센트가 적어도 한 번은 다수의 의견을 따랐으며, 고작 4분의 1만 시종일관 정답만 말했다. 평균 매회 3분의 1 정도가 설득에 넘어갔다.[22]

아시는 그의 실험 결과에 내포된 사회적 의미를 진지하게 우려했다. "비교적 똑똑하고 호의적인 젊은이들이 흰 것을 검다고 우긴다면 걱정이다. 이런 현상은 우리의 교육 방식과 행동을 이끌어주는 가치관에 의문을 제기한다."[23]

몇 년 뒤 캘리포니아 대학교의 심리학자 리드 터드넘Read Tuddenham은 학생들을 대상으로 비슷한 동조 실험을 실시했다. 그는 학생들에게 미국인의 인생에 관한 꽤 그럴듯한 여러 가지 진술이 진실인지 여부를 판단하라고 지시했다. 결과는 역시 심상치 않았다. 학생들이 각자 실험에 참가할 때는 충분히 합리적인 답변을 내놓았지만, 터드넘이 앞서 참가한 다른 학생들은 어떤 방식으로 질문에 답했다고 언질을 주자 남들이 답한 대로 따라 했다. 더 기이한 일은, 학생들이 이성에 따라 판단한 것으로 보이지 않는 경우에도 전적으로 자신의 판단에 따라 답했다고 보고한다는 점이다. 예를 들어 학생들은 다음과 같은 진술에 동의했다. 미국인의 60~70퍼센트는 65세 이상이다. 남자 아기의 기대수명은 25년이다. 남자가 여자보다 20~23센티미터 정도 더 크다. 대다수 미국인은 하루에 여섯 끼를 먹고 하룻밤에 네다섯 시간만 잔다. 샌프란시스코와 뉴욕의 거리는 약 1만 킬로미터다. 사람들은 대체로 학교에 다니지 않았다면 더 잘 살았을 것이다.[24]

흔히 우리는 동료의 압력을 뿌리칠 수 있다고 자신한다. 그러나 다수 앞에 혼자 있으면 생각보다 훨씬 더 어렵다. 동조하는 데는 대체로 타당

타인의 영향력

동조 심리

모든 개인은 자신이 속한 집단의 구성원들과 판단이 다를 때 불안정한 심리 상태가 되는데, 이러한 불안감을 해소하고자 다수의 의견이 틀렸더라도 거기에 자신의 의견을 맞추려 한다. 어떤 이는 '과동조'(복종)하며 기존의 규범을 완고하게 준수하는 경직성을 보이고, 어떤 이는 '비동조'(저항)하며 새로운 규범의 수립을 지향한다. 이 차이는 어디에서 비롯될까?

한 이유가 있다. 혼자 떨어져 있으면 조롱당하거나 배척당할 수 있는데, 사람은 누구나 이런 상황을 피하고 싶어 한다. 비웃음을 사거나 무시당하는 것보다는 신념을 숨기는 편이 낫다. 뿐만 아니라 1장에서 보았듯이 다른 사람들의 관점은 불균형한 무게를 지닐 수 있다. 왜냐하면 우리는 대체로 남들은 우리가 모르는 것을 안다고 간주하고, 심지어 우리의 시력이나 상식보다 타인의 생각이나 의견을 더 신뢰하기 때문이다. 주위 사람들 대다수가 아무리 어리석게 행동한다고 해도 어느 정도는 다수에게 이끌려가지 않으면 이상할 것이다.

다행히 이런 규칙에는 중요한 예외가 있다. 아시는 제자 밀그램처럼 동조에 작용하는 사회적 요인을 더욱 정확하게 파악하기 위해 선 실험의 변형 실험을 실시했다. 그중 한 실험에서는 '진실한 동료'를 집단에 투입했다. 실험의 실제 목적을 모르는 사람, 또는 틀린 답이 아니라 정답을 말하도록 지시받은 연구자였다. 이 방법은 큰 효과를 내서, 참가자가 오답을 말하는 횟수가 4분의 3이나 줄어들었다. 두 명만 있어도 반대파가 결성되는 듯하다. 뿐만 아니라 새로 투입한 동료가 노골적으로 틀린 답을 말하도록 지시받았을 때조차 다수의 답과 다르기만 하면 참가자가 오답을 말할 가능성이 줄어들었다. 이와 같은 결과에서 어떤 식의 반대든 사람들에게 더 독립적으로 생각하도록 만든다는 사실을 알 수 있다.[25]

아시의 선 실험이 지난 반세기 동안 여러 번 반복되고 결과의 편차가 크자, 학계 일각에서는 집단에 이끌리는 동조 현상은 문화와 역사적 맥락에 따라 크게 좌우된다고 주장했다. 1996년 서식스 대학교의 사회학자 두 명은 17개국에서 실시된 아시 유형의 실험 연구 133편을 메타분석meta-analysis[•]했다.²⁶⁾ 첫째, 일본과 중국, 브라질처럼 가족과 사회의 목
표가 개인의 야망보다 중요하게 여겨지고 가족과 사회에 섞여들어야 하
는 필요성이 무엇보다 중요한, 이른바 집단주의적인 문화권 사람들은
유럽과 미국처럼 개인주의가 팽배한 문화권 사람들보다 다수의 의견에
동조하는 경향을 보였다. 둘째, 적어도 미국에서는 1950년대부터 동조
수준이 감소하는 추세로 나타났다. 오늘날 대학생(주로 인간 심리 실험에
서 실험 대상이 되는 사람들)은 2차 세계대전 이후의 억압적인 분위기에서
공부하던 학생들보다 현 상태에 의문을 제기하고 독립적으로 생각하는
경향이 강하기 때문일 것이다.²⁷⁾

루시퍼 이펙트, 스탠퍼드 감옥 실험 이후

전후 시대에 동조와 복종 연구는 행동과학 분야 변방의 미개척지였
다. 연구자들은 지금으로서는 엄두도 내지 못하고 반복 검증하지 못할
방법으로 인간 본성의 근본 문제와 씨름했다. 당시의 앞서가는 연구자
이자 여전히 활동하는 몇 안 되는 연구자들 가운데 스탠퍼드 대학교의
심리학자 필립 짐바르도가 있다. 그는 밀그램과 함께 브롱크스에 있는
제임스 먼로 고등학교에 다녔다.²⁸⁾ 둘은 10년 뒤 예일 대학교에서 다시
만났고, 짐바르도는 그들이 재회했을 때를 이렇게 회상했다. "스탠리는
자기가 나보다 인기가 많기를 바랐다고 말했고, 나는 내가 스탠리보다

• 동일한 연구 문제에 대한 누적된 연구 결과를 종합적으로 검토하는 계량적 연구방법.

똑똑하기를 바랐다고 말했다."[29]

짐바르도의 인기는 부인할 수 없는 사실이다. 2006년 5월 뉴욕에서 열린 미국 심리과학학회Association for Psychological Science 연례회의에는 1천여 명이 강당으로 몰려들어서 짐바르도가 40여 년 동안 학문적 소명으로 여겨온 주제, 곧 선량해 보이는 사람들이 사악해지는 이유에 관한 강의를 들으려 했다. 미국 대학생의 교수 평가 사이트 'RateMy-Professors'에서 그는 "영감을 주는 사람"이자 "훌륭한 교수" "쇼맨"이라는 평가를 받았다. 일부 학생들은 짐바르도가 "자기 일에만 몰두"한다고 평가했고, 어떤 학생은 "악마처럼 보인다"고까지 평했다. 2008년에 출간된 그의 저서 《루시퍼 이펙트The Lucifer Effect》의 주제와 그의 최근 연구에 담긴 주된 내용, 말하자면 도덕적 영웅주의를 악의 해결책으로 내세워서 사람들이 "선善의 선명한 흰색 선線"*을 알아보게끔 도와주는 그의 작업을 생각하면, 짐바르도는 분명 학생들의 평가를 기분 좋게 받아들였을 것이다.

짐바르도는 연구자로서 줄곧 악을 성찰해왔다. 그에게 명성을 안겨준 스탠퍼드 감옥 실험은 제도화한 악을 탐색한 실험실 연구 중에서 지금까지도 가장 악명 높은 실험이다. 그는 감옥 생활의 사회적 역동과 죄수나 간수의 역할이 한 개인의 심리에 끼치는 영향을 살펴보는 데 목표를 두었다. 다만 현실적 조달의 어려움을 고려하여 실제 감옥에서 연구하는 대신에 스탠퍼드 심리학과 건물 지하에 모의 감옥을 설치하기로

---

* 짐바르도에 따르면 선악을 규정하는 선은 유동적이며 쉽게 통과할 수 있다. 그는 어둠에 초점을 맞추면 악마가 보이고 흰색에 초점을 맞추면 천사로 가득한 네덜란드 화가 M. C. 에셔의 그림을 예로 들며 악에 대항하기 위해 빛을 바라보자고 역설한다.

했다. 1971년 여름, 마침 《뉴욕타임스》가 미국 정부의 베트남전쟁 수행에 관한 국방부 비밀보고서를 발표하기 시작한 때였다. 제도적 권위가 그 어느 때보다 주목받은 시기였다.

짐바르도의 연구팀은 심신이 건강한 남자 대학생 24명을 선발했다. 먼저 참가자들에게 성격검사를 실시하고 무작위로 12명을 죄수로, 나머지 12명을 간수로 배정했다. 연구팀은 가짜 감옥을 진짜처럼 보이게 만들기 위해 공을 들였다. 이를테면 간수에게는 제복을 완전히 갖춰 입히고 미러 선글라스와 곤봉을 들려서 죄수들을 통제하고 그들이 최대한 무력함을 느끼게 만들라고 지시했다. 한편 죄수는 불편한 작업복에 스타킹 캡*을 쓰고 발목에는 무거운 쇠사슬을 차야 했다. 죄수는 하루 종일 감방에 갇혀 지내고 죄수 번호로만 불렸다.[30]

짐바르도는 원래 2주 동안 실험을 진행할 예정이었지만 엿새 만에 끝내야 했다. 지하 실험실이 그의 표현대로 "지옥구덩이"가 되어버렸기 때문이다. "1주일도 안 되는 기간의 감옥 체험은 우리가 평생 쌓아온 학습을 (일시적으로) 무효화시켰다. 인간의 가치가 유예되고 자아 개념이 도전받고 인간 본성의 가장 추악하고 야비하고 병리적인 측면이 겉으로 드러났다."[31] 권위적인 환경에 직면하자 학생들은 각자에게 주어진 역할을 놀랍도록 충실히 떠맡았다. 간수의 3분의 1이 폭군으로 돌변해서 자기가 담당한 죄수들의 인간성을 말살하고 굴욕감을 느끼게 하려고 점점 더 가학적인 방법을 찾아냈다. 이를테면 독방에 가두어 잠을 재우지 않고, 쇠사슬에 묶인 채 화장실에 다녀오게 하고, 죄수들끼리 남색행위

---

* 겨울 스포츠용의 원뿔형 털모자.

를 하도록 강요했다. 죄수들은 맹목적으로 복종하거나―그들은 "비굴하고 인간성이 말살된 로봇"처럼 변했다[32]―극심한 혼란과 신경증, 우울증에 시달렸다. 간수와 죄수, 실험자 모두 정신적으로 크나큰 충격을 받아서 실험을 시작한 지 나흘 만에 나와야 했다.

그 뒤 실험의 모든 당사자가 자신이 한 행동에 크게 놀란 듯했다. 간수 역할을 맡았던 한 참가자는 두 달 후 이렇게 회고했다. "내가 꿈에서도 생각해본 적 없는 상황에서 그렇게 아주 낯선 방식으로 행동할 수 있다는 데 경악을 금치 못했다. 심지어 그런 행동을 하면서 전혀 유감스럽지도 않고 아무런 죄책감도 느끼지 못했다. 나중에 내가 한 일을 돌아보면서부터 …… 그 모습 또한 내가 미처 알아차리지 못한 나의 일부라는 생각이 들었다."[33] 감옥 총책임자 역할을 맡았던 짐바르도조차 배역에 빠져들어서 뒷짐을 지고 거들먹거리며 어슬렁거리는 등 그가 평소 질색하는 모습을 보였다. 나중에 그는 감옥 실험이 야기한 고통에 대해 사과하고 더 일찍 플러그를 뽑지 않은 점을 사과했다. 사실 이것도 당시 그와 사귀던 대학원생 크리스티나 매슬랙Christina Maslach(두 사람은 나중에 결혼한다)이 그녀가 목격한 모습에 경악하면서 그를 다그친 뒤에야 나온 사과였다.[34]

짐바르도는 동조에 대한 우리의 이해를 아시의 선 실험과 밀그램의 전기충격 장치 너머로 확장했다. 짐바르도의 실험에서는 제도―비록 인공적이고 비정상적으로 가학적이기는 하지만―가 모든 사람을 스스로 예상치 못한 수준까지 바꿔놓았다. 참가자들은 스스로 알아보지 못하는 인물이 되었고, 그 사람의 성격만으로는 도덕적 잣대가 얼마나 굳건한지 예측할 수 없는 듯했다. "선량한" 사람이 가학성을 띠고, "균형

잡힌" 사람이 병적으로 위축되고, 가장 가학적인 간수가 가장 가학적이지 않은 간수보다 평균적으로 더 마키아벨리*적인 것은 아니었다. 짐바르도는 《루시퍼 이펙트》에서 이렇게 적는다. "대다수 사람들은 사회적인 힘의 혹독한 시련을 경험하면 성격이 크게 바뀔 수 있다. 시련의 장 밖에서 스스로 어떻게 행동할 거라고 상상한 모습은 실제로 시련의 그물망에 걸릴 때 어떤 사람이 되고 무엇을 할 수 있는지와 전혀 비슷하지 않을 수도 있다."[35]

33년 뒤 스탠퍼드 감옥 실험이 다시 화제에 올랐다. 2004년 4월 28일 짐바르도는 워싱턴 DC의 어느 호텔 방에서 텔레비전 채널을 돌리다가 벌거벗은 이라크 포로들이 쌓여 있는 옆에서 미군 병사들이 웃으며 포즈를 취한 사진을 보았다. 변태 행위의 슬라이드쇼 같았다. 예를 들어 어느 여군이 벌거벗은 포로의 목에 가죽 끈을 묶어서 끌고 다니거나, 포로들에게 강제로 자위행위나 구강성교를 시연하게 하거나, 얼굴을 가린 남자가 손가락에 전극을 붙인 채 상자 위에 위태롭게 서 있는 사진이었다. 짐바르도는 우연히 CBS 뉴스 속보로 이라크 아부그라이브 교도소의 상황을 접한 것이다.[36] 사진의 이미지는 짐바르도에게 "인식의 충격"을 안겨주었다. "마치 우리가 했던 감옥 실험의 최악의 시나리오가 우리의 단순하고 비교적 양호한 모의 감옥이 아니라 끔찍한 조건에서 몇 달에 걸쳐 진행된 것 같았다."[37]

이 사건으로 미군 헌병대 병사 11명이 이라크 포로에 대한 신체적·성적·심리적 학대로 군법회의에 회부되었다. 짐바르도는 피고인들 중

• 니콜로 마키아벨리Niccolò Machiavelli는 《군주론》(1513)을 저술한 르네상스 시기 이탈리아의 정치철학자이다.

여러 차례 학대가 발생한 시간에 야간 근무를 섰고 열성 가담자라는 혐의를 받는 이반 '칩' 프레더릭Ivan 'Chip' Frederick 하사 변호인단의 전문가 증인으로 지명되었다. 짐바르도는 증언을 준비하면서 서너 차례 프레더릭과 장시간의 인터뷰를 하고 폭넓은 심리검사를 실시했다. 그러나 정신 병리나 가학 성향의 단서는 전혀 발견되지 않았다. "이 병사는 여러 모로 미국인들의 우상이었다. 말하자면 좋은 남편이자 아버지이자 일꾼이자 애국자이며, 종교적으로 신실하고 친구가 많은 사람으로 소도시에서 살면서 대체로 정상적이고 도덕적으로 생활했다."[38] 짐바르도는 상황의 힘이 작용하는 측면을 고려하지 않고 프레더릭의 행위를 판단하는 것은 잘못이라고 주장했다. 즉 상사의 적절한 감독이나 개입의 부족, 높은 스트레스 수준과 열악한 근무 조건, 도덕적 타락이 심화되는 문화, 포로들의 인간성 말살을 부추기는 권력 구조를 고려해야 한다는 것이다.

짐바르도의 평가는 군사재판에서 판사에게 거의 영향을 끼치지 않았다. 프레더릭은 유죄를 인정했음에도 공모와 직무 유기, 수감자 학대와 폭행, 강제추행 혐의로 징역 8년을 선고받았는데, 이는 형량이 가장 높은 사례 중 하나였다(그는 3년 뒤 가석방으로 풀려났다). 이것은 판사를 비롯한 사람들에게 사회 과정social process*이 악의 생성에 중요한 역할을 한다고 설득하기 위해서는 심리학자들이 할 일이 많다는 사실을 일깨워주는 사례였다.

아부그라이브 교도소 사건은 40년 전 예일 대학교의 심리학자 어빙 재니스가 실시한 연구에 비추어볼 때 특히 혼란스러운 사례다. 1963년

---

* 사회 조직이 변화하고 발전해가는 과정.

재니스는 단결력이 강한 부대일수록 고위 지도부에 불만이 있거나 효과적으로 불만을 전달할 방법이 없다고 판단되면 약탈이나 강간, 고문 같은 집단 일탈 행동의 관례를 쉽게 수용할 수 있다고 입증했다.[39] 이런 식의 주장으로 변호에 성공할 가망은 거의 없다. 짐바르도는 이렇게 말한다. "우리 사회는 개인 심리에 초점을 맞추는 경향이 있다. 우리의 모든 제도―전쟁과 법, 종교, 의학―가 이런 개념을 토대로 한다."[40]

수십 년간의 행동 실험 연구에서는 개인 심리가 세계 대다수의 잔학 행위를 설명해주지는 않는 것으로 나타났다. 2003년의 한 연구에서 100년 전 사회심리학 초창기 연구부터 피험자 약 800만 명을 포함하는 총 2만 5000편의 사회심리학 연구를 분석한 결과, 사회적 맥락이 행동과 태도를 결정하는 데 일관되게 중요한 역할을 하는 것으로 나타났다.[41] 이런 영향이 현실 세계에서는 어떻게 나타날까? 이 장의 나머지 부분에서는 제도화한 공포의 특정 사례, 곧 모든 테러 중에서 가장 치명적이고 분명 가장 당혹스러운 테러 방법인 자살 테러의 이면에 작용하는 집단과 문화의 힘을 살펴보겠다.

자살 테러를 감행한 18세 소년

서안지구의 카르네이 슘론 이스라엘 정착촌은 지구상에서 가장 뜨거운 논쟁을 불러일으키는 거주지 중 한곳이다. 1977년에 이스라엘이 팔레스타인 영토를 점령하고 세운 이곳은―다른 모든 이스라엘 정착촌과 마찬가지로―이스라엘 정부를 제외한 모든 국가가 불법으로 간주하는 땅이다. 여기 사는 사람들은 대체로 그렇게 생각하지 않는다. 거리에는 대추야자와 유칼립투스, 깔끔하게 손질한 생울타리가 늘어서 있고, 하얀 페인트를 칠한 집들이 석회암 언덕을 내려다보고 있으며, 지역사회가 끈끈하게 연결되어 있어서 대문을 잠그지 않는 집이 많다. 그러나 이따금 그들의 위태로운 현실이 다가와서 문을 두드린다.

이스라엘 점령에 반발하는 제2차 팔레스타인 인티파다intifada* 2년째인 2002년 10월,[42] 북부 서안지구를 가로질러 카르네이 숌론으로 들어간 나는 이곳의 정치상황에서 상상할 수 있는 최악의 방식으로 인생이 파탄 난 한 여인을 만났다. 8개월 전, 지네트 탈레르Ginette Thaler라는 이 여인의 열여섯 살짜리 딸 라헬이 이스라엘 정착촌 옥외 쇼핑몰의 피자집에서 팔레스타인 자살 폭탄 테러에 공격당했다. 라헬은 폭탄이 터지고 11일 뒤 끝내 의식을 회복하지 못한 채 병원에서 사망했다. 지네트의 열네 살짜리 아들 레오르는 그날 누나 옆에 서 있다가 중상을 입었다. 목에 못이 박히고 배 속과 다리에 파편이 박히고 쓸개가 손상되고 고막이 찢어졌다. 레오르의 절친한 친구 느헤미야와 라헬의 친구 케렌도 사망했다. 테러범은 열여덟 살 소년이었다.

우리는 지네트가 제안한 대로 테러를 당한 피자집에서 만났다. 지네트를 제외한 모든 사람에게 그곳은 그저 플라스틱 테이블과 특별할 것 없는 장식을 한 패스트푸드점이었다. 지네트는 쾌활하고 말하기를 좋아하고 천성으로 잘 웃는 사람이었다. 쇼핑몰은 조용하고 날씨는 화창하고 따스하며 아이들이 높고 둥근 의자에 앉아 알록달록한 아이스크림

---

* 팔레스타인 사람들의 반反이스라엘 저항운동.

을 빨아 먹고 있었다. 그러다 텔레비전에서 남동쪽으로 16킬로미터 떨어진 아리엘이라는 정착촌에서 자살 폭탄 테러가 또 발생했다는 뉴스가 나왔고, 나는 지네트가 급히 숨을 들이마시는 모습을 보았다.

지네트는 정착촌의 다른 동네로 가서 라헬의 친구 한니를 만나보자고 제안했다. 한니도 그날 테러로 부상을 입었는데 당시의 상황을 모두 기억한다고 했다. 10분 뒤 우리는 한니의 집 식탁에 둘러앉아 마술사 모자에서 나온 것처럼 환상적인 색깔의 백합을 바라보고 있었다. 한니는 몇 달 전에는 집중 치료를 받으면서 눈에 붕대를 감고 있었지만, 지금은 말끔히 나은 것 같았다. 그녀는 이야기를 술술 풀어냈다. 우선 테러범의 인상착의를 말했다. 피부색은 밝은 편이라고 했다. 그가 피자집 계단을 올라와서 그들이 앉은 테이블 앞에 설 때까지의 과정을 설명했다. 그가 그들을 어떻게 쳐다보고 라헬이 어떻게 웃었는지 설명했다. "그러다 그자가 식당 한가운데로 뛰어가기에 저는 화장실에 가는 줄 알았어요." 지네트는 아이들이 모두 어디에 앉아 있었는지 물었고, 한니는 종이와 연필을 가져와서 그날 피자집의 배치도와 테이블 위치를 그렸다. 그런 다음 선을 하나 그리면서 테러범이 어디서 들어오고 그들 옆 어디쯤에 멈춰 서고 마지막에 어디로 달려갔는지도 표시했다. 그러고 나서 지네트도 몰랐던 이야기를 꺼냈다. "라헬이 비명을 질렀어요. 아주 잠깐. 그러다 조용해졌어요. 섬뜩할 정도로 조용했어요."

그리고 우리는 지네트의 집으로 갔다. 지네트는 내게 라헬이 죽기 며칠 전에 찍은 사진을 보여주었다. 소년처럼 머리를 짧게 자르고 빨간색 티셔츠를 입고 친구와 농담을 주고받는 모습이었다. 나는 지네트에게 이름이 사덱 압델 하페스 Sadek Abdel Hafeth라는 그 테러범에 관해 물었다. 그의 가족에 관해 아는 게 있는지, 그의 어머니에 관해 생각해본 적이 있는지 물었다. 지네트는 이렇게 대답했다. "그 엄마의 아들이 우리 마을로 들어와서 우리 아이들 옆에 서서 폭탄을 터뜨렸어요. 엄마로서 그 여자한테도 어느 정도 타격이 있겠죠. 나도 엄마이지만, 우리는 극과 극으로 달라요." 나는 지네트에게 사덱의 사진을 본 적이 있느냐고 물었다. 지네트는 사진을 본 적은 없지만 사덱을 파견한 팔레스타인해방인민전선Popular Front for the Liberation of Palestine(PFLP)이라는 무장단체에서 촬영한, 사덱의 증언이 담긴 비디오테이프를 보관하고 있었다. 다만 그녀는 독일의 한 텔레비전 방송국에서 보내준 이 테이프를 틀어본 적이 없고, 그녀의 아들 레오르도 마찬가지였다. 지네트는 셋이서 함께 보자고 했다. 우리 셋 다 독일어 해설을 이해하지 못했지만 영상은 선명했다. 전투복을 입은 사덱이 AK47을 가슴에 꼭 붙이고 전형적인 순교자의 자세를 취했다. 지네트가 말했다. "어린애 같네요. 보니까 마음이 아프군요. 꼭 어린애 같아요. 말도 안 돼."

나는 지네트와 헤어진 뒤 라헬을 죽게 한 테러범의 가족을 찾아 나섰다. 현지 팔레스타인 단체의 도움으로 카르네이 슘론에서 몇 킬로미터 떨어진 서안지구 서쪽 끝, 흙먼지 날리는 저지대의 칼킬랴 마을에서 그들을 찾았다. 그 집 문 앞에는 올리브나무 한 그루가 서 있었고, 그 나무 너머로 이웃집 판자에 붙어 있는 대형 사진 속에서 사덱은 청바지에 티셔츠 차림으로 AK47을 오른쪽 무릎에 기대놓았다. 총이 그에게 너무 커 보였다.

사덱의 아버지 아부 마흐무드Abu Mahmoud는 친절한 사람이긴 하지만 말을 아꼈다. 사덱의 죽음은 그의 집안에 끝없이 문제를 일으켰다고 했다. 그는 요즘 이스라엘군이 자살 폭탄 테러에 대한 보복으로 언제라도 그의 집을 박살 낼 거라고 생각했다. 그는 가구를 모두 집 밖에 내놓았다. 그런 와중에도 그가 나를 집 안에 들여서 우리는 하얀 벽을 따라 함께 걸었다. 나는 그에게 사덱이 PFLP에 가담한 사실을 안 지 얼마나 됐는지 물었다. "아들이 죽었다는 소식을 듣고 알았어요. 이 지역 텔레비전 뉴스에서요."

테러리스트 프로파일, 무엇이 다른가

우리는 자살 폭탄 테러범이 심리적으로건 생물학적으로건 그 밖의 어떤 측면에서건 나머지 우리와 다르다고 믿고 싶어 한다. 그들은 원래 살인과 자살 성향이 있고, 미래에 대한 희망이 전혀 없는 가난하거나 교육 수준이 낮거나 무지한 사람들이고, 종교(이슬람)의 광신도이고, 분노에 가득 찬 사람들이라고 여긴다. 이런 믿음은 대체로 사실과 거리가 멀다. 지난 20년 동안 이루어진 일부 현장 연구자들의 연구에 따르면 자살 테러범은 놀라울 정도로 평범한 사람이다. 잔학 행위를 저지른 다른 많은 사람들처럼, 이들의 행동을 결정하는 중요한 요인은 개인의 배경이나 성격보다는 집단의 힘에 이끌리거나 조종당하는 방식이다. 자살 테러범이 단독으로 행동한다는 말은 거의 들어본 적이 없다.

자살 폭탄 테러범이 과격해지는 데 사회적 힘이 끼치는 영향에 주목한 최초의 연구자들 가운데 텔아비브 대학교의 은퇴한 심리학 교수로 30년간 테러와 정치적 폭력을 연구해온 아리엘 메라리Ariel Merari가 있다. 메라리는 인간 본성을 신중하고 체계적으로 분석·관찰한 연구자인데, 오늘날의 체계적인 자살 테러가 레바논에서 처음 발생한 1983년에 이 현상을 연구하기 시작한 이래로 자살 테러에 대한 그의 생각은 크게 달라졌다. 처음에 메라리는 이미 자살 성향이 있는 사람이 자살에 대한 팔레스타인 사회의 종교·사회적 금기를 피해서 자살하려고 자살 테러에 자원하는 것으로 추측했다.

그러다 특정 자살 테러범들의 배경을 면밀히 관찰하기 시작했다. 그 중에는 1981년 북아일랜드 메이즈 교도소에서 몇 주 동안 단식투쟁을 한 끝에 사망한 IRA 대원들을 비롯한 '이타적 자살'도 있었다. 그는 이렇게 말한다. "이 사건을 접하면서 추측을 바탕으로 한 내 관점이 크게 흔들렸다. IRA 대원 열 명 모두에게 자살 성향이 있었다고 가정하는 것은 말이 되지 않았다. 나는 사회적 위임을 포함하여 이런 현상을 설명해 줄 만한 다른 힘이 존재한다고 판단했다. 그러나 자살 폭탄 테러범을 직접 만날 수 없어서 확신하지는 못했다."

1997년 나스라 하산Nasra Hassan의 전화를 받으면서 메라리의 운명이 달라졌다. 하산은 중동지방 국제연합UN 소속으로 4년 동안 가자지구에 파견되어 국제연합 팔레스타인 난민구호기구UNRWA에서 일한 적이 있었다. 가자에 도착하고 몇 달 뒤, 하산은 집주인 아들의 친한 친구가 이스라엘에서 자살 테러를 감행하다가 사망했다는 소식을 들었다. 하산은 그의 동기가 궁금해졌다. "그 청년이 돌아다니는 모습을 본 기억이 있었어요. 저는 이런 일을 통해 팔레스타인 무장단체 사람들을 많이 알아서, 어찌 된 일인지 파헤쳐볼 수 있겠다는 생각이 들었어요. 그저 그들이 어떻게 이 길을 택할 수 있었는지 납득이 가지 않았고, 지금도 모르겠어요." 그즈음 이스라엘 친구들 몇이 그녀를 메라리에게 소개했고, 두 사람은 메라리의 대학 교수실에서 만나기로 했다.

메라리는 하산에게 팔레스타인 테러범들의 프로파일이 필요하다고, 이를테면 그들이 누구이고 어떤 사람들이었는지에 관한 정보를 얻고 싶다고 말했다. 그녀는 도와줄 수 있다고 말했다. 파키스탄의 이슬람교도인 하산은 1950년부터 가자와 서안 지구 전역에서 팔레스타인 난민에게 일자리를 제공하고 음식을 배급하고 학교를 운영해온 UNRWA에서 활동하던 터라, 이스라엘 유대인인 메라리로서는 절대로 접근하지 못하는 테러리스트 가족에게 어느 정도 접근할 수 있었다. 그래서 둘이 함께 질문지를 만들었고, 하산은 그 질문지로 자살 테러범의 친구와 가족들을 인터뷰하여 사망한 테러범의 프로파일을 만들었다. 심리적 부검psychological autopsy이라고 일컫는 작업이었다. 프로파일에는 다양한 영역의 정보가 포함되었다. 나이, 부모의 배경, 교육, 직업, 취미, 어린 시절의 장래희망, 사람들에게 얼마나 인기가 있고 어떤 사람과 어울렸는지, 가족 중에서 가장 가까웠던 사람, 다른 친척들보다 신앙심이 더 깊었는지 덜했는지, 코란*에서 가장 좋아하는 장章, 정신 질환이나 외상trauma의 병력이 있는지 여부, 공격적인지 순종적인지 동정심이 많은지 따위의 성격, 본인이나 친척 가운데 누가 이스라엘군에 체포된 적이 있는지, 복수심이 동기가 되었는지, 그들의 영웅은 누구였는지 따위가 포함된다.

이듬해에 하산은 이 질문지를 토대로 1993년부터 1998년 사이에 자

---

* 또는 쿠란. 이슬람 경전.

살 테러를 감행한 팔레스타인인 36명 중 34명의 프로파일을 작성하면서 그들의 집을 찾아다니고 그들의 가까운 친척들과 친해졌다. 그 결과 놀라운 성과를 거두었다. 나는 메라리에게 그녀가 어떻게 그런 일을 해낼 수 있었는지 물었다. "아주 똑똑한 부인이에요." 메라리가 웃으면서 말했다. "사람들과 이야기를 나누는 법을 아는 분이에요. 사람들을 설득할 줄 알아요. 생활환경과 문화적 배경이 저마다 다른 사람들과 친밀한 관계를 맺는 재주가 있어요. 아주 멋지게 해냈어요."

2003년에 나는 하산의 가자지구 활동을 알아보려고 인터뷰를 요청했지만, 그녀는 정중히 거절했다. 2012년 초에 다시 연락했을 때 하산은 지난번 거절을 사과하면서, 그때는 그녀가 수집한 자료를 악용하는 기자들에게 지쳐 있었다고 해명했다. 그녀는 더 이상 국제연합에서 일하지 않는다면서, 직접 진행 중인 테러리즘 프로젝트를 통해 이슬람의 관점에서 자살 테러를 연구해보고 싶다고 말했다. 그와 동시에 현장 연구를 토대로 책 두 권을 쓰고 있다. 메라리와 함께 연구한 뒤로 데이터베이스가 확장되어 현재는 파키스탄, 아프가니스탄, 카슈미르, 방글라데시, 팔레스타인 영토를 비롯한 여러 지역의 이슬람 자살 테러범 400명 이상의 프로파일을 보유하고 있다. 2012년과 2013년에 나는 하산과 여러 차례 통화했는데, 그녀는 매번 당당하고 유창한 말투로 풍부한 일화와 의견을 제시했으며, 해석하는 방식에 관해서는 메라리처럼 조심스러운 태도를 보였다. 그녀는 남들이 어떻게 해석할지 우려했다. "누구나 각자의 규율을 통해서 보니까요."

하산은 심리학자도 아니고 사회학자도 아니지만, 자살 테러를 감행한 이슬람교도를 인터뷰한 경험이 그녀만큼 풍부한 연구자도 없다. 하산은 2004년 가자에서 팔레스타인 무장단체 하마스Hamas의 창설자이자 정신적 지도자인 셰이크 아흐메드 야신Sheikh Ahmed Yassin이 이스라엘의 미사일 공격으로 사망하기 전에 그를 몇 차례 인터뷰했고, 1972년 뮌헨올림픽에서 이스라엘 선수 11명을 납치해 살해하는 작전을 지휘한 아부 다우드Abu Daoud도 인터뷰했으며, 파키스탄에서 가장 호전적인 과격파 중 한 사람과도 인터뷰했는데, 당시 그 과격파의 교도관은 하산에게 "그자나 부하들이 절대로 당신을 뒤쫓지 못하도록" 가면을 쓰라고 제안했다(하산은 거절했다). 나는 하산에게 무섭거나 위협을 느낀 적이 없는지 물었다. 그녀는 이렇게 대답했다.

단 한 번도 없어요. 저는 CIA나 모사드Mossad*나 국가 안보기관을 대신해서 그들을 심문하는 게 아니에요. 그들에게 제가 누구이고 무슨일을 하는지 밝혀요. 제 질문은 주로 이슬람이라는 조리개를 통해 전달되고, 그들이 한 말을 제가 직접적으로 사용하기 때문에 다들 마음을 놓습니다. 이렇게 하면 그들은 자기네가 한 말이 엉터리로 인용되지 않을 거라고 믿으니까요.

메라리와 하산의 팔레스타인 테러리스트 연구는 주변 사람들의 증언을 토대로 자살 폭탄 테러범을 체계적으로 분석한 최초의 연구였다. 다음은 두 사람이 발견한 원래 통계자료다. 조사 대상자 34명—모두 남성—중에서 가장 어린 사람이 18세이고 가장 나이 많은 사람은 38세였

---

* 이스라엘의 비밀 정보기관.

다. 31명이 미혼이고, 기혼자들 중 2명에게는 자녀가 있었다. 교육 수준은 초등학교 졸업자부터 대졸자까지 다양하지만 일반 팔레스타인 인구와 비교하면 평균 이상이었다. 테러범의 가정 중 3가정이 최빈곤층이고, 9가정이 빈곤층, 7가정이 중하층, 12가정이 중산층, 3가정이 부유층이었다. 테러범이 독실한 신자였다고 보고한 가정은 23가정이었다. 테러범 34명 가운데 16명은 친구나 가족을 이스라엘과의 분쟁에서 잃었고, 16명은 이스라엘 병사들과의 충돌에서 부상을 당하거나 직접 폭행을 당했고, 18명은 이스라엘 교도소에 수감된 적이 있지만, 아들의 자살이 어떤 사적인 사건에 의해 유발되었다고 생각하는 가정은 하나도 없었다. 조사 대상자 중 정신적인 문제로 입원하거나 심리 증상, 우울장애, 정신병리 증상을 경험하거나 범죄에 가담한 적이 있는 사람은 없었다. 그리고 가족에게 무슨 일을 할 계획인지 미리 알린 사람도 없었다.[43]

　내가 메라리에게 이런 결과가 무엇을 의미하는지 묻자, 그는 "그들이 꽤 정상으로 보였습니다"라고 답했다. 하산은 표본의 순수한 다양성을 강조했다.

　저는 모든 유형의 프로파일을 만들어봤습니다. 아주 어린 유형, 아주 나이 많은 유형, 아주 성숙한 유형, 매우 진지한 유형, 아주 장난스러운 유형, 무척 종교적인 유형, 전혀 종교적이지 않은 유형, 덩치 큰 축구선수, 왜소한 기수騎手 유형, 아주 재미있는 유형, 부자, 가난한 사람, 중산층, 교육을 많이 받은 유형, 학교를 제대로 마치지 않았거나 학교를 졸업한 적이 없는 유형. 어떤 유형도 놀랍지 않았어요. 그들은 그들의 사회에서 여느 사람들만큼 다양했어요.

자살 폭탄 테러범이 이렇게 평범해 보인다고 하면 언뜻 이해하기 어려울 수 있다. 대다수 시사평론가들이 사로잡힌 고정관념에서는 타락이나 근본주의나 정신이상, 아니면 세 가지 모두가 부각되기 때문이다.[44] 메라리와 하산의 가자 연구를 시작으로 그 뒤 몇 가지 연구에서는 가난,[45] 교육의 부족, 복수하려는 욕망, 정신질환 같은 요인은 대체로 대의를 위해 자기를 희생할지 여부를 결정하는 것과 상관이 없으며, 종교적 헌신도 특정한 문화적 맥락에서 중요하긴 하지만 필요조건은 아니라고 명확히 밝혔다.

"자살이 아닙니다"

메라리는 하산과 함께 연구를 진행하면서 집단 압력이 행동에 끼치는 무엇보다도 중요한 영향 쪽으로 관심을 돌렸다. 앞으로 살펴보겠지만, 이와 같은 사회학적 풍경에는 미묘한 차이가 있다. 더 최근의 연구에서 메라리는 특정한 성격 특징에 따라 어떤 사람이 남보다 자살 테러범 후보가 될 가능성이 더 높아질 수 있다고 제시한다. 그러나 메라리는 자살 테러가 무엇보다도 조직적인 현상이라고 강조하면서, 테러 공격이 일어나려면 조직 안에서—아무리 작고 하찮은 조직이라도—공격에 착수할지 여부를 결정해야 한다고 설명했다. 조직의 결정은 전략적인 성향을 띤다. 다시 말해서 테러리스트 단체는 군사력이 압도적 열세에 놓여 있거나, 기존의 대항 전략으로 성과를 거두지 못하거나, —조지타운 대학교의 테러리즘과 대對게릴라전 전문가 브루스 호프먼Bruce Hoffman

에 따르면—정치적 기반을 다지거나 경쟁 조직과 경쟁할 때 순교자 작전에 의존한다.[46]

조직이 일단 자살 테러를 결정하면 어떻게 후보를 선발할까? 좀 더 비판적으로 말하면, 왜 멀쩡해 보이는 수많은 젊은이들이 자살 테러에 자원할까? 기계정비소에서 일하고 라말라에서 대학에 다니다가 아버지가 모르는 새 PFLP에 의해 과격파로 변신한 사덱 압델 하페스의 경우처럼 어떻게 단 몇 주 만에 평범한 학생에서 자살 테러범으로 돌변할 수 있을까?

그 과정은 생각보다 단순하다. 나는 위험을 무릅쓰고 처음 가자로 들어갔을 때 이 사실을 깨달았다. 가자는 지중해 동쪽 해안에 위치한 40킬로미터 길이의 띠 모양의 땅으로, 2002년에는 팔레스타인 사람 120만 명이 살았고, 지금은 180만 명 가까이 살고 있다. 이들 중 적어도 절반 가까이가 세계에서 가장 인구밀도가 높은 지역 가운데 하나인 난민촌에 거주한다. 나는 3월에—라헬 탈레르가 카르네이 숌론에서 사망한 직후—그곳을 방문했는데, 알고 보니 그때가 인티파다 기간 중에도 가장 유혈이 낭자한 시기였다. 팔레스타인 사람들이 이틀에 한 번꼴로 폭탄을 지고 예루살렘과 텔아비브의 버스와 카페, 호텔과 슈퍼마켓, 보행자가 많은 거리에서 폭탄을 터뜨렸다. 그해 3월 이스라엘인 130명 이상이 자살 테러로 사망했고, 그중 3분의 2 이상이 민간인이었다. 한편 이스라엘 전투기들은 가자와 서안지구에서 테러에 가담한 용의자와 그들이 이용하는 장소를 표적으로 폭탄을 투하했다. 그러나 팔레스타인 사람들은 무차별 보복 폭격이었다고 주장하면서, 같은 달에 사망한 팔레스타인 사람 238명 중 83명 이상이 전투병이 아니라고 밝혔다.[47]

이스라엘 국경에서 가자 시를 향해 남쪽으로 달리면서 처음 눈에 들어온 것이 낙서였다. 스텐실이나 페인트로 벽에 낙서하거나 현수막이 도로 위에 걸려 있어서 못 보고 그냥 지나치기는 어려웠다. 건물 양쪽 옆면을 덮은 포스터에는 런던이나 뉴욕처럼 팝스타가 아니라 총을 든 청년들이 있었다. 나는 운전사에게 저게 다 무슨 뜻인지 물었다. 그는 "알슈하다Al-shuhada"라고 답했다. 성자들. 성자들은 팔레스타인 저항 운동의 전쟁 영웅이라고 했다. 그들은 공동체를 위해 목숨을 바치면서 가장 위대한 희생을 치른 남자들—간혹 여자들—이고, 그들의 업적은 거리와 뉴스, 커피숍과 학교 운동장에서 찬사를 받았다. 하마스를 비롯한 무장단체들이 자살 테러범을 정기적으로 이스라엘로 보내던 2차 인티파다 중에는 자원자 수가 필요 인원을 한참 웃돌았다. 하산은 자살 폭탄 테러를 둘러싼 "거대 산업"이 존재한다고 말한다. 다시 말해서 순교자의 임무를 주도한 단체가 장례식을 주관하고, 순교자의 용기를 찬양하는 책자를 배포하고, 최후의 증언을 비디오로 촬영하고, 이스라엘군이 집을 파괴하면 유가족의 거처를 마련해주었다.

나는 팔레스타인의 테러리스트 단체에서는 순교를 어떻게 변호하는지 들어보고 싶었다. 나의 팔레스타인 안내인은 나를 하마스의 공동 창설자이자 윗선이 모두 암살당해서 현재 가자지구 최고위급 하마스 지도자가 된 마흐무드 알자하르Mahmoud Al-Zahar에게 데려갔다.[48] 의사인 알자하르는 가자 시에 있는 그의 병원에서 나를 맞았다. 작고 어둑한 실내에 책상 하나와 병상 하나가 있고, 의약용품은 거의 없었다. 그는 갈색 가죽재킷에 회색 스카프를 두르고 작은 수염을 기른 얼굴로 단정하고 근엄한 표정을 짓고 있었다. 그는 나와 함께 있는 동안 웃거나 미소

짓지 않았다. 오른발 뒤꿈치를 바닥에 부딪치는 동작 말고는 차분해 보였다. 나는 그에게 하마스에서는 자살 폭탄 테러범을 보내 이스라엘 국민을 살상하는 행위를 어떻게 정당화하는지 물었다. 그는 나를 물끄러미 바라보았고, 뒤꿈치로 바닥을 부딪치는 동작도 빨라졌다. 그는 마치 의학 교재를 읽듯이 기계적으로 말했다.

자살이 아닙니다. 이슬람에서는 자살이 허용되지 않습니다. 가장 고결한 형태의 순교 행위입니다. 이스라엘인들은 모두 장차 군인이 될 사람들입니다. 누구나 팔레스타인 사람을 죽일 가능성이 있어요. 이스라엘 사람들이 우리의 부녀자들을 죽이면, 그들은 테러리스트가 아닌가요? 눈에는 눈, 이에는 이라는 말을 들어보셨겠지요.[49]

미시건 대학교에서 종교와 테러의 인류학을 연구하는 스콧 애트런 Scott Atran은 테러리스트 단체 지도자들에게서 이런 식의 합리화를 수도 없이 들었다. 애트런은 테러범의 행동을 과학적으로 이해하기 위해 가자와 인도네시아, 카슈미르, 모로코 등지에서 살인범, 지하드Jihad* 지휘관, 순교자를 꿈꾸는 사람들을 만나 현장 연구를 실시하면서 다른 많은 연구자를 전율하게 만들었는데, 연구 결과 대부분은 2010년 저서《적에게 말 걸기Talking to the Enemy》에 담겨 있다.[50] 애트런은 그의 연구가 중독성이 있다고 인정한다. "이런 종류의 현장 연구에는 무모하게 도취되는 면이 있다."

---

* 이슬람교를 전파하기 위해 벌이는 이교도와의 전쟁.

그는 적어도 두 번은 죽을 뻔했다고 말했다. 한 번은 '세계 지하드의 수도'인 인도네시아의 술라웨시 섬[51]에서 역시 유명한 테러리즘 연구자인 로한 구나라트나Rohan Gunaratna와 함께 연구할 때였다. 구나라트나는 타밀호랑이Tamil Tigers* 관련 서적을 여러 권 냈으며, 지금은 싱가포르의 난양 기술대학교에서 테러리즘 연구회를 이끌고 있다. 둘이 함께 연구를 시작한 지 며칠 만에 구나라트나에게 정보원들 중 한 명으로부터 애트런이 곧 "제거"될 거라는 문자메시지가 도착했다. 틀림없이 누군가 애트런이 미국인이라는 사실을 알아낸 것이다. "로한이 제게 그들이 당신을 죽일 거예요, 라고 하더군요. 저는 농담이죠?, 라고 되물었어요. 로한은 아니, 농담 아니에요. 그래도 인터뷰 한두 건 더 할 시간은 충분해요, 라고 하더군요." 내가 나중에 구나라트나에게 이 사건에 관해 묻자, 그는 웃으면서 이렇게 말했다. "그래요, 스콧이 겁을 좀 먹었죠. 제가 걱정 말라고 했어요. 안심시켜줬답니다. 물론 극도로 조심해야 합니다."

어떤 경우에도 애트런의 의지는 꺾이지 않는 듯했다. 그는 인류학자로서 자신의 과제가 테러리즘처럼 "우리 문화에 낯설고 두려움을 불러일으키는 행동"을 분석하는 일이라고 말한다. 그러나 그의 현장 연구는 여러 면에서 그리 낯설지만은 않다고 말해주는 듯하다. 애트런은 초창기 연구에서는 극단적인 행동을 개인의 기질과 성격으로 설명할 수 있다고 가정했다. "항상 개인주의를 먹고 사는 미국인들은 집단으로부터 설명을 구하지 않는다." 그러나 점차 테러범과 그들의 친구와 가족들을 만나보고 그들 공동체의 역학을 연구하면 할수록 주된 원동력은 사회에

• 정식명칭은 타밀엘람해방호랑이Liberation Tigers of Tamil Eelam(LTTE)이며, 스리랑카 북부와 동부 주를 통일해서 타밀 국가의 건설을 목표로 하는 과격파 조직.

있다는 확신이 생겼다. "테러범은 대의명분만을 위해 살인하고 자살하지 않는다. 그들은 서로를 위해 죽이거나 죽는다." 도덕적 관점을 차치하고라도 어디에서나 볼 수 있는 형제단이다. 애트런은 심리학적 관점에서 자살 테러와 전쟁 영웅은 동전의 양면과 같다고 말한다.

가자의 거리를 장식한 순교와 관련된 물품―최근의 순교자Shahid를 칭송하는 낙서와 포스터, 노래―은 이런 현상의 부수적인 요소가 아니다. 바로 이런 물품이 핵심이다. "모두가 자살 테러범을 국가 영웅으로 칭송한다면 …… 많은 젊은이가 그 대열에 합류하는 데 매력을 느끼는 것은 이해하기 쉽다. 그렇지만 공동체의 다수가 테러, 특히 자살 테러에 반대하는 분위기라면 그런 선택에 끌리는 사람이 아주 드물 것이다." 메라리가 그의 저서 《죽음에 이끌리다Driven to Death》에 쓴 말이다.[52]

1990년대 후반, 팔레스타인 국민들 사이에서 자살 테러를 지지하는 비율은 평균 23.9퍼센트였다. 그런데 2000년 9월 2차 인티파다가 시작된 이후 자살 테러 지지율이 세 배로 치솟았고, 2001년 4월에는 73.7퍼센트에 이르렀다.[53] 애트런은 인티파다가 끝날 무렵 가자와 서안 지구에서 직접 설문조사를 실시해 자살 폭탄 테러 지지율이 80퍼센트에 육박한다는 결과를 얻은 뒤, 자살 테러에 대한 지지가 사회 전반에 퍼져 있다고 말한다. 이를테면 의사, 변호사, 국제 구호원, 교사, 어린아이를 둔 어머니, 이스라엘에서 일하는 사람들, 심지어 평화를 위해 적극적으로 활동하는 사람들조차도 무장단체 못지않게 자살 테러를 지지하는 것으로 나타났다. 한 여성은 애트런에게 이렇게 말했다. "잘못된 행동인 줄은 알지만, 텔레비전에서 순교 활동을 보면, 온갖 수모를 당한 지금은 저도 기뻐하지 않을 수 없어요." 내가 예루살렘 동부 팔레스타인 지역의 한 카페에서 텔레비전을 보고 있을 때 뉴스 속보로 텔아비브에서 일어난 버스 테러 소식이 나오자, 내 앞에 있던 나이 지긋한 팔레스타인 남자가 마치 자국 축구팀이 결승골이라도 넣은 것처럼 손을 번쩍 들고 기뻐하던 일이 생각났다.

이렇게 과격해진 사회 분위기를 생각하면 무장단체들이 자발적인 순교자를 모집하는 데 어려움을 겪지 않는 이유를 알 수 있다. 애트런은 여러 차례 가자에 진입하려고 시도하던 중 어린 청년들이 얼마나 쉽게 이런 선택에 이끌릴 수 있는지 깨달은 순간을 내게 들려주었다. 2004년 9월, 몇 달 전에 알아크사 열사단Al-Aqsa Martyrs' Brigade에서 자살 테러 임무를 받고 이스라엘의 항구 아슈도드로 들어간 열여덟 살 소년 나빌 마수드Nabil Masood의 집을 방문했을 때였다고 했다. (이 공격으로 이스라엘인 11명이 사망하고 20명 넘게 부상당하자, 이스라엘은 가자의 하마스에 대한 총공격을 개시하고 하마스의 지도자 아흐메드 야신을 암살하기로 했다.) 비탄에 빠진 나빌의 아버지는 나빌이 죽은 뒤에야 아들이 테러 임무를 맡은 사실을 알았다면서, 나빌이 하마스 무장단체 소속이던 사촌 둘의 죽음을 슬퍼하기는 했지만 삶을 사랑하는 모범생이고 심지어 장학금으로 영국에서 대학까지 나왔다고 말했다. "아드님이 왜 그런 일을 했다고 생각하십니까?" 애트런이 그에게 물었다. "사촌과 친구들을 위해. 우리 아이는 사랑하는 사람들을 위해 죽은 겁니다." 그의 아버지가 답했다.

청년들에게 순교에 자원하도록 설득하는 데 영향을 주는 동료 집단의 역할을 가장 생생하게 보여주는 사례로, 서안지구 남부 도시 헤브론의 아부 카틸라라는 동네의 선수들로 구성된 지하드 모스크 축구팀의 사연이 있다. 2002년과 2003년에 선수들 중 적어도 6명이 하마스에서 주도한 자살 테러 작전으로 사망했다. 모두 친구 사이거나 카와스메라는 이름의 씨족 일원이었으며, 모두 축구를 사랑하고 정기적으로 모여서 함께 연습하고 경기를 뛰던 선수들이었다. 2003년 이후 이 팀은 거의 해체되었다. 그러다 2008년 2월, 모하메드 헤르바위Mohammed Herbawi와 샤디 즈가예르Shadi Zghayer라는 절친한 친구 둘이 선배들의 뒤를 따르기로 했다. 5년 전 선배들이 하마스에 자원할 때 지하드 모스크 청소년팀 소속의 선수들이었다. 이들은 이스라엘의 디모나라는 도시에서 자살 테러를 감행하여 일흔세 살 노파를 살해했다. 며칠 뒤 애트런은 헤브론으로 가서 충격에 빠진 헤르바위의 어머니를 만났다. 그녀는 애트런에게 이렇게 말했다. "우리 애는 여전히 축구를 사랑했고 여전히 그 아이들을 사랑했어요. 그래서 그런 일을 한 거예요."

헤브론 축구팀 소년들은 스포츠를 통해 과격해진 첫 번째 사례도, 마지막 사례도 아니었다. 알카에다Al-Qaeda●나 알카에다에서 영감을 받은 테러범들 상당수가 함께 축구를 했는데, 그중에는 2004년 3월 마드리드의 통근열차에서 191명을 살해한 무장단체도 있었다. 영국의 7·7 폭탄 테러 범인들도 함께 급류타기를 하러 다녔다. 축구나 급류타기가 과격한 스포츠라는 뜻이 아니라, 집단의 역학 관계가 테러의 주요 원동력 가운데 하나라는 의미다. 나중에 살펴보겠지만, 단체 스포츠와 여가 활동은 사회적 결속력을 강화하는 아주 효과적인 방법 중 하나다.[54]

● 9·11 테러의 배후세력으로 지목된 오사마 빈 라덴의 과격 이슬람 테러 단체.

지도자는 문화를 이용한다

제정신이고 합리적인 사람들이 자기 목숨을 버리면서 남들을 죽이는 일을 하도록 설득당할 수 있다고 인정한다 해도, 왜 그렇게 많은 사람이 그 일을 해왔는지는 명쾌하게 설명되지 않는다. 스스로 폭탄이 되겠다고 동의하는 것부터 실제로 버튼을 누르기까지는 가야 할 길이 있다. 순간적인 열정에서 자원했다가도 심판의 날이 다가오는 동안 마음이 변할 수 있다.

테러리스트 단체가 자원자를 붙들어두기 위해 사용하는 여러 가지 장치가 있다. 하마스나 알카에다에서 영감을 받은 단체들을 비롯한 이슬람 단체에는 종교적 헌신이 중요한 동기다. 그러나 종교가 과격화 현상의 필수조건은 아니다.[55] 2002년 사덱 압델 하페스를 카르네이 슈론으로 파견해서 피자집을 폭파하게 만든 PFLP는 이슬람교보다는 민족주의를 공공연히 내세운 마르크스-레닌주의 조직이다. 그리고 2003년 이라크전쟁이 일어나기 전에 가장 실질적인 자살 테러 가해자는 단연 타밀호랑이였는데, 이는 스리랑카 북동부에서 조국 타밀의 독립을 위해 싸우는 비종교 단체였다. 타밀호랑이 자원자 가운데 약 3분의 1이 여성이었다.[56] 요컨대 과격화 과정에서 이념과 성별의 역할은 주로 문화에 의해 결정된다는 뜻이다.

타밀호랑이의 자살 폭탄 테러범들은 블랙타이거Black Tiger 라는 정예부대 소속이었다. 1987년 타밀호랑이가 창설되어 2009년 5월 스리랑카 정부군에 패할 때까지 블랙타이거 330명 이상—그중 3분의 1이 여성—이 스리랑카 정부군과 정부에 대한 자살 테러로 목숨을 잃었다. 그들은 무서운 존재로 이름을 떨쳤다. 1991년에는 인도의 라지브 간디Rajiv Gandhi 총리를, 1993년에는 스리랑카의 라나싱헤 프레마다사Ranasinghe Premadasa 대통령을 암살했으며, 그 밖에도 군사기지와 공항·항만·전신국을 비롯한 전략적 요충지와 민간시설을 다수 파괴했다. 내전이 끝나고* 반란군이 해체된 이래 스리랑카 정부는 포로로 잡아들인 타밀 전사들에 대한 평가와 갱생 프로그램을 실시해왔다.[57) 그 결과, 블랙타이거를 포함한 타밀호랑이 핵심 요원들의 모집과 과격화 과정에 대해서 많은 것이 밝혀졌다. 당장 두 가지가 눈에 띈다. 그 과정에서 종교는 아무런 역할을 하지 않았으며, 타밀호랑이 지도자들은 집단의 영향력을 이용하는 데 능숙했다는 점이다.

이쪽으로 잘 아는 사람들 중 스리랑카의 심리학자 아말리(실명이 아니다)는 전前 타밀호랑이 대원들을 각자의 공동체로 돌려보내기 전에 그들에게서 보고를 받는 일을 돕고 있다. 타밀호랑이 전문가로서 애트런의 인도네시아 연구에 동행한 적이 있는 구나라트나는 내게 아말리의 과제가 "유독 어려운" 작업이라고 말하면서, 아말리가 자살 테러 미수범을 포함한 테러범들을 다른 어떤 연구자보다 많이 만나봤을 거라고 덧붙였다.

아말리는 그녀가 답을 찾기 위해 물어본 것들 가운데 하나를 들려주었다. "파괴적인 행위를 하리라고는 꿈도 꾼 적이 없고, 아침에 가족과 함께 일어나 날마다 일터로 가는 평범한 사람을 어떻게 일반 시민과 아이들 수백 명이 있는 장소에 폭탄을 터뜨려 죽이고도 후회하지

• 2009년 5월 18일 타밀호랑이의 최고지도자 벨루필라이 프라바카란이 스리랑카 정부군에 의해 사살된 후 항복했다.

타인의 영향력

않는 사람으로 길들일 수 있는가?" 아말리는 타밀호랑이 핵심 요원 약 1만 2000명을 평가한 뒤 타밀호랑이 지도부가 가자나 서안지구와 비슷한 순교 문화를 만들어서 블랙타이거들을 과격하게 변화시킨 사실을 알아냈다. 대원들은 공개적으로 칭송받았고, 그들이 죽으면 그들의 가족이 특별한 지위를 누렸다. 훈련은 대여섯 명으로 구성된 독립 조직 단위로 이루어졌으며, 각 조직은 지도자에게 헌신하는 가족처럼 운영되었다. 이런 특별대우 때문에 블랙타이거들을 사회에 다시 복귀시키기 어려울 거라고 예상할 수 있다. 그러나 아말리는 결코 그렇지 않다면서, 일단 자신들을 둘러싼 거품이 걷히면 그들은 현실이 자신들이 믿던 세상과 전혀 다르다는 사실을 아주 빠르게 깨닫는다고 말한다. 그들의 이상한 세계관은 부정하기 쉬웠다.

블랙타이거에 가담한 여자들은 남자들과 똑같이 사회적 압력의 영향을 받는 것으로 보였다.[58] 그러나 다수의 타밀 전사에게 직접 보고를 들은 구나라트나는 한 가지 점에서 여자가 남자와 다르다는 사실을 발견했다. 여자들은 대체로 남자들보다 더 사교적이기 때문에 친척이나 친구들 중 누가 순교자로 자원하면 자기도 따라서 자원할 가능성이 크고, 또 일단 싸움이 끝나면 더 신속히 정상 생활로 돌아가도록 공동의 결정을 내린다는 점이다.[59] "여자들은 한번 세뇌당하면 그 길에 매우 헌신적이고 협동심도 강하다. 그들은 여성성을 잃는다. 그리고 일단 대의명분을 버리고 나면 모두 함께 원래 생활로 돌아오고, 다시 여자가 된다." 구나라트나는 타밀 재활센터를 방문하면서 여성 블랙타이거들이 선택하는 가장 인기 있는 교육과정이 미용기술이라는 사실을 알았다.

누군가에게 중요한 사람이 되고픈 욕망

아말리의 정신이 번쩍 드는 평가―어느 순간 "조건만 제대로 갖춰지면 누구든 테러범으로 만들 수 있는 것 같다"―에서는 순교 행위가 주로 사회·문화적 훈련의 결과라고 제안한다. 그러나 최근 연구에서는 개인의 성격 특질이 분명 중요한 역할을 할 수 있다고 제시한다.

2002년, 메라리는 자살 폭탄 테러를 실행에 옮기기 전에 이스라엘 치안부대에 구금된 자살 테러 미수범 15명의 심리 프로파일을 작성하도록 허가를 받았다. 메라리는 이들에게 다른 일반 테러범이나 여느 팔레스타인 사람들과 다른 특징이 있는지 알아보려 했다. 그는 아랍어를 할 줄아는 임상심리학자와 팔레스타인 사회를 잘 아는 전문가를 포함하는 대규모 연구팀을 조직했다. 연구팀에서 인터뷰한 자살 폭탄 테러 미수범 15명 중 4명은 폭발물을 터뜨리려고 하다가 장비가 고장 나서 실패했고, 나머지는 목적지에 도착하기 전에 체포당했다. 연구팀은 또한 체포된 비非자살 테러리스트 집단을 평가하고 하마스와 이슬람 지하드Islamic Jihad*처럼 자살 테러를 조직하고 폭탄 테러범을 파견한 조직의 지역 지도자 14명을 평가했다.

메라리는 평가 결과에 놀랐다. 자살 테러범 중 단 한 명에게도 정신병이 없고 정신질환 병력도 없었지만―여전히 비교적 '정상'이었다―대다수에게서 특정 성격 특질이 나타났는데, 메라리는 바로 이런 특질 때문에 자살 테러범으로 자원하거나 선발될 가능성이 높다고 간주한다.

---

* 이슬람교 시아파의 과격 테러 조직.

심리학에서 '의존회피성dependent-avoidant'이라고 일컫는 성향—대중의 의견에 쉽게 휩쓸리고, 묵묵히 권위에 복종하는 성향—이거나 강박적이고 정서적으로 불안정한 성향이었다. 대다수가 인생의 낙오자라는 느낌을 안고 있었다. 그들은 거절을 두려워하고 남을 기쁘게 해주고 싶어 했다. 메라리는 그들이 "전형적인 할리우드식 괴물 살인자"가 아니라고 말한다. 그들을 혐오하기는 어려웠다. 그들 중 3분의 2가 도중에 망설였다고 고백했다. "그들은 젊은이들이었다. 오만하거나 공격적이지 않았다. 적의는 전혀 엿보이지 않았다. 중요한 사람이 되고자 애쓰고 누군가가 되고 싶은 청년들이었다. 그들의 사회에서는 모두 테러 공격이 얼마나 위대하고 순교자들이 얼마나 애국적인 사람들인지 이야기하기 때문에 그들로서는 싫다고 거절하기 힘들었다."[60]

다만 메라리는 테러 공격의 주동자에게는 이와 같은 연민을 드러내지 않았다. 주동자의 심리는 크게 달랐다. 그들은 의존적이기보다는 타인을 조종하는 데 능하고, 더 복잡하고, 더 자신만만하고, 더 자기중심적이었다. 기꺼이 타인을 죽음으로 내몰면서도 자기는 자원하지 않는 사람들이다. 그래도 메라리는 주동자들을 인터뷰하면서 그들이 저지른 끔찍한 범죄 행위와 거리를 두려고 노력했다. "연쇄살인범을 수술해야 하는 의사가 된 심정이었다. 나는 무엇이 그들을 움직이게 했는지, 그들이 하는 일을 그들 스스로는 어떻게 설명하는지 알아보는 데 관심이 있었다. 나는 그중 몇 명과 장시간 이야기를 나누었다. 그들에게는 나름의 견해가 있다. 그러나 후회하는 모습은 보이지 않았다."[61]

자살 테러범에게 살해당한 이스라엘 아이들의 어머니들과 대화를 나눠보면 대개 테러범보다는 테러 주동자들에게 더 분개하는 것 같았다.

아비바 라지엘은 2001년 8월 9일 열여섯 살짜리 딸 미카엘을 잃었다. 팔레스타인의 스물두 살 청년 이즈 아드딘 알마스리가 예루살렘 시내의 한 식당에서 폭탄을 터뜨려 어린이 7명과 어른 8명이 죽고 130명이 부상 당한 사건 때였다. 이 사건은 2차 인티파다 중 최악의 참극이었다. 테러범을 서안지구의 집에서 예루살렘까지 이동시킨 책임자 아흘람 타미미는 비르자이트 대학교에 다니는 스무 살 여학생이었다. "예쁜 아가씨였어요." 내가 타미미에 관해 무엇을 아는지 묻자 아비바가 말했다. "두 사람 모두에게 화가 나면서도, 신문에서 그 여자 사진을 보고는 그렇게 생긴 사람이 그토록 악랄한 짓을 저지를 수 있다는 게 믿기지 않았어요."

타미미는 체포되어 16가지 사건에 대해 종신형을 받았다. 15가지는 이스라엘 희생자에 대한 처벌이고 1가지는 테러범에 대한 처벌이었다. 하지만 2011년 10월, 하마스에 의해 5년 동안 가자에 억류된 이스라엘 병사 길라드 샬리트와 맞교환되는 조건으로 1000명 이상의 다른 팔레스타인 수감자들과 함께 풀려났다. 집으로 돌아간 타미미는 자기가 한 일을 후회하지 않는다고 밝혔다. "절대로 후회하지 않는다. …… 오늘도 똑같은 방식으로 그 일을 다시 할 것이다."[62]

자살 테러 같은 극단적인 행동을 연구하는 연구자들은 이런 적개심에 직면하고도 계속 도덕적 정서나 정치적 정서에 영향을 받지 않기가 쉽지 않지만, 의미 있는 연구를 진행하려면 결코 흔들려서는 안 된다. 이런 혐오스러운 행동에는 문화나 사회적 영향이 개인적 병리의 영향보다 클 수 있다고 인정하기가 쉽지는 않다. 좋은 예로 모든 자살 테러범은 기본적으로 자기를 죽이려는 욕구에서 동기를 얻는다고(임상적 의미의 자살) 규정하는 경향을 들 수 있고, 학계뿐 아니라 일반 대중 사이에도 이런 생각이 널리 퍼져 있다. 앨라배마 대학교의 형사사법 교수 애덤 랭크포드Adam Lankford는 2013년의 저서 《순교라는 거짓 신화The Myth of Martyrdom》에서 "자살 테러의 모든 행위가 자살의 정의에 들어맞는다"고 주장했다.(63)

랭크포드의 해석은 어느 정도는 메라리의 최신 연구(앞에서 언급했다), 곧 메라리가 인터뷰한 자살 테러 미수자 15명 중 6명에게서 자살 특질을 찾아낸 연구를 토대로 추정한 결과이며, 또 어느 정도는 랭크포드가 직접 자살 테러범 130명에 관한 뉴스와 영상 보도를 검토해서 모든 테러범에게는 자살 위험 요인이 있다고 밝힌 연구를 바탕으로 한다. 랭크포드가 자살 위험 요인에 "형제가 살해당함" "폐결핵을 앓음"과 같은 가설적 동기 요인을 포함시켰고,(64) 메라리가 랭크포드의 이런 가설을 "사변적"이라고 지적하면서 "자살 성향과 그 밖의 심리 특질을 평가하는 데는 심리 면접과 검사만큼 좋은 방법이 없다"고 조언한 사실을 고려하면,(65) 랭크포드의 주장은 신중히 다루어야 한다. 놀랍게도 《순교라는 거짓 신화》는 하버드의 교수이자 저자인 스티븐 핑커Stephen Pinker 같은 경험주의의 보병들에게 공개적으로 지지받았다. 핑커는 이 책이 "이런 혐오스러운 관행"을 미화하는 태도를 제거했다고 갈채를 보냈다.(66)

자살 테러범과 그 밖의 악행을 저지른 사람들을 병리적이라거나 일탈적이라거나 기이하다고 일축할 수 있다면 편리할 것이다. 그러나 연구에 따르면 그렇게 간단히 빠져나갈 수 없으며, 악인이 우리와 크게 다르지는 않다는 개념에 익숙해져야 한다. 아시와 밀그램, 짐바르도와 그 밖의 여러 심리학자들을 통해 보았듯이, 제정신이고 합리적인 사람들이 간단히 '악한 길'로 빠지고 자신의 통제를 넘어 집단 압력이나 다른 상황의 힘에 휘둘려서 평소에는 끔찍이 싫어할 만한 행동을 할 수 있다. 국제분쟁 조정에 사회심리학을 활용한 선구자 허버트 켈먼Herbert Kelman은 "다수의, 아니 대다수의 고문 가해자는 가학적인 사람이 아니라 평범한 사람들이며, 그저 자기에게 주어졌다고 생각한 일을 했을 뿐"이라고 밝혔다.[67] 끔찍한 사건은 대부분 평상시 마음이 예외적인 상황에 의해 왜곡된 결과다.

그러나 이로써 다 해결되는 것은 아니다. 왜냐하면 모두가 복종하는 것도, 모두가 동조하는 것도, 모두가 방관하는 것도 아니기 때문이다. 언제나 반대자, 그러니까 다른 사람들을 사로잡는 사회적 힘에 저항하는 사람들이 있다. 그들은 누구이며—분쟁 상황과 일상생활 모두에서—영웅적인 행동은 어떻게 일어날까?

브레인스토밍에서 창조적 아이디어를 끌어내려면?
| 효과적인 브레인스토밍 방법 |

1948년에 미국 광고계의 거물 앨릭스 오즈번Alex Osborn이 '브레인스토밍 brain-storming'이라는 용어를 처음 만들어서 창의적인 문제 해결을 위한 집단 접근법을 소개한 이래로, 심리학자들은 이 방법이 실제로 효과적인지 논쟁해왔다. 그렇다고 해서 브레인스토밍을 아이디어 창출의 필수요건으로 간주하는 광고와 미디어를 비롯한 다른 산업 분야에서까지 그 명성에 흠집이 난 것은 아니다. 그러면 과연 얼마나 효과적일까?

원래 브레인스토밍의 목적은 집단의 협의에서 흔히 발생하는 동조자 효과, 곧 다수의 관점에서 벗어나지 않으려 하는 경향을 제거하는 데 있다. 구성원들이 한자리에 모여서 평가나 비판이나 부정적 피드백에 대한 두려움 없이 생각이 떠오르는 대로 다 꺼내놓고 자유연상을 할 수 있다. 아이디어의 양과 질 면에서는 브레인스토밍이 공식 토론 집단이나 위계가 있는 집단보다 더 생산적인 것으로 나타났다. 문제는 구성원 각자가 먼저 아이디어를 떠올린 다음 결과를 취합할 때보다는 생산성이 떨어진다는 데 있다.

여기에는 세 가지 주된 이유가 있다. 첫째, 다른 사람이 의견을 내놓는 동안 자기 차례를 기다려야 해서 무슨 말을 하려고 했건 김이 빠질 수 있다. 둘째, 공개적으로 비판받지 않는 줄 알면서도 집단 토론에 자유롭게 참여하지 못하는 사람이 많다. 사회불안social anxiety에서 자유롭지 않기 때문이다. 셋째, 남들의 생각을 듣다 보면 방금 나온 의견에 일종의 인지적 고착이 발생해서 각자의 창조적 사고에 방해를 받을 수 있다.

이에 대한 대안으로 브레인스토밍을 두 단계로 나누는 방법이 있다. 먼저 구성원들에게 각자 의견을 생각해오게 하되, 그전에 자유연상과 (자기) 무비판의 전반적 규칙을 강조해야 한다. 다음으로 각자 의견을 꺼내놓고─필요하다면 익명으로─집단 차원에서 주어진 의견을 놓고 좀 더 브레인스토밍을 한 뒤 몇 분마다 잠깐씩 쉬면서 현재 논의 중인 의견에 매몰되지 않도록 한다. 다음으로 세 번째 단계를 추가해서 기본 규칙을 깨고 토론과 비판—창의성에 중요한 과정—을 격려할 수 있다. 노고가 많이 드는 방법처럼 보일 수도 있지만, 개별 구성원이 남들과 함께 있을 때 어떻게 행동할지 전혀 모르는 경우라면 각자의 강점을 끌어낼 수 있다.

또 다른 대안도 있다. 전자 브레인스토밍이라고, 모두 의견을 생각해서 서로 연결된 컴퓨터나 소셜미디어 플랫폼을 통해 익명으로 의견을 공유하는 방법이다. 이렇게 하면 직접 만나 말을 아끼는 경우보다 남들에게서 더 많은 영감을 얻을 수 있다. 몇몇 연구에서는 이 방법이 효과적이라는 결과를 얻었다. 화면으로 의견을 나누면 회의실 책상에 둘러앉아 의견을 나눌 때보다 훨씬 더 쉽고 흥미로울 수 있다.[46]

The Power of Others

6

내 안의 작은 영웅은 어떻게 발현되는가

선함의 수수께끼

고대 그리스에서는 영웅으로 인정받으려면 남다른 노력을 기울여야 했다. 우선 죽어야 하고, 이왕이면 극적인 방법으로 죽음을 당할수록 좋았다. 이에 앞서 다른 인간을 한참 뛰어넘는 능력과 행동을 증명해야 했다. 헤라클레스를 예로 들어보자. 헤라클레스는 가족을 죽인 죄(전적으로 그의 잘못은 아니었지만)를 속죄하기 위해 주로 사나운 짐승을 죽이거나 포획하는 열두 가지 과업을 완수해야 했다. 그리고 이에 맞먹는 여러 가지 영웅적인 모험까지 완수하고 돌아온 헤라클레스는 마침내 부식시키는 독이 묻어서 살갗을 다 잃고 직접 쌓아올린 장작더미 위에서 생을 마감했다.

현대판 헤라클레스들에게는 이보다 덜 기대하기는 하지만, 영웅이란 특출하고 두려움을 모르고 기량이 뛰어나다는 개념은 여전히 우리 문화에 잔존한다. 그러나 이것은 현실과 동떨어진 생각이다. 영웅적이고 이타적인 행동에 관한 연구에 따르면 자신의 안전이나 동료의 인정을 희생하면서 남을 돕는 사람들은 대부분 의외로 평범하며, 영웅적인 행위 또한 흔히 생각하는 것보다 훨씬 일상적으로 일어난다고 한다.

5장에서 살펴본 동조와 악에 관한 고전적 심리학 연구를 생각해보자. 이들 연구의 주된 결과는 개인의 도덕적 신념과 상관없이 상황 논리에 이끌려서 잘못된 길로 들어선다는 인상을 준다. 그러나 항상 그런 것은 아니다. 솔로몬 아시의 선 실험에서 참가자의 4분의 1 정도는 집단의 그릇된 판단에 흔들리지 않았다. 스탠리 밀그램이 전기충격 실험을 처음 실시했을 때도 참가자의 3분의 1 이상이 어느 시점부터 실험자의 지시를 따르지 않았고, 희생자가 고통을 처음 호소하는 순간에 실험을 중단한 사람들이 늘 있었다. 필립 짐바르도의 감옥 실험에서도 간수들 중 한두 명은 공정하고 예의를 잃지 않았다. 사람들이 악행을 저지르도록 설득당하는 것은 불가피한 현상이 아니다.

저항의 원동력

과학은 이렇게 동조하지 않는 사람들을 어떻게 설명할 수 있을까? 이들은 뼛속까지 독립적인 사람인가, 아니면 동조하지 않는 행동도 사실상 임의의 행동이라서 다시는 반복되지 않을까? 특수한 사례인가, 아니면 누구나 방법만 알면 악에 반대하는 태도를 취할 수 있을까?

영웅적 반대자는 역사상 언제나 있었다. 전형적인 유형으로 2차 세계대전 중 프랑스의 르 샹봉쉬르-리뇽 마을 주민들이 있다. 그들은 페탱 원수Philippe Pétain와 비시Vichy 정부*가―히틀러의 제3제국과 손을 잡고―모든 망명자를 독일의 집단수용소로 강제 추방하라고 명령했는데도 유대인을 포함해 나치 정권을 피해서 도망치던 수천 명에게 피난처

• 1940년 6월 나치 독일과 정전협정을 맺은 뒤 오베르뉴의 온천도시 비시에 주재한 프랑스의 친親독일 정부.

를 내주었다. 르 샹봉 마을 주민들은 처음부터 비시 정부의 방침에 반대했다. 페탱이 독일과의 휴전협정에 서명한 1940년 6월 23일, 르 샹봉 마을의 목사 앙드레 트로크메André Trocmé와 에두아르 타이스Edouard Theis는 교구민들에게 "전체주의 이념에 수동적으로 굴복"하지 말고 "성령聖靈을 무기로 우리의 양심을 시험하는 저들의 폭력에 저항"하라고 촉구했다.[1] 그 뒤 4년에 걸쳐 마을 사람들은 공포를 조장하고 협박으로 굴복하게 만드는 모든 시도에 맞섰다. 그들은 시골에 숨겨둔 피난민들을 찾아내려고 시도 때도 없이 급습하는 경찰을 교묘하게 따돌렸다. 그들은 위조 신분증을 마련해서 피난민 수백 명을 이끌고 국경을 넘어 중립국가인 스위스로 들어갔다. 특별히 마련한 학교에서 피난민의 아이들을 가르치기도 했다.

왜 프랑스 대부분의 지역이 비시 정권에 협조하는 동안 르 샹봉 마을은 저항했을까? 그들의 불복종 행위에는 몇 가지 눈에 띄는 특징이 있다. 첫째, 공동의 도덕성이 있었다. 르 샹봉 마을에서는 기독교적 도덕성에 대한 호소가 "새로운 사회 질서"를 요구하는 페탱의 호소보다 모든 사람에게 더욱 강력한 울림을 주었다. 둘째, 르 샹봉 마을 주민들은 17세기에 가톨릭 프랑스에서 종교적 소수파로 핍박받은 위그노Huguenot(프랑스의 프로테스탄트, 칼뱅Jean Calvin파)의 후손이라서 피난민들에게 동질감을 느꼈다. 셋째, 즉각적인 반응이었다. 다시 말해서 휴전협정이 체결된 바로 이튿날 트로크메와 타이스의 호소가 저항의 선례가 된 것이다. 끝으로, 다양한 차원—사회, 종교, 역사—의 집단행동이었으며, 밀그램과 아시의 연구에서 보았듯이 여럿이 함께라면 권위에 저항하기가 훨씬 수월해진다.

마을 사람들 대다수의 모습은 밀그램이 전기충격 실험의 반대자들에게서 발견한 모습과 일치한다. 예를 들어 학습자에게 충격을 가하는 과제에 초반부터 저항한 사람들은 결국 실험을 중단할 가능성이 높았다. 밀그램은 또한 예전에 권위주의를 경험해본 사람들은 주변 동조자들의 압박을 꿰뚫어볼 수 있다고 믿었다. 예컨대 210볼트 이상으로는 스위치를 누르기를 거부한 서른한 살의 여성 의료기사 그레첸 브렌트Gretchen Brandt는 나치 독일에서 어린 시절을 보냈다. "어쩌면 우리가 고통을 너무 많이 봐서 그랬을지 모르죠." 나치를 경험한 것이 결정에 영향을 끼쳤는지 묻자 그레첸이 한 말이다.[2]

르 샹봉 마을은 나치 점령기의 유럽에서 광범위한 집단적 저항의 수많은 사례 가운데 하나다. 더 유명한 사례는 덴마크의 저항운동 세력이 주도한 작전일 것이다. 1943년 10월 덴마크의 수많은 일반 국민들이 이 작전에 가담해, 유대인 8000명을 스웨덴까지 바닷길로 대피시켜서 나치 강제수용소로 끌려가지 않도록 막았다. 공무원부터 택시 운전사, 학생들에 이르기까지 사회의 각계각층 사람들이 독일 경비정의 지속적인 감시를 뚫고 유대인 친구와 이웃들을—개중에는 전혀 모르는 사람들도 있었다—어선과 연락선, 노 젓는 배와 심지어 카약에 몰래 태워서 외레순 해협을 건넜다. 이 작전을 비롯한 덴마크 국민들의 노력 덕분에 덴마크계 유대인의 98퍼센트 이상이 홀로코스트에서 살아남았다. 마찬가지로 불가리아 국민들은 다른 무엇보다도 불가리아의 정체성을 강조하는 운동을 통해 나치의 요구에 따르는 행위는 국가 원칙을 배반하는 행위로 비치게 만들어서 자국의 유대인 4만 8000명을 강제 추방에서 구해냈다. 불가리아의 공산당 국회의원 토도르 폴랴코브Todor Polyakov는 "우리의 고통이 그들의 고통이고, 우리의 기쁨도 그들의 기쁨이다"라고 선언했다.[3] 집단 정체성은 강력하기도 하지만 가변적이기도 하다. 이를테면 불가리아 유대인에게 "우리 중 하나"가 되는 것은 생사를 가르는 기준이 되었다.[4]

영웅적 저항이나 이타주의 행동은 보통 사회적으로 추동된다. 캘리포니아 홈볼트 주립대학교의 사회학 교수 새뮤얼 올리너Samuel Oliner는 사람들이 목숨 걸고 남을 돕는 이유를 이해하는 데 줄곧 관심을 두었다. 1982년 그는 캘리포니아 주 아르카타에 '이타주의 성격 및 친사회적 행동 연구소Altruistic Personality and Prosocial Behavior Institute'를 설립했다.[5] 그에게는 개인적으로 강력한 동기가 있었다. 유대인인 그는 2차 세계대전 중 폴란드에서 온 가족이 집단수용소로 끌려가고 수많은 이웃이 기관총에 맞아 공동묘지를 이루었을 때 그를 나치로부터 숨겨준, 유대인이 아닌 어느 농가의 부인 덕분에 살아남았던 것이다. 1980년대에 올리너와 그의 아내이자 동료 학자인 펄은 나치 점령기의 유럽에서 큰 위험을 감수하고 유대인을 도와준 '구조자 rescuer' 400명 이상을 인터뷰했다. 연구 결과 이들 중 56퍼센트가 정당이나 종교단체, 저항조직 같은 공식 네트워크에 속하지는 않았지만, 거의 모두가 "물질적으로든 정서적으로든" 그들을 지탱해주는 네트워크에 의지한 것으로 나타났다.[6]

한편, 독자적으로 활동한 영웅의 사례도 많다. 1930년대 후반 스위스 장크트갈렌 주의 경찰서장 폴 그뤼닝거Paul Grüninger는 국가의 훈령訓令을 거부하고 제3제국의 박해를 피해 도망치는 피난민 3000명 정도에게 국경을 넘어 스위스에서 은신처를 찾도록 허용해주었다. 그 후 그는 직장과 연금을 박탈당했다.[7] 스물네 살의 미군 예비군 조지프 M. 다비Joseph M. Darby는 2004년 1월 아부그라이브 수용소의 학대 사실을 폭로했다. 다비와 그의 아내는 동료 병사들의 보복이 두려워 몇 년 동안 숨어 지내야만 했다. 2차 세계대전 때 폴란드의 간호사 이레네 구트Irene Gut는 감금상태에서 독일군 장교의 가정부로 일하면서 그 집 지하실에 유대인 12명을 숨겨주었다. 한편 독일 백작의 딸 마리아 폰 말찬Maria von Maltzan은 유대인과 나치의 정적政敵 수십 명을 베를린에서 탈출시켰다. 세르비아의 알렉산데르 예브티치Aleksander Jevtic는 1990년대 초 발칸전쟁 중 포로수용소에서 동료들에게 크로아티아인을 세르비아인이라고 속여서 사형이 거의 확실한 크로아티아인 수십 명의 목숨을 구했다.[8] 르완다의 호텔 지배인 폴 루세사바기나Paul Rusesabagina는 1994년 르완다 대학살 중에 후투족과 투치족 1000명 이상을 숨겨주었다. 이들은 모두 집단의 충동을 벗어나서 대체로 주어진 상황을 거스르는 방식으로 행동해야 했던 것 같다.

루세사바기나는 《평범한 사람An Ordinary Man》이라는 책에서 이런 유형의 영웅에게 내재하는 심리를 설명한다.

우리의 개성이 집단의 의지 속에서 해체되면 어떤 식으로든 집단의 지시에 따라 마음대로 행동하게 된다. 다르게 행동한다는 생각은 죽음과 같은 혐오감을 불러일으킨다. …… 아무도 집단 밖에 서지 못하고 "싫다"고 말할 수 있는 내면의 힘을 발견하지 못한다면, 대다수의 사람들은 개인의 허울을 계속 유지하기 위해 손쉽게 잔학한 짓을 저지를 것이다. 혼자 남은 사람은 조롱과 멸시의 대상이 되지만, 오직 그 사람만이 인류애와 깊은 구렁텅이 사이에 설 수 있다.[9]

타인의 영향력

이타심의 심리학

1960년대에 미국의 심리학자 페리 런던Perry London은 독립적 구조자를 동조하는 무리로부터 구별해주는 요인을 찾기 시작했다. 이런 주제로는 첫 연구였다. 먼저 그는 유대인들을 나치에게서 구조하기 위해 끈질기게 노력한 기독교도 27명을 인터뷰했다. 그리고 이들 중 다수에게서 발견된 세 가지 공통점, 즉 위험 감수를 당연시하고 지속적으로 모험을 추구하는 성향, 신체장애가 있거나 소수 종교를 믿어서 사회적 소외를 직접 경험한 사람이라 다수에 더 쉽게 저항하는 성향, 교화하는 부모와 강하게 동일시하는 성향에 주목했다.[10] 안타깝게도 런던은 연구를 마무리하는 데 들어가는 연구비를 마련하지 못한 채 1992년에 세상을 떠났다. 최근에 그의 동료 연구자 중 한 사람으로 인권운동가이자 랍비*인 해럴드 슐바이스Harold Schulweis는 모험을 추구하는 성격은 그와 런던이 인터뷰한 구조자들에게 나타나는 일반적인 특징이 아니라고 언급했다. "런던이 만난 사람들은 지극히 평범하고 지극히 소극적인데, 이들에게 갑자기 무슨 일이 생겼는지 모르겠다. 누가 당신을 구해줄지 아는가? 지금 당장 추측할 수 있는가? 미안하지만 그것은 불가능하다."[11]

슐바이스는 이것을 "선善의 수수께끼mystery of goodness"라고 일컬었다. 짐바르도의 주장처럼 선이 악만큼 평범하다는 뜻일까? 그러니까 평범한 사람도 적절한 상황에 놓이면 잔학 행위를 저지를 수 있는 것과 똑같은 방식으로 영웅적으로 행동할 수 있을까? 꼭 그렇지는 않다. 올리

---

* 유대교 지도자.

너 부부는 2차 세계대전 중 유대인을 도운 구조자들에 관한 연구에서 그들 다수가 연민과 공정성, 개인적인 책임 같은 기본 가치를 공유한다는 점을 발견했다. "누군가의 목숨을 구할 수 있다면 그것은 의무다." 구조자들 중 한 사람이 자신의 행동을 설명하면서 한 말이다. 또 어떤 구조자는 "곤경에 빠진 사람을 보면 도와야 한다"고 말했다.[12] 밀그램은 복종 실험에서 실험자의 명령을 거부한 사람들에게서도 비슷한 성향을 발견했다. 명령을 거부한 부류와 나머지 사람들 사이의 주된 차이는 그들 스스로를—실험자가 아니라—희생자에게 고통을 주는 주요 책임자로 간주한다는 데 있었다.[13] 게다가 올리너 부부가 인터뷰한 사람들은—런던이 인터뷰한 사람들과 마찬가지로—부모에게서 가치관을 배웠다고 말했다.

또 다른 심리학자 에바 포겔만Eva Fogelman은 2차 세계대전 당시의 구조자 300여 명을 인터뷰하면서 비슷한 특징을 발견했다. 포겔만도 학문적인 이유에서만 이 주제에 관심을 둔 것은 아니었다. 유대인인 포겔만의 아버지는 폴란드 농부들의 관용과 동정심 덕분에 목숨을 건졌다. 이런 이유로, 포겔만은 뉴욕 시립대학교에서 밀그램의 지도 아래 사회심리학과 성격을 연구하면서 동조자보다는 반대자에게 관심이 많았다. 포겔만은 그녀가 연구한 영웅들이 모두 어린 시절에 습득한 인도주의 가치관을 놀랍도록 일관되게 고수해온 사실을 발견했다.

얼마 후 나는 저 유명한 과정 중 하나 이상이 나오기를 기다리기 시작했다. 이를테면 세심하게 보살피고 사랑이 넘치는 가정, 이타적 행동의 모범이 되어준 이타적인 부모나 사랑하는 보호자, 나와 다른 사람

타인의 영향력

에 대한 관용, 어릴 때 병에 걸리거나 개인적으로 상실을 경험하면서 심리적 회복력을 시험할 기회를 얻고 특별한 보살핌을 받아본 기억, 독립심과 유능함, (신체적 처벌이나 사랑의 철회가 아니라) 설명으로 훈육하는 방법에 중점을 둔 양육, 그리고 배려심 같은 요인이 나오기를 기다렸다.[14]

영웅과 악당의 동기를 연구하면서 접하는 까다로운 질문 가운데 하나는 어느 한 사회에서 다른 사회보다 증오가 나타날 가능성이 더 높으냐는 문제다. 아돌프 아이히만 같은 사람들의 행동이나 르완다 대학살 같은 잔혹한 사건은 권위주의 가치관을 중시하는 지역에서 더 많이 나타날까? 매사추세츠 대학교의 심리학과 교수 어빈 스타우브Ervin Staub는 "그렇다"고 답한다. 그러면서도 그는 이타심이 개인의 가치관에서 파생되며 학습이 가능하다고 믿는다.

헝가리의 유대인 가정에서 태어난 스타우브는 어린 시절 2차 세계대전을 겪은 탓에 인간 정신을 깊이 파고들어서 악과 이타심의 근원을 밝히려 했다. 그는 특히 두 사람의 도움 덕분에 그와 그의 가족이 나치로부터 살아남았다고 말한다. 스타우브의 가족을 포함해 수천의 유대인 가족에게 스웨덴 위조 여권을 발급하고 은신처를 제공한 스웨덴 외교관 라울 발렌베리Raoul Wallenberg와, 스타우브의 집에서 하녀로 일하고 스타우브가 "작은어머니"라고 불렀던 기독교도 여인 막스였다. 막스는 "상황이 나빠졌을 때 우리를 떠날 수도 있었지만 우리 곁에 남았다. 막스는 한동안 나와 내 누이를 기독교 가정에 숨겨주었다. 그리고 우리는 발렌베리가 마련한 은신처로 들어갔다. 막스는 우리를 위해 반죽을 준비해 빵집에 가져가서 빵을 만들어왔다. 그러다 헝가리 나치가 막스를 붙잡아 벽에 손을 대게 하고는 죽이겠다고 협박했다. 그런데도 막스는 우리뿐 아니라 은신처의 다른 사람들을 위해 계속 빵을 만들어왔다."[15] 스타우브는 막스에게서 영감을 얻어 독립적으로 활약하는 영웅들의 심리에 관심을 두기 시작했다고 밝힌다. 전쟁이 끝나고 한참 뒤에도 그는 계속 헝가리로 막스를 찾아가서 고마운 마음을 전했다. 스타우브는 막스가 인간의 온정이 얼마나 깊은지를 보여주었다고 말한다.

악을 연구하다 보면 이타심에 대한 믿음이 줄어들 것이라고 생각할 수 있지만 스타우브는 끝까지 낙관주의를 버리지 않는 듯하다. 그는 집단 학살 같은 잔학 행위에 관해 토론할 때도 양쪽 손바닥을 위로 들어 온화하고 친근한 표정을 지으려 애쓴다. 애머스트의 연구실 책꽂이에는 그가 달라이라마와 함께 찍은 사진이 있고, 그 옆에는 한창 젊은 남자가 의기양양하게 할리우드식 표정을 짓고 있는 낡은 흑백사진이 있다. 그가 빙그레 웃으며 말한다. "제 오랜 친구, 오래전 제 사진입니다."

포겔만과 런던, 올리너 부부와 마찬가지로 스타우브도 이타적 행동과 도덕적 용기—적대적인 동료의 압력에 맞서 자신의 가치관을 고수하는 태도—의 핵심은 개인의 성장배경에 있다고 확신한다. 스타우브는 어린 시절부터 가까운 친지와 친척들의 범위를 넘어서 외부에 있는 사람들을 자신의 공감 범위 안으로 끌어들이도록 사회화할 수 있다고 말한다. 부모가 세심하게 보살펴주고 사랑해주며 확고하게 이끌어주는 집안의 자식들은 사람들과의 관계 안에서 안전하다고 느끼고 외부인에게 위협을 덜 느끼며 자기 집단 밖에 있는 사람들의 행복에 책임감을 느끼는 경향이 강하다.[16] 여기까지는 보편적인 규칙이다. 공교롭게도 스

군집을 이룬 황제펭귄

■■

수천 마리의 펭귄들이 모여 서로 체온을 나누며 남극의 추위를 이겨낸다. 놀라운 것은 무리의 바깥
을 지키는 펭귄들이 보여주는 희생정신이다. 이러한 이타심은 어디에서 비롯되는 것일까?

타우브의 구세주 막스가 영웅적으로 행동하기까지의 과정은 훨씬 더 경이로웠다. 막스는 어릴 때 엄마를 잃고 계모 밑에서 학대를 받으며 자란 뒤 남의 집에 유모로 들어갔지만 그녀가 보살피는 아이들과 애정 어린 관계를 형성하면서 변모했다. 스타우브는 이렇게 말한다. "고통에서 잉태된 이타심이다. 고통은 타인에게 등을 돌리게 만드는 대신 마음을 열게 만들 수 있다. 남들이 내게 관심을 보여준다면 내면의 힘이 생기고, 과거는 현재가 아니라는 사실을 깨달을 수 있다."

우리가 남에게 관심을 보낸다면 특히 어떤 사람을 도울까? 고인이 된 미국의 철학자 리처드 로티Richard Rorty는 흔히 연대의식을 느끼는 대상을 먼저 도와줄 가능성이 크며, 연대의식은 "인류보다 규모가 작고 지역적인" 집단에서 가장 강력하다고 보았다. 이를테면 같은 미국인이나 같은 가톨릭 신자나 정치운동의 동지가 있다.[17]

그렇지만 집단의 연대의식이 이타적 행동의 필요조건은 아니다. 유대인 구조자 대다수는 지역적 연대보다는 보편적 도덕성에 이끌린 듯하다. 이들에게 내집단은 인류 전체이고, 이들은 또한 내집단의 구성원 모두가 박해에서 벗어날 가치가 있다고 믿었다. "그들은 인류애를 믿고 유대인이라는 이유만으로 살해당하는 현실에 회의적이었다." 올리너 부부가 인터뷰한 어느 홀로코스트 생존자의 회상이다.[18] 지하 저항조직을 이끌면서 나치로부터 수많은 유대인을 구조한 네덜란드의 전직 육군 장교는 이렇게 말했다. "모든 사람들이 근본적으로 나와 같은 사람이라는 사실을 항상 인지해야 한다. 언제나 나 자신을 대하듯이 사람들을 대해야 하며, 이것은 어려운 처지에 몰린 유대인 친구들뿐만 아니라 나치의 악당에게도 해당되는 태도다."[19] 이와 같은 도덕론이 함축된 표현으로 시인 존 던John Donne의 유명한 시구가 있다. "인간은 섬이 아니다. 누구도 홀로 온전하지 않다. …… 누구의 죽음이든 나를 약해지게 만드는 것은, 내가 인류의 일부이기 때문이리라."[20] 14대 달라이라마의 인도주의 철학에서는 이렇게 말한다. "남의 욕구와 권리를 무시하는 성향을 극복하려면 명백한 진실, 즉 우리는 근본적으로 모두 같다는 진실을 스스로 끊임없이 되새겨야 한다."[21]

최근에 웨스턴켄터키 대학교의 세 심리학자는 사람마다 보편적 도덕성에 대한 성향—인류 전체를 내집단에 포함시키는 정도—이 얼마나 다른지 측정하는 척도를 개발해, 이것을 "모든 인류와의 동일시Identification With All Humanity" 척도라고 명명했다.[22] 평가점수가 가장 낮은 사람은 권위적이거나 개인주의적인 세계관을 드러낸다. 이를테면 자신의 내집단이 다른 집단보다 우월하다고 여기거나 "모든 사람이 나를 위해 존재한다"는 관점으로 인간관계를 바라본다. 점수가 가장 높은 사람들은 우호성agreeableness이나 경험에 대한 개방성openness to experience 같은 성격 특질에서도 높은 점수를 얻고, 세계 빈곤과 기아와 인권 같은 문제에 관심이 많은 편이다. 반면에 이들은 또한 신경증 성향이 강한 것으로—삶의 사소한 문제에 관해서도 지나치게 걱정한다—나타나 연구자들을 당황시켰다.

인본주의 심리학자 에이브러햄 매슬로Abraham Maslow도 이런 결과에 당황했을 것이다. 매슬로는 20세기 중반에 내담자의 병리보다 긍정적 자질과 성장 능력에 주목한 최초의 심리학자들 중 한 사람이다. 매슬로는 그가 연구하던 사람들 가운데 인간의 온전한 잠재력을 깨닫고 신경증과 정신증, 정서불안에서 자유로운 사람들의 공통된 특성으로 인간에 대한 연대의식을 발견했다. 매슬로는 이렇게 자신의 잠재력을 충분히 발휘하는 사람들은 "인류 전체에게 동질감과 공감, 애정의 심오한 감정을 느낀다"고 말했다. "이들은 모든 사람이 한 가족의 일원인 것처럼 연대의식과 연관성을 느낀다. …… 〔이들은〕 인류를 도와주고 싶은 순수한 욕구를 품는다."[23] 불행하게도 이런 사람이 흔하지는 않은 듯하다. 매슬로는 이론적으로 누구나 이렇게 충만한 상태에 도달할 수 있지만 실제로 이런 경지에 이른 사람은 2퍼센트 미만(그는 에이브러햄 링컨, 토머스 제퍼슨, 알베르트 아인슈타인을 꼽았다)이라고 보았다. 이것이 사실이라면, 영웅은 실제로 예외적인 존재다.

짐바르도는 생각이 달랐다. 악이 "목까지 차오를" 만큼 깊숙이 발을 담갔던 그는 숨을 돌려야 하는 욕구에 이끌려서, 생애의 마지막 몇 년을 사회 각계각층의 용감한 사람들의 동기를 분석하는 데 썼다. 그는 영웅은 늘 특출한 사람이라는 개념은 낭만적인 생각이자 현대의 대중매체와 고대 신화의 날조라고 지적한다. "흔히 영웅적인 사람들은 도덕적 강단을 타고나거나, 성장배경이 특별하거나, 고유한 성격 특질이 있거나, 나머지 인류에게서 기대할 수 있는 수준을 넘어설 만큼 이타적이라고 믿고 싶어 한다."[24] 그러나 연구에 따르면 결과는 정반대다. 영웅은 악당만큼 비교적 평범한 사람이다. 더욱이 용기 있는 행동은 예측 불가능하다고 해서 특별하지 않은 것이 아니며, 용기 있게 행동한 사람은 역시 칭찬받아 마땅하다. 다만 "누구나 자신의 때를 기다리는 잠재적 영웅"이라는 뜻이다.[25] 이런 의미에서 움베르토 에코Umberto Eco의 관찰이 진실에 가깝다. "영웅은 언제나 실수로 영웅이 된다. 그는 다른 모든 사람처럼 정직한 겁쟁이가 되기를 꿈꾼다."[26]

전쟁 영웅의 공통점

특별한 사람이 강하게 행동한다는 추정은 특히 전쟁 영웅에게 적용된다. 사람들은 대개 전쟁 영웅은 날 때부터 남달라서, 보통 사람이라면 뒷걸음칠 만한 상황에서도 앞으로 나아가는 성격 특질을 타고났다고 여긴다. 그러나 세상사는 그렇게 돌아가지 않는다. 전장이나 다른 어디서든 주로 평소 딱히 용기 있다고 알려지지 않은 사람들이 영웅적으로 행동한다. 어쩌면 그들에게 처음이자 마지막으로 용감한 행동일지 모른다. 탐험가 래널프 파인스의 말을 빌리면, 겁쟁이조차 적절한 상황만 주어지면 놀라운 일을 해낼 수도 있다.[27]

내 어머니의 할아버지는 1945년 4월 네덜란드에서 도보로 전차중대를 이끌고 중무장한 독일군 주둔지를 향해 진군한 공적으로 전공 십자훈장Military Cross을 받았다. 그분은 자신의 용감한 행동을 언급한 적도, 개인적으로 경험한 공포를 말한 적도 없었다. 다만 그때 함께 싸웠던 전우들의 용기에 관해 이따금 말하고, 특히 "포화 속에서 한 인간이 어떻게 행동할지는 절대로 예측할 수 없다"고 했다.

내 외증조부가 자주 들려준 사례의 주인공은 영국 왕실근위연대Coldstream Guards의 이언 리들Ian Liddell이라는 동료 장교였다. 리들은 전혀 다른 분야인 재즈 악단을 이끌었던 전력으로 유명하고, 외증조부의 표현대로 "아주 사람이 좋고 인기가 있으면서도 영리한 보통의 장교"였다. 리들의 중대에는 독일 북서부 링겐 근처의 엠스 강 다리를 함락하라는 명령이 떨어졌다. 88밀리 대전차포로 무장한 독일군 제150 보병사단이 다리에 지뢰를 매설하고 방어한 터라 어려운 임무로 보였다. 그런

데 리들은 자기가 직접 나서기로 결심하고는, 보는 이들이 경악하는 가운데 빗발치는 적의 총탄을 뚫고 다리로 뛰어가서 폭탄의 전선을 끊었다. 이런 영웅적인 행동으로 빅토리아 십자 훈장Victoria Cross*이 내려졌지만, 그는 끝내 받지 못했다. 채 3주도 지나지 않아서 저격수의 총탄에 전사한 것이다.

의외의 전쟁 영웅에 관한 사례는 꽤 많다. 노엘 고드프리 샤바스Noel Godfrey Chavasse는 솜과 파스샹달에서 격렬한 포화를 무릅쓰고 부상병들을 구조해 빅토리아 십자 훈장을 두 차례 받았다(그는 두 번 수상한 단 세 명 가운데 한 명이었다). 또한 전공 십자 훈장까지 받고 군사공보에 이름을 올린 터라 샤바스가 '영웅적 성격'의 소유자라고 짐작할 것이다. 그러나 샤바스는 전쟁이 일어나고 처음 프랑스에 도착했을 때 그의 아버지에게 이렇게 썼다. "불필요하게 위험을 감수할 생각은 없습니다. 제 몸에는 영웅의 피가 흐르지 않아요."[28] 전쟁 영웅 중에는 생각할 겨를도 없이 순간적인 충동에서 행동하는 사람이 더 많다. 솜 전투에서 왕립 아일랜드 소총 연대 소속의 스무 살짜리 소총수 빌리 맥패드진Billy McFadzean은 병사들이 가득 들어찬 연합군 참호 속으로 안전핀이 뽑힌 수류탄 한 상자가 굴러들어오자, 결과를 생각할 새도 없이 수류탄 상자 위로 몸을 던졌다. 그의 몸은 갈가리 찢어졌고, 그도 분명 그렇게 될 줄 알았을 것이다. 참호 속의 전우들 중에서는 단 한 명만 부상을 당했다. 한편 일본군 기관총 벙커에 수류탄을 던져 넣고 몸으로 입구를 막은 잭 랜들Jack Randall은 사후에 빅토리아 십자 훈장을 받았다. 랜들의 전우는 그를 이

• 적과의 전투에서 가장 용맹한 행동을 한 사람에게 주는 훈장.

타인의 영향력

렇게 설명했다. "군기도 빠지고 …… 아주 형편없는 군인이었어요. 결코 전형적인 군인이 아니었고, 그렇게 훌륭하게 영웅적인 행동을 할 줄 몰랐던 친구였습니다."[29]

이런 사례의 주인공들은 개인적인 영광을 누리고 싶은 마음보다는 전우에게 해가 가지 않기를 바라는 마음에 이끌린 듯하다. "겁이 나지는 않았다. 내 안전은 생각하지 않았다. 그저 전우들 생각, 그들을 불타는 전차에서 *끄*집어내야겠다는 생각뿐이었다." 이라크에서 전우들의 목숨을 구하고 두 번이나 매복 공격을 피해 장갑차를 안전한 곳으로 대피시킨 공으로 2005년에 생존자 최초로 빅토리아 십자 훈장을 받은 존슨 비해리Johnson Beharry의 말이다. "함께 생활하고, 같이 어울리고, 같이 일하고, 몇 년이나 서로 알고 지내고, 곤경에 빠져 도움을 필요로 하는 그들은 바로 전우들이다."[30]

2007년 왕립해병대 예비병인 매튜 크라우처Matthew Croucher는 아프가니스탄의 헬만드 주에서 야간 순찰을 돌던 중 빌리 맥패드진의 영웅적인 행위와 거의 비슷한 행동을 했다. 그의 부대가 버려진 탈레반 주둔지를 살피고 있을 때 크라우처는 정강이에 뭐가 스치는 느낌을 받았다. 인계철선* 수류탄을 건드렸다는 것을 깨달은 그는 살며시 배낭을 벗고 당장 돌아가서 수류탄 위에 엎드려 전우들을 구했다. 수류탄이 터질 때까지 7, 8초쯤 시간이 흘렀는데, 크라우처에게는 그가 죽는다는 사실을 인지할 만큼 긴 시간이었다. 수류탄이 터지자 그는 공중으로 몇 미터 날아오르고 고막이 터지고 코피가 나고 뇌진탕을 일으켰다. 그것 말고는

---

* 사람이 건드리면 폭발물이 터지도록 설치해놓은 철선.

멀쩡했다. 나머지 부대원들은 조금씩 파편을 맞은 정도로 무사했다.[31]

갈기갈기 찢어진 크라우처의 배낭은 런던 제국전쟁박물관의 로드 아시크로프트 미술관에서 열린 '놀라운 영웅들Extraordinary Heroes' 전시회에서 커다란 유리관 안에 전시되어 있고, 그 옆에는 크라우처가 용맹한 행위로 받은 조지 십자 훈장George Cross이 있다.[32] 이렇게 고귀하게 전시된 훈장은 군인의 희생정신을 상징하는 것으로 그 나름의 생명력을 갖는다. 이런 희생정신에는 훈장을 수여할 가치가 있다. '놀라운 영웅들' 전시에는 조종사의 고글, 잠수함 승무원의 잠수복, 비밀요원 소유의 권총, 인도인 경기관총 사수가 차던 종교적 팔찌, 수많은 훈장 등 영웅적인 행위의 증거품이 가득하다. 영웅들이 가득한 전시실에 들어서면 자연히 그들의 공통된 특징을 찾고 싶겠지만, 이런 물건의 주인들은 모두 제각각인 듯하다.

그렇기는 해도 이 전시의 학예연구사인 역사가 나이절 스틸Nigel Steel은 빅토리아 십자 훈장과 조지 십자 훈장을 받은 사람들에게 나타나는 특정 자질을 기준으로 용기를 정의하려 한다. 그는 영웅의 일곱 가지 자질을 대범함(신속하게 행동하기), 공격성("뜨거운" 용기), 지도력(다른 사람들을 격려하기), 기술(자신의 능력을 잘 활용하기), 희생(타인의 목숨을 구하기 위해 자기 목숨을 바치기), 진취성(앞으로 나서기), 인내력(굴복하지 않기)이라고 추려냈다. 그러나 스틸이 말하는 일곱 가지 특질은 영웅적 행위를 한 사람보다는 행위 자체에 대한 설명에 가깝다. 영웅이라고 늘 대범하거나 공격적이거나 이타적으로 행동하는 것은 아니다. 어쩌다 한 번 놀라운 공훈을 세웠을 뿐이다. 빅토리아 십자 훈장을 받은 1359명 가운데 다른 종류의 공으로 훈장이나 포상을 받은 사람은 3분의 1 미만에 불과했다.

스틸은 모든 영웅에게는 일곱 가지 자질 이외에 한 가지 공통된 자질이 있다고 말한다. 영웅들은 모두 주위 사람들에 대한 책임을 선뜻 떠안는다는 면에서 배려심을 보였다. 배려심은 다이디 그레이엄Didy Grahame도 언급한 자질이다. 런던의 '빅토리아 십자 훈장 및 조지 십자 훈장 협회Victoria Cross and George Cross Association' 총무인 그레이엄은 훈장을 받은 사람들을 누구보다 많이 알고 대화를 나눠본 사람일 것이다. 그레이엄은 빅토리아 십자 훈장과 조지 십자 훈장을 받은 사람들 중에는 대가족의 장남이거나 편모슬하의 아들이거나 어릴 때부터 배려가 몸에 밴 사람들의 비율이 불균형하게 높다고 말한다. 이렇게 보면 전쟁 영웅은 나치 점령기의 유럽에서 유대인들을 구조한 사람이나 스탠리 밀그램의 전기충격 실험에서 협조하기를 거부한 사람과 비슷하다.

빅토리아 십자 훈장의 보증서에는 영웅은 모든 행동에서 영웅적이어야 한다는 개념이 새겨져 있고, 훈장을 받은 사람이 나중에 반역죄를 저지르거나 비겁하게 행동하거나 중범죄를 저지르면 "가장 영예로운 이상의 순수성을 지키기" 위해 훈장을 박탈한다는 내용도 명시되어 있다. 다행히 이 조항은 1931년 조지 5세가 빅토리아 십자 훈장 보유자는 교수대에서도 훈장을 달 수 있어야 한다고 판단하면서 개정되었다. 그러나 용기를 창발적인 행동이라기보다는 타고난 자질로 보는 대중의 믿음은 쉽게 바뀌지 않을 것이다. 이런 믿음이 문제가 되는 이유는, 우리가 영웅들에게, 특히 군대에 다녀온 사람들에게 너무 많은 것을 기대하기 때문이다. 존슨 비해리는 이제는 나이트클럽에 가는 것처럼 훈장을 받기 전에 하던 행동을 할 때마다 못마땅해하는 시선을 받는 것 같다고 말한다.[33] 사람들은 그에게 끊임없이 고결한 모습을 요구한다. 한참 빛나간 기대다. 미국의 유머 작가 윌 로저스Will Rogers의 말대로, 영웅은 지구상에서 가장 수명이 짧은 직업이다. 비해리는 이렇게 말한다. "다들 내가 빅토리아 십자 훈장을 받았다는 이유로 나를 영웅이라고 생각한다. 그렇지만 나는 그저 내 안의 악마에게서 도망치지 못하는 평범한 군인일 뿐이다. 눈을 감으면 식은땀이 나기 시작하면서 죽은 친구들이 보인다."[34]

BBC 감옥 실험이 보여준 새로운 연대

어린 시절의 경험이 이타적인 행동에 영향을 끼치는 것은 사실이지만 특정 상황에서 누가 동조하고 누가 거부할지 예측하기는 매우 어렵다. 어쩌면 불가능할 수도 있다. 아마도 나치 점령기의 유럽에는 성인 군자처럼 굴면서도 유대인 이웃을 돕지 않기로 선택한 부모를 둔 사람이 많았을 것이다. 영웅적 행동의 심리학은 우리가 어떻게 행동할지를 무엇으로 설명할 수 있을까?

앞서 2장에 나온 군중 연구자 스티븐 레이처와 그의 동료 알렉산더 하슬람Alexander Haslam은 이런 유형의 행동을 이해하려면 개인의 특질과 성격보다는 '사회 정체성'—달리 말하면, 사람들이 게임에서 다른 다양한 참가자들과 동일시하는 정도—이라는 측면에서 이해하는 편이 더 일리가 있다고 주장해왔다. 따라서 밀그램의 복종 실험의 핵심은 이렇다. 어째서 대다수 참가자가 희생자보다는 권위적인 실험자와 더 동일시했을까? 그리고 왜 일부 사람들은 그러지 않았을까? 그것은 대체

　　　　　　　　　　　　　타인의 영향력

로 실험을 설계하고 다양한 관계를 조직하는 방식에 따라 달라졌다. 밀그램의 참가자들은 실험자와 같은 방에 있고 희생자하고는 떨어져 있을 때 실험자의 요구에 따를 가능성이 컸다. 마찬가지로 연구를 과학 실험이라고 광고한 탓에 참가자들은 인근 도시 브리지포드보다는 중요한 연구를 꾸준히 진행해온 예일 대학교에서 실험할 때 실험자에게 더 많이 공모하는 경향을 보였다.[35]

레이처와 하슬람이 집단 정체성에 주목한 계기는 2001년 12월 BBC와 공동으로 스탠퍼드 감옥 실험을 변형한 실험을 실시하면서부터였다. 그들은 런던 북부 엘스트리 영화촬영소에 임시 감옥을 설치하고 참가자 15명을 모집해서 실험을 진행했다. (이 실험은 이듬해 5월 4부작 다큐멘터리로 방송되었다.[36]) 그들은 짐바르도의 실험 설계에 몇 가지 변화를 도입했다. 예를 들어 연구자들은 아무런 역할을 맡지 않고 간수에게 행동 방침을 지시하지도 않았다. 결과는 아주 달랐다. 간수와 죄수는 배정받은 역할에 맹목적으로 동조하지 않았고, 양쪽 모두 자기들끼리 얼마나 유대를 형성하고 어느 정도까지 '내집단'을 형성했는지에 따라 다르게 행동했다. 예를 들면 간수들은 어떻게 행동할지를 두고 서로 합의하지 않았고, 그래서 공통의 정체성을 형성하지 않았다. 반면 죄수들은 수동적으로 복종하는 대신에 시간이 갈수록 통일된 모습을 보여주고 결국 반란을 일으켜서 감옥 체제를 무너뜨렸다. 하슬람은 이 실험을 통해 권위주의 체제가 나타나는 것은 단지 사람들이 묵묵히 역할을 맡을 때가 아니라, 오직 주어진 역할에서 공범자와 연결될 가능성이 허용될 때뿐이라는 사실을 알 수 있다고 말한다.

이런 유형의 연대는 독재에 저항하기 위한 탄탄한 발판이 될 수 있다. 하슬람은 실제 감옥에서 일어난 유명한 세 가지 사건, 즉 '암흑기The Troubles'*에 벨파스트 외곽의 메이즈 교도소에서 아일랜드공화국 지지파 수감자들이 단식투쟁과 불복종 운동을 벌인 끝에 영국 정부로 하여금 북아일랜드 전략을 재고하게 만든 사례, 남아프리카공화국의 로벤 섬 수용시설에서 정치범들이 연합체를 결성하고 그들 중 다수가 탈脫아파르트헤이트 시기의 남아프리카공화국 정부를 구성한 사례, 1943년 소비보르의 나치 집단수용소에서 러시아 붉은 군대에 함께 복무하여 긴밀한 유대를 형성한 사람들이 주축이 되어 유대인 포로 모두가 극적으로 반란을 일으켜 탈출한 사례를 언급한다.[37] 그는 이런 모든 사례에서 수감자들이 공동의 목적을 강렬하게 인식한 덕분에 권위에 저항하고 현상태를 뒤흔들었다고 말한다.

그러나 함께 나서는 사람이 없다면 어떻게 될까? 개인이 그냥 규범에 동조하지 않도록, 수상쩍은 부당이득을 취하는 행위든 직장 동료를 왕따시키는 행위든 수감자를 학대하는 행위든 혼자서라도 이런 부당한 행위에 반대할 수 있게 해줄 방법이 있을까? 최근 짐바르도는 이 질문에 주목했다. 그가 설립한 '영웅적 상상력 프로젝트Heroic Imagination Project'는 관리자와 직원, 학생을 비롯한 다양한 사람들에게 동조와 따돌림, 맹목적 복종에 저항하는 데 필요한 심리 기술을 가르치는 데 목표를 둔다.[38] 이 프로젝트에서는 이렇게 조언한다. 첫째, 그저 대세를 따르지 말고 자기가 무슨 말을 하고 어떤 행동을 하는지 의식한다("주저하지 말고 대뇌피질에 각성하라는 경고를 보내라!"). 둘째, 항상 자신의 행동에 책임

• 1998년 성금요일 협정(벨파스트 협정)이 체결되기 전까지 30년 동안 이어진 북아일랜드 분쟁 시기.

감을 느낀다(자기는 명령을 따를 뿐이라는 핑계는 결코 타당한 이유가 되지 않는다). 셋째, 지혜나 전문지식을 갖추면서 정당한 지위를 누리는 권위자와 아무런 근거도 없이 권력을 주장하는 가짜 지도자를 구별한다. 넷째, 신체적으로나 사회적으로 위험한 상황을 떠올려보고 그 안에서 어떻게 행동할지 상상하면서 '영웅적 상상력'을 기른다.

어빈 스타우브는 수십 년간 이와 비슷한 주제에 매달려서 "적극적인 방관자 현상active bystandership"이라고 직접 이름 붙인 실험, 곧 곤경에 빠진 사람을 도와주는 능력과 타인의 존재가 그들에게 영향을 끼치는 정도를 검증하는 실험을 진행했다. 1991년 로드니 킹Rodney King이 로스앤젤레스 경찰국 소속 경찰관들에게 가혹한 폭행을 당한 사건이 발생하자, 스타우브는 캘리포니아 경찰과 공조하여 불필요한 무력 사용에 반대하는 의사를 공개적으로 밝히도록 경찰관들에게 촉구했다. 더불어 매사추세츠 서부의 학생들에게 폭력과 왕따에 저항하는 방법을 가르치는 프로그램을 시작했다.

또한 스타우브는 임상심리학자인 아내 로리 앤 펄먼Laurie Anne Pearlman과 함께 르완다에서 10년 넘게 연구를 진행해왔다. 르완다는 1994년에 정치적인 이유로 촉발되어 다수파 후투족이 투치족을 50만 명 이상 살육한 대학살에서 아직 회복하는 중이다. 스타우브 부부는 위계질서가 확고한 르완다 사회에서 권위에 굴복하고 저항을 피하게 만드는 강력한 문화적 충동을 거부하도록 사람들을 교육하기 위한 효과적인 방법을 찾고자 한다. 그들은 이런 식으로 집단 학살이 재발할 가능성을 줄일 수 있다고 믿는다. 스타우브는 이런 견해를 고수한다. "사람들은 어려운 때일수록 권위에 더 많이 의존한다. 그러면 한발 물러나 상황을 지켜보면서 집단이 저지르는 일을 거스르기가 어려워진다."

집단 학살이 자행되는 동안 유명 라디오 방송국들은 후투족 사람들에게 투치족 이웃들을 폭행하라고 선동했다. 국영방송국까지 포함된 이들 방송국들은 "후투 정권"을 부르짖고 투치족을 공공의 적으로 몰아세웠다. 스타우브와 펄먼은 라디오가 화해의 메시지를 전파하는 효과적인 장치, 그러니까 르완다인이라는 공통의 정체성을 부각하면서 국민들에게 막강한 권력자들의 부도덕한 행위에 저항하도록 촉구하기 위한 도구가 될 수도 있겠다고 판단했다. 그들은 2004년부터 교육용 라디오 드라마 〈무세케웨야Musekeweya('새로운 새벽')〉를 통해 사람들에게 분쟁의 근본 원인과 해결책을 알렸다. 르완다 인구의 90퍼센트 이상이 이 방송을 청취했다. 그리고 효과가 나타난 것 같다. 스타우브의 연구팀은 청취자들 사이에서 다른 사회와 종족 집단의 구성원을 대하는 태도가 긍정적으로 변하고, 화해하려는 열망과 정부를 향한 불만을 터뜨리려는 의지가 커지는 현상을 발견했다.[39] 그 뒤 연구팀은 르완다 사태 이후 폭력사태가 진행 중인 콩고민주공화국과 1993년부터 2005년까지의 내전으로 30만 명이 학살당한 부룬디에서도 비슷한 프로젝트를 시작했다.

스타우브는 교육이 관건이라고 강조한다. 사람들이 폭력적이거나 극적인 상황에서 보이는 반응은 거의 언제나 잠재의식과 동료의 힘에 이끌리기 때문이다. "사람들에게 자기 인식을 키우게끔 교육하면 주변 환경의 영향에 저항할 수 있을 것이다."

약함을 인정할 때 비로소 강해진다

폴란드의 사회학자 지그문트 바우만Zygmunt Bauman의 말처럼[40] 우리의 사회 조건에서 잔인하고 부도덕한 일이 얼마나 자주 일어나는지, 다시 말해 모두가 함께 약해져서 상부의 권위자가 정당성을 부여해준 역할을 얼마나 자주 떠안는지를 감안하면, 사람들은 스스로 충동적으로 공모하는 우리의 성향을 인지하고 있다고 볼 만한 근거가 충분하다. 우리는 정치학자 한나 아렌트가 "철저한 무사유無思惟, sheer thoughtlessness"라고 부르는 현상,[41] 곧 사람들로 하여금 도덕적 판단과 성찰 능력을 중단하게 만드는 현상에 단단히 대비해야 한다. 도덕적으로 올곧은 소수가 우리 사회를 악에서 구원해주기만을 바랄 수는 없다. 그러니까 어떤 기질도 사회 조건화에 영향을 받지 않을 수는 없다는 뜻이다. 우리가 생각하는 '성격'이 전혀 예측 불가능한 안내자는 아닌 것으로 입증되었다. 데이비드 데스테노David DeSteno와 피에르카를로 발데솔로Piercarlo Valdesolo가 도덕적 의사결정을 다룬 2011년의 저서《숨겨진 인격Out of Character》에서 주장하듯이 "위선과 도덕성, 사랑과 욕정, 잔인성과 동정심, 정직과 기만, 겸손과 자만, 극심한 편견과 관용…… 이 모든 것이 우리 안에 공존할 수 있다."[42]

2차 세계대전 이후 앞서가는 사회심리학자들은 한 가지 사실을 증명해왔다. 인간이 사회의 힘에 취약하다는 사실을 더욱 명확히 인식하지 못하면 앞으로도 집단 학살이나 살인적인 정권을 막아낼 길이 요원할 수 있다는 점이다.[43] 이것은 우리의 일상, 즉 이사회와 위원회, 국가행정부와 지역사회 단체, 대학 사교 클럽에서 우리를 압도하는 동조자들의 압력에도 해당된다. 심리학자들은 우리가 결정을 내려야 하는 순간마다 스스로에게 이렇게 물어보라고 요구한다. 나는 이 일이 옳은 일이라서 하는가, 아니면 주위 사람들이 옳다고 느끼게 해줘서 하는가? 무슨 일이 일어나는지 잘 생각하면 누구에게서나 영웅의 면모를 끌어낼 수 있다.

이 장에서 소개한 전쟁 영웅들은 미리 생각할 틈도 없이 주어진 순간에 행동했다. 그들의 용기는 동료에 대한 의리이자 전장에서 행동을 끌어내는 무의식적 충동에서 나왔다. 집단 응집력은 군대를 하나로 뭉치게 했으며, 인류의 전쟁이 시작된 이래 지도자들은 항상 이런 속성을 이용해왔다.

출근길에 쓰러진 사람을 발견한다면?
| 방관자 효과 |

당신은 직장으로 걸어가는 길에 한 남자가 인도에서 팔다리를 벌린 채 꼼짝 않고 있는 모습을 본다. 그 남자를 본 사람은 당신 혼자가 아니다. 주위에 서너 명 더 모여 있지만 아무도 도움이 될 만한 행동을 하지 않는다.

당신은 어떻게 할 것인가?

연구자들은 이런 공공장소의 비상상황에서 대다수 사람들이 주위에서 다른 사람들이 보고 있으면 거의 또는 전혀 아무런 행동도 하지 않는다는 결과를 반복해서 얻었다. 이 결과는 내가 학창시절부터 줄곧 관심을 기울여온 주제였다. 학창시절에 내가 나이트클럽 앞에서 폭행 당하고 있을 때 친구들 스무 명이—그중 상당수가 하필 럭비선수였다—눈만 휘둥그렇게 뜬 채 그냥 보고만 있었다.

심리학자들은 방관자들의 수동성은 주로 상황에 따른 결과라고 믿는다. 무능해 보일까봐 두려운 마음, 다른 사람이 책임져주기를 바라는 마음을 비롯해 몇 가지 관련 요인이 있다. 물론 희생자를 같은 사회 집단의 일원이라고 생각하면 개입할 가능성이 커진다(내 경우에는 해당되지 않았지만!).[44]

오랜 연구에도, 방관자 효과에 대응할 방법은 아직 아무도 찾지 못했다. 가장 성공적인 전략으로는 구경꾼들에게 희생자와 공유하는 부분에 주목하라고 촉구할 수 있다. 철학자 리처드 로티가 제안한 것처럼 우리의 상상력을 동원해서 "낯선 사람을 고통받는 동료로 바라보는" 방법이다.[45]

우리는 왜 편을 가를까

적대를 연대로 바꾸는 심리학

집단의 역학 관계는 우리 삶의 방식에 영향을 주면서, 우리를 열심히 노력하도록 자극하기도 하고 우리를 도덕의 밑바닥으로 끌어내리기도 한다. 이제는 더 큰 그림을 볼 때다. 집단을 지향하는 우리의 성향은 우리와 같은 집단에 속하지 않은 외부인이나 사회 전체에 어떤 영향을 끼칠까? 신의와 통합, 응집은 우리가 행동에 직접 관여할 때는 더할 나위 없이 바람직하지만, 내집단의 규범을 맹종하는 태도만큼 사회 화합에 악영향을 주는 것도 없다. 다음 사례에서 잘 드러나듯이, 위협받는 시기에는 내집단을 푸근한 부모의 품처럼 생각하고 외집단을 불안의 희생양으로 몰아세운다면 특히 위험하다.

2차 세계대전이 끝나고 50년 만에 독일과 네덜란드는 두 나라 군대에서 한 부대씩 차출하여 '1 독일·네덜란드 군단1 German/Netherlands Corps' 이라는 단일군단을 결성함으로써 군사 역사에 한 획을 그었다. 1995년 8월 30일 통합군은 양국의 총리가 모두 참석한 가운데 성대한 기념식을 치르면서 발족했고, 두 총리는 곧 통합의 상징적 잠재력을 최대로 활용했다. 새로운 군단은 '코뮤니타테 발레무스Communitate Valemus(함께하는 우리는 강하다)'라는 기치 아래 행진했다. 통합군의 주둔지인 뮌스터는 30년 전쟁을 끝내고 유럽의 국권 원칙을 확립한 1648년 베스트팔렌 평화조약의 현장이었다. 통합군의 전 계급에 두 나라 병력이 고루 배치되고 사령부는 2, 3년에 한 번씩 양국이 돌아가면서 맡기로 했다. 통합군은 비교적 원만하게 운영되었다. 문화적 차이에 기인한 몇 가지 불만사항이 있기는 하지만—네덜란드인들은 지나치게 격식에 얽매이지 않는다고 비판받을 때가 많고, 독일인들은 시도 때도 없이 명령하는 편이라고 비판받는다[1]—거의 모든 관계자가 군사 협력의 신기원을 이룬 시도라고 입을 모은다. 그러나 예기치 못한 재앙을 초래할 뻔했던 예외적인 사건이 하나 있었다.

와해된 협력

2003년 2월, 1독일·네덜란드 군단은 UN 국제치안유지군 소속으로 6개월간 아프가니스탄 카불에 배치되어 탈레반의 공격뿐 아니라 하미드 카르자이Hamid Karzai 과도정부에 반발하는 세력의 공격에 대비해 수도 카불을 방어하는 임무를 맡았다. 카불은 몹시 불안정했다. 외국 군대는 항상 로켓과 수류탄, 그 밖의 폭발물 공격의 위험에 노출되어 있었다. 6월 7일, 자살 폭탄 테러범이 택시를 몰고 독일군 병사들이 탄 버스로 돌진한 바람에 독일군 통신병 4명이 죽고 29명이 부상당했다.[2] 이런 혼돈 속에서 모두의 기대를 꺾고 독일군과 네덜란드군의 협력이 와해되었다. 평화유지군 경험이 많은 네덜란드군이 수적으로 우세하고 병참을 책임진다는 이유로 실질적인 책임자 역할을 맡은 독일군 사령관의 명령을 따르지 않으려 한 것이다. 네덜란드 병사들은 탄약 지급부터 자국 병사들이 마시는 맥주의 양에 이르기까지 모든 면에서 불만을 터뜨렸다. 결국 독일 장교들은 네덜란드 측에 사령부를 존중해주지 않는다고 비난했다. 1 독일·네덜란드 군단 사령부에서는 뮌스터에서 주둔할 때는 아무렇지 않게 허용되던 문화 충돌이 카불에서는 외교적인 위기로까지 번진 이유를 납득하지 못했다.

나는 그때의 상황을 자세히 알아보기 위해 네덜란드 남부의 한 마을로 가서 운명의 그 몇 달 동안 1독일·네덜란드 군단 소속으로 카불에 주둔했던 전직 네덜란드 공군 대령을 만났다. 당시 공식 전쟁기록관이던 안네 티엡케마Anne Tjepkema는 그가 강력한 독일식 전통이라고 부르는 방식을 따랐다(그는 네덜란드인이다). 나는 모닝커피—아니, 알고 보니 우유였다—시간에 맞춰 그의 집에 도착했다. 잘나가는 군인이었는데도 그가 군인이었다는 사실을 알 수 있는 표식은 깔끔하게 손질한 정원 울타리를 닮은 옷솔 모양의 인상적인 콧수염밖에 없었다.

티엡케마는 조용한 말투에 꼭 필요한 말만 하는 사람이다. 내가 그에게 카불이 얼마나 위험했는지 묻자 그는 "본부 건물에 거의 언제나 조기弔旗가 걸려 있었습니다"라고 대답했다. 그리고 그들이 얼마나 조심했는지를 보여주는 예로 식사하러 나갈 때의 광경을 들려주었다. "우리가 자주 가던 식당이 딱 한 군데 있었습니다. 이란 음식점이었지요. 저도 그 집에 몇 번 갔어요. 지프 두 대로 갔는데, 한 대에는 보안대를 태웠어요. 우리는 항상 권총을 몸에 지니고 다니고, 총은 장전해두었지요. 그리고 입구가 시야에 들어오고 퇴로를 확보할 수 있도록 늘 식당 뒤쪽에 자리를 잡았어요. 식당에 들어갈 때 그것부터 확인해야 했어요." 이런 분위기에서 전에는 문제가 된 적이 없던 사고방식과 문화의 차이가 두드러졌다. "전에는 생각해본 적 없는 문제들이 서서히 눈에 띄었습니다."

티엡케마가 말하는 부조리는 사람들이 위협을 느낄 때 어떻게 행동하는지 연구해온 심리학자들이라면 익히 아는 모습이다. 우리의 집단 본능을 끌어내는 데는 평생 두려워해온 환경으로 걸어 들어가는 방법만큼 확실한 방법도 없다. 우리는 당장 가장 친숙한 사람들, 가치관과 도덕률을 공유하는 사람들을 찾는다. 단시간에 부족을 형성해서 세상에 맞선다. 따라서 우리는 위협을 받으면 자신이 속한 집단이 아닌 다른 사람들과 협력하는 것이 더 어려워지고, 전에는 신경 쓸 필요가 없어 보이던 불균형한 상태에 당혹스러워한다. 그리고 확실성을 갈망하다 보니 익숙한 사람들에게 매달리고 의견이 다른 사람들에게는 적이나 악마의 역할을 맡긴다.

사회심리학자 어빈 스타우브는 이처럼 안으로 파고드는 성향은 어려운 환경, 특히 사회적 혼돈 상황이나 전쟁 같은 상황에서는 정상적인 반응이라고 말한다. "[이런 시기에] 사람들은 어느 정도 자신의 정체성을 포기한다. 그리고 집단에 대한 필요성이 매우 커진다." 이것으로 카불에서 네덜란드군과 독일군 사이의 반목이 설명될까? 2003년에 아프가니스탄과 뮌스터에서 복무한 네덜란드 군인 수백 명을 대상으로 설문조사한 네덜란드 연구팀에 따르면, 거의 확실히 설명된다고 한다. 네덜란드 병사들은 죽음이 걱정될수록 독일 병사들과 협력하려는 의지가 줄어든 것으로 나타났다.[3] 단지 세계에서 가장 위험한 도시 중 하나인 카불에 머무른다는 이유만으로 사정이 달라진 것이다.

두려움이 행동에 미치는 왜곡된 효과를 주장하는 유명한 인물들 중에는 미국의 유명한 대학자 어니스트 베커Ernest Becker가 있다. 인류학자인 베커는 정신의학과 사회학을 넘나드는 학자로, 그의 친구이자 동료 학자인 로널드 라이퍼Ronald Leifer는 베커를 "그 자신과 인간 조건과 삶의 의미"를 이해하는 것을 사명으로 여기는 사람이라고 말한다.[4] 베커가 1960년대와 1970년대 초에 정신과 환자들을 관찰하면서 발전시킨 핵심 주제는 우리의 인생관, 성격, 문화적 세계관, 신념체계, 도덕적 이해, 자아감과 소속감, 욕구, 희망, 꿈—모두 우리의 인간성을 특징짓는 요소—이 주로 불가피한 죽음을 부정하려는 시도에서 형성된다는 점이다. 베커는 인간은 본래 비뚤어진 존재라고 보았다. 우리는 한편으로 지성과 상상력을 통해 정체성을 확립하고 우리 자신을 다른 동물과 구별하며 우리에게 무한한 가치를 부여하는 의미를 찾는다. 또 한편으로 "인간은 벌레이자 벌레들의 먹이다."

인간은 문자 그대로 둘로 나뉜다. 자연에서 아주 장엄한 존재로 태어났다는 나름의 고결한 고유성을 인식하면서도, 땅속으로 몇 미터 들어가 말없이 맹목적으로 부패되어 영원히 사라지는 존재이기도 하다. 인간은 이렇게 지독한 딜레마에 빠져 있으며 이런 딜레마를 안고 살아가야 한다.[5]

베커는 많은 신경증의 이면에 이러한 실존적 모순이 숨어 있다면서, 신경증은 인간 존재를 초월하거나 제약하려고(예컨대 강박적으로 손을 깨끗이 씻는 식으로) 과도하게 열성적이거나 왜곡되게 노력하는 모습으로 비칠 수 있다고 보았다. 베커는 또한 이것을 악의 근원으로 보았다. 그러니까 사람들은 때로는 남이 희생을 치르든 말든 상관없이 무슨 짓을 해서라도 불멸의 존재가 되고 싶어 한다는 것이다.

베커는 인간 조건에 관한 철학적 질문을 지적 물음의 중심에 놓으면서, 현재 미국의 사회과학과 정신의학의 주류로서 신념과 윤리와 가치관은 지식 추구와 상관이 없다고 간주하는 전형적인 경험주의자들과 충돌했다. 베커는 급진적인 주장 때문에―그리고《정신병에 관한 오해 *The Myth of Mental Illness*》의 저자이자 정신의학의 강력한 비판자인 토머스 사스Thomas Szasz와의 친분 때문에―결국 미국의 세 군데 대학에서 해고당하고 또 한 대학에서는 스스로 그만두었다. 그는 마흔아홉의 나이에 결장암으로 사망하고 두 달 뒤인 1974년《죽음의 부정 *The Denial of Death*》이라는 책으로 비소설 부문 퓰리처상을 수상했다.[6] 오늘날 베커는 라이퍼의 표현대로 "불가사의하고 어두운 숭배 대상"으로 남아 있다.[7] 그러나 그는 많은 제자들에게 영감을 주었다. 그중 세 학자는 지난 30년 동안 베커의 이론을 파고들어 자신들의 이론으로 발전시켰다. 이들은 우리가 한 집단―축구팀이든 정당이든 종교든―에 동일시하는 태도가 지극히 자연스러운 현상인 이유와 사람이 두려움을 느낄 때 자기가 속한 집단에 더 필사적으로 매달리는 (그리고 경쟁 집단을 멸시하는) 이유를 명쾌하게 설명한다.

죽음의 공포가 불러오는 '홉스의 함정'

30년 동안 죽음의 불가피성에 파고들면 비관적 세계관을 형성하게 될까? 제프 그린버그Jeff Greenberg나 톰 피스츠진스키Tom Pyszczynski나

셸던 솔로몬Sheldon Solomon을 만나보면 그렇지 않다는 사실을 알 것이다. 대학원 동료인 세 연구자는 베커의 개념을 검증 가능한 과학적 전제로 설정하기 어렵다는 회의적인 시각에 반박하면서 누구보다도 다채롭고 역동적인 사회심리학자들이 되었다. 우선 이들은 헤어스타일 때문에 눈에 띈다. 그린버그는 머리를 뒤로 넘겨서 하나로 질끈 묶었고, 피스츠진스키는 정수리가 벗겨지고 잿빛 머리칼을 어깨까지 늘어뜨렸으며, 솔로몬은 앞머리는 짧고 옆과 뒤는 긴 날렵한 맥가이버 스타일이었다. 이들의 연구와 헤어스타일은 배우 게이브리얼 번Gabriel Byrne이 내레이션을 맡은 2003년 다큐멘터리 〈죽음으로부터의 비행: 불멸을 향한 탐구 Flight from Death: The Quest for Immortality〉를 통해 학계를 넘어 일반에 알려졌다.[8] 이 다큐멘터리에서 솔로몬은 샌프란시스코 금문교 앞에 서서 파랑, 초록, 주황, 자주, 노랑의 현란한 홀치기염색 티셔츠 차림으로 빙긋 웃으며 인간 존재의 중요한 딜레마를 간단히 요약한다. "우리가 숨 쉬고 배설하는 고깃덩어리로서 결국 죽을 운명이고 궁극적으로 도마뱀이나 감자보다 낫지 않다는 노골적인 진실을 인식하면 썩 기분이 좋지는 않습니다."

나는 솔로몬과의 대화가 재미있을 거라는 기대를 안고 그가 강단에 서는 뉴욕 주 새러토가 스프링스의 문과대학 스키드모어칼리지를 찾아갔다. 뉴욕에서 기차를 타고 가다 보니 역마다 죽음을 떠올리게 하는 표식이 있었다. 2012년 9월 13일은 리비아의 미국 대사가 벵가지의 미국 영사관 테러 공격으로 사망하고 이틀 뒤라서 모든 깃발이 조기로 걸려 있었다.

솔로몬은 엄격한 분위기의 학계에서 독보적인 인물이다. 그는 학과를 자유자재로 넘나든다. 연구실 책장의 장서는 생물학과 철학, 심리학을 망라한다. 그는 조지 엘리엇George Eliot이나 버지니아 울프Virginia Woolf를 지그문트 프로이트나 찰스 다윈만큼 즐겨 인용한다. 솔로몬에 따르면 초창기에 그들 셋이 이런 "위대한 이론들"을 조금씩 건드렸을 때는 영문학계와 실험심리학계 양쪽에서 모두 비판을 받았다고 한다. 그들이 학술지 편집자들을 설득해서 논문을 게재하기까지는 몇 년씩 걸렸다. 그러나 그가 학생들을 강의로 끌어들이는 것은 어렵지 않았다. 솔로몬은 대학에서 가장 인기 있는 교수들 중 한 명이다. 교수 평가 사이트 'RateMyProfessors'[9]에는 그의 강의를 들은 학생들이 "겸손하고 약간 제정신이 아니고 짓궂은 유머감각을 소유한 천재"이자 "캠퍼스에서 가장 '핫'하고 '쿨'한 교수"라고 칭찬한 평가가 올라와 있다. 물론 그중에는 그가 "떠돌이 일꾼처럼 입는다"고 평한 학생도 있다.

솔로몬은 인간 행동 이론에 이르기까지 기나긴 자기 성찰의 여정을 거쳤다. 그는 20대 후반에 베커의 《죽음의 부정》을 처음 접하고는 큰 충격을 받아 갈피를 잡지 못한 채 스키드모어를 그만두고 공사판에서 일하며 전국을 떠돌았다. "그러니까, 아, 그분이 옳다면 대체 난 무얼 하고 있는 거지? 순간 저는 학자로서의 허세에 환멸을 느꼈습니다." 솔로몬은 잠시 요리사가 될까 생각한 적도 있었다.[10] 이런 모든 경험 덕분에 그는 함께 있으면 즐거운 사람이 되었다. 하지만 그가 전달하려는 메시지 만큼은 진지하다.

그에 따르면 우리는 언젠가 죽는다는 인식을 감추기 위해 삶에 의미를 부여하고 상징을 통해 불멸에 도전하는 문화적 규범과 개념을 수용한다. 우리는 어떤 이념을 지지하거나 어떤 단체에 들어가거나 축구 클럽에 영원한 충성을 맹세하거나 신앙과 도덕률을 채택하거나 예술을 창작하거나 가족이나 직장에 헌신한다. 이런 공통의 노력 속에서 자신이 결코 혼자가 아니라는 자기가치감self-worth을 얻는다. 죽음이라는 엄연한 진실을 통감하는 위기의 순간에 우리는 우리의 세계관에—종교든 과학이든 문화든 철학이든—매달리고 비슷한 세계관을 공유하는 사람들에게 우리의 생사가 걸려 있는 양 집착한다. 그러다 문제에 부딪칠 수도 있다. 이를테면 우리의 가치관과 집단의 신의를 공고히 다지면서 우리와 세계관이 다른 사람들을 묵살하거나 폄하한다. 또는 "우리의 신이 너희의 신보다 우월하다. 우리가 본때를 보여줘서 증명하겠다"고 생각한다.

그린버그, 피스츠진스키, 솔로몬과 그 밖의 연구자들은 지금까지 500여 차례의 실험을 통해 집단 갈등에 대한 그들의 관점(그들이 '공포 관리 이론terror management theory'이라고 이름 붙인 이론)을 검증해왔다.[11] 1989년에 발표된 첫 번째 연구에서는 투손의 지방법원 판사 22명에게 모두가 부도덕한 범죄로 간주하는 매춘으로 기소된 피고에게 보석을 허가하도록 요청했다. 그리고 22명 중 절반에게는 언젠가 죽는다는 사실에 대해 어떤 느낌이 드는지 설문지를 작성하도록 했다. 어떤 결과가 나왔는지 확인할 수 있다. 사전에 죽음을 생각하는 단계를 거친 판사들은 운 좋게도 죽음을 생각하지 않은 판사들보다 보석금을 평균 9배나 높게 책정했다(455달러 대 50달러). 실존적인 고뇌가 깊을수록 내면에 깊이 뿌리내린 가치관에 더 가까이 다가가서, 범죄자를 처벌하려는 열망이 더 강해지는 것으로 나타난 것이다.[12]

솔로몬과 동료들은 거의 모든 연구에서 나타난 이런 효과를 검증하기 위해 창의적인 방법을 고안해왔다. 한 연구―내가 개인적으로 좋아하는 연구―에서는 심리학과 학생 74명을 초대해 자신과 정치적 견해가 크게 다른 사람한테 아주 매운 소스를 주게 했다. 학생들은 상대가 매운 음식을 좋아하지 않아도 할당받은 소스를 먹어야 한다는 사실을 알았다. 예상대로 사전에 "죽으면 신체적으로 어떤 일이 일어날지 생각나는 대로 최대한 구체적으로 적으라"는 지시를 받은 학생들은 매운 칠리 살사 소스를 훨씬 후하게 할당했다.[13]

인간의 유한성을 떠올리게 하면―반면에 일반적인 불안을 떠올리게 하면 동일한 효과가 나오지 않는다―나와 다른 사람들에게 더 공격적으로 변한다는 결과는 우리의 현실 세계에 의미하는 바가 크다. 국가 불안 시기에―테러 공격의 여파가 있거나 사회·경제적으로 불안정한 시기에―사람들은 자기 '부족'(국가나 이웃이나 그 사이의 모든 집단) 구성원에게는 여느 때와 다른 연대의식을 느끼고 외부인에게는 적대감을 느끼는 경향이 있다.[14] 그린버그, 피스츠진스키, 솔로몬과 그 밖의 연구자들이 세계 곳곳에서 수십 가지 실험으로 이와 같은 경향을 입증했다. 예를 들어 일부러 죽음을 생각하게 하자 독일인들은 무의식적으로 같은 독일인 옆에 가서 앉고 터키인에게서는 더 멀리 떨어져 앉으려 했으며, 네덜란드 축구팬들은 자국 대표팀이 독일 대표팀을 물리칠 방법을 비현실적으로 기대하고, 이탈리아인들은 자기네가 다른 국적의 사람들과 어떻게 다른지 과장하고, 일본인들은 자국을 비판하는 사람들에게 더 무례하게 굴고, 이스라엘인들은 이스라엘로 이민한 러시아계 유대인에게 덜 수용적이고, 이란인들은 서방과의 평화보다는 미국에 대한 자살 폭탄 테러를 선호하고(위협이 전혀 없는 설정에서는 그 반대로 나타났다), 정치적으로

타인의 영향력

보수 성향의 미국인들은 핵무기나 화학무기를 동원해서 특정 중동 국가에 선제공격을 가하는 방법을 지지하는 것으로 나타났다.

이것은 홉스의 함정*이라는 원리에 작용하는 심리다. 홉스의 함정이란 두 집단 사이의 긴장이 고조되는 동안 공포로 인해 둘 중 하나가 먼저 공격해서 충돌이 발생할 가능성이 높아지는 현상을 말한다. 〈스타워즈Star Wars〉에서 제다이의 스승 요다는 이 현상을 간파하고 〈보이지 않는 위험The Phantom Menace〉에서 어린 아나킨 스카이워커에게 이렇게 경고한다. "두려움은 암흑으로 가는 길이다. 두려움은 분노로 이어진다. 분노는 증오로 이어진다. 증오는 고통으로 이어진다." 충돌하는 동안 우리는 적과 심리적 공간을 공유한다. 우리가 적을 죽이고 싶어 하는 만큼 적이 우리를 죽이고 싶게 만드는 것이다.

부시는 어떻게 90퍼센트의 지지를 받았나

2001년 9월 10일, 긴장이 감돌던 따스한 월요일 아침에 솔로몬은 뉴저지 주 뉴어크의 집에서 그가 강의하는 뉴욕 브루클린 대학교로 가는 기차에 올랐다. 평소 좋아하는 세계무역센터 1층 빵집에 들러서 즐겨 먹는 커피와 콘머핀을 살 시간적 여유가 있었다. 지난 2년 동안 일주일에 두 번씩 해오던 일과였다. 그는 나중에 "하루 차이가 얼마나 큰가"라고 회고한다. 미국 동부에 그야말로 구름 한 점 없던 이튿날, 그는 여느

• 《리바이어던》(1651)을 저술한 정치철학자 토머스 홉스Thomas Hobbes에서 따온 말로 상대에 대한 불신으로 인한 두려움에서 기인한다.

때보다 일찍 출근해야 해서 차를 몰고 곧장 대학으로 달리며 "아침 해가 로어 맨해튼에, 특히 세계무역센터 쌍둥이 빌딩에 눈부신 햇살을 뿌리는 광경"을 바라보았다.[15] 그가 강의실에 도착하고 두 시간 뒤 양쪽 건물 모두 돌무더기가 되었다. 그는 화가 나서 "책임자들이 철저하게 말살되는 광경을 (물론 CNN으로) 간절히 목격하고 싶다"고 씩씩댔다.[16]

대다수 미국인과 전 세계 수많은 사람에게 9·11 테러는 이전에는 자각하지 못하던 실존적 위기의식을 건드렸다. 그럭저럭 예측이 가능하고 안전하던 세계가 하루아침에 신기루처럼 보인 것이다. 구름 한 점 없는 가을날 하늘에서 아무런 예고도 없이 죽음이 내려올 수 있다면 삶의 가치에 대해 뭐라고 말하겠는가? 인간의 유한성을 이보다 더 일깨워주는 사건도 없을 것이다. 피스츠진스키는 9·11을 "미국인의 심리적 평정에 대한 공격"이라고 일컬었다.[17] 공통된 반응—애국심 고취, 확고한 국민적 화합, 다른 문화에 대한 적대감, 반대 의견에 대한 불관용, 강력한 보복 요구, 교회 예배 참가율 증가—은 피스츠진스키, 솔로몬, 그린버그가 예상한 그대로였다.[18]

정치적으로도 그에 못지않은 결과가 이어졌다. 9·11 테러 한 달 후 조지 부시George W. Bush는 역대 대통령 중 가장 높은, 90퍼센트를 넘는 지지율을 얻었다. 이 지지율이 그 뒤 몇 달 동안 그대로 유지되었고, 부시를 지지하는 국민들은 정치적 성향을 가르지 않았다. 미국인의 압도적 다수가 (당시) 아프가니스탄과 이라크에 대한 부시의 군사작전을 지지했다. 베커라면 이런 반응에 놀라지 않았을 것이다. 부시는 미국의 전통적인 문화적 가치관을 강조하면서—"우리는 슬픔과 분노에서 우리의 임무와 우리의 때를 발견했다. …… 인간 자유의 진보가 우리에게 달려 있다"[19]—공화당과 민주당 모두를 대표해서 칼을 뽑아들고 미국을 위협하는 모든 세력과 상징적인 싸움을 벌였다. 베커의 말처럼 부시는 미국인들이 "세계의 공포를 부정"하도록 도와준 셈이다.[20] [21] 미국이 위기에 봉착한 순간 자신만만하고 뚝심 있게 앞장선 부시는 삶을 긍정하는 기본적인 이상과 행복을 추구하는 미국인의 신념을 회복시켜줄 완벽한 후보였다.

언뜻 보기에는 미국이 정당을 막론한 통일된 반응을 보인 것이 모순처럼 느껴진다. 진보적이고 개방적인 사고를 중시하는 진보주의자라면 테러의 위협 앞에서 더 큰 관용을 베풀어야 하지 않을까? 사람들에게 죽음을 생각하게 할 때 흔히 벌어지는 상황이 아닌가? 다시 말해서 진보주의자는 더 진보적이 되고, 보수주의자는 더 보수적이 되어야 한다.[22] 그러나 9·11은 달랐다. 테러 공격이 미국인의 삶의 방식에 근본적인 위험을 가한 탓에 정치적 파벌을 초월하는 반응이 나온 것이다. 솔로몬은 이렇게 말한다. "미국인들은 하느님이 세상의 악을 없애라는 임무를 자신에게 부여했다고 천명하는 카리스마 넘치는 지도자에게서 심리적 도피처를 찾았다." 그리고 솔로몬 자신도 잠시 이슬람을 비난하면서 "그곳—'그곳'이 어디인지 알았다는 뜻은 아니다—으로 전투기 몇 대를 보내서 그들—'그들'이 누구인지 알았던 것도 아니다—에게 폭탄을 떨어뜨려야 한다"고 생각했다.

부시가 큰 표차로 승리한 2004년 미국 대통령선거에서 테러리즘의 서사가 유권자들에게 어떤 영향을 끼칠 수 있었는지에 관한 논의는 솔로몬, 그린버그, 피스츠진스키와 그 밖의 연구자들이 대선 6개월 전에 실시한 실험을 근거로 한다. 연구자들은 뉴욕 브루클린 대학교 학생식당에서 대학생 157명에게 접근해 그중 절반에게는 사전에 "자신의 죽음을 생각하면 어떤 감정이 드는지 간략히 서술하시오"와 같은 진술에 답하도록 했다. 그리고 나머지 절반—통제 집단—에게는 고통에 관해 생각하라고 지시했다. 그런 다음 각자의 정치 성향을 평가하고(대체로 진보적이었다) 부시와 민주당 대통령 후보인 존 케리John Kerry 중 누구에게 투표할 가능성이 높은지 물었다. 결과는 놀라웠다. 통제 집단 학생들은 4 대 1 정도로 부시보다 케리를 선호한 반면, 사전에 죽음을 생각하는 단계를 거친 학생들은 부시를 케리보다 거의 3 대 1 정도로 선호했다. 이런 결과는 정치적 이념과는 전혀 상관이 없어 보였다. 부시는 실존적으로 각성된 보수주의자와 진보주의자 모두에게서 대등한 관심을 받았다. 분명 미국의 정체성을 공격적으로 지키려는 부시의 태도가 모든 미국인의 마음 깊이 자리 잡은 공포를 건드렸기 때문일 것이다.[23]

솔로몬은 이렇게 말한다. "우리가 놀란 이유는 죽음을 암시하는 장치가 거의 감지하기 어려웠기 때문이었다. 이렇게 심리상태를 조금만 건드려도 결과는 어마어마했다." 심리학자 드루 웨스턴Drew Westen은 "정치적 뇌는 정서적 뇌다"라고 주장하는데, 이것은 투표가 합리적인 논쟁보다는 직감에 따라 결정된다는 뜻이다.[24] 마찬가지 이유에서 사람들에게 새로운 정보를 제시하여 생각을 바꾸게 하기가 매우 어려울 수 있다. 예일 법학대학원의 댄 카한Dan Kahan은 사람들이 자신의 핵심 문화적 가치관이나 자기가 속한 사회 집단의 관점과 배치되는 주장이라면, 예컨대 이산화탄소 배출이 지구온난화를 유발한다거나 총기규제법이 폭력 범죄에 아무런 영향을 끼치지 않는다는 식의 자명한 주장에도 반박할 방법을 찾으려 한다는 결과를 얻었다.[25] 특히 선거에서는 공포와 공감이 논리를 이긴다. "부시가 〔이라크〕전쟁과 9·11에서 아무리 나쁜 짓을 저질러도, 유권자들에게 그 일을 떠올리게 만들기만 하면 우리는 끝장난다." 2004년 5월 민주당의 한 전략가가 한 말이다.[26]

공화당은 유권자들을 계속 그들 편에 묶어두기 위해 9·11의 상징성과 공포 유발의 수사법을 제대로 써먹었다. "쌍둥이 빌딩" "테러 위협" "알카에다" "국가 안보"를 비롯한 여러 가지 관련 문구가 공화당 선거운동의 어휘집에 들어 있었다. 나아가 그들은 미국에서뿐 아니라 전 세계에서 같은 전략을 구사하여, 사담 후세인Saddam Hussein이 뉴욕과 워싱턴에 대한 알카에다의 테러와 관계있다고 볼 만한 증거가 전혀 나오지 않았는데도 사담 후세인을 상대로 전쟁을 일으키는 데 필요한 대중적 지지를 확보할 수 있었다. 이라크를 침공하기 두 달 전에 발표된 부시의 2003년 연두교서에서 다음 대목을 살펴보자.

> 정보소식통, 비밀 통신, 현재 구금된 사람들의 진술과 같은 증거에 따르면 사담 후세인이 알카에다 조직원을 포함한 테러범들을 지원하고 보호하는 것으로 드러났습니다. 후세인이 감쪽같이 숨겨둔 무기를 테러범들에게 비밀리에 제공하거나 테러범들이 직접 개발하도록 도와줄 수 있었습니다. …… 우리나라에 병 하나, 통 하나, 상자 하나만 몰래 흘러들어와도 이제껏 본 적 없는 공포의 날이 시작될 겁니다. 우리는 총력을 기울여서 결코 그런 날이 오지 않게 할 겁니다.[27]

위기에 대한 합리적 성찰을 생략하게끔 설계된 심리적 어퍼컷을 날린 셈이다. 영국에서 토니 블레어Tony Blair도 유사한 방식에 따라, 이라크에 대한 국제적 기만행위를 1939년 나치의 체코슬로바키아 침공 이후 히틀러에 대한 통제력을 상실한 사건에 견주었다.[28] 사람들의 근원적 공포를 조작하고 취약성을 일깨움으로써 전쟁에 대한 지지를 끌어내는, 예부터 전해오는 지도자의 전술이다. 그것은 역사에 기록된 가장 오래된 수법 중 하나이지만, 여전히 우리를 곤란하게 만든다.[29]

경제가 심리에 끼치는 영향, 권위주의 증후군과 터틀링 현상

9·11은 전대미문의 예기치 못한 사건이었다. 그렇지만 미국 역사상 극적인 사건 때문에 전국에서 집단의 차이가 과장된 사례는 그전에도 있었다. 더구나 대량 살상에 의해서만 이런 효과가 나타나는 것도 아니다. 경제적 불안정이 심각해지면 국민들은 가시적인 위협만큼 불안하게 느낄 수 있다.

1979년에 미국에 살았던 사람이라면 수백만 장이 팔려나간 마이클 잭슨Michael Jackson의 획기적인 앨범 《오프 더 월 *Off the Wall*》이 발매된 일이라든가, 맥도날드에서 아이들에게 친근하고 부모를 기쁘게 해주는 해피밀을 출시한 일이라든가, 지미 카터 대통령이 조지아에서 낚시하러 갔다가 늪 토끼와 승강이를 벌인 사건을 기억할 수도 있다. 그러나 이런 일을 기억할 가능성은 높지 않다. 그보다는 정신이 번쩍 들게 한 사건들, 예를 들면 스리마일 섬 원자력발전소의 노심 용융 사고*나 이란의 인질 사건이나 소련의 아프가니스탄 침공 따위를 떠올릴 것이다. 경제가 불안정하다는 인식이 널리 퍼져 있던 분위기를 기억할 수도 있다. 예컨대 1979년과 1982년 사이에 미국의 실업률은 5.8퍼센트에서 9.7퍼센트로 증가하고,[30] 소비자물가지수로 측정한 기본 생필품 가격이 1차 세계대전 이래로 같은 기간 대비 그 어느 때보다 가파르게 올랐다.[31] 1979년은 카터 대통령이 텔레비전 연설로 국민들에게 미국 민주주의에 대한 근본적인 위협과 국가적 "신뢰의 위기"를 경고한 해이기도 하다.

> 미국의 국가 의지의 심장과 영혼, 정신에 타격을 입을 만한 위기입니다. 갈수록 우리 삶의 의미를 의심하고 조국에 대한 통일된 목표의식을 잃어가는 현실에서 이런 위기에 직면할 수 있습니다. 이처럼 미국의 정신이 위기에 빠진 증상이 도처에 퍼져 있습니다. 미국 역사상 처음으로 국민 대다수가 향후 5년 동안이 지난 5년보다 더 힘들어질 거라고 내다봅니다.[32]

이처럼 사회 전반에 불확실성이 퍼져 있는 분위기를 대하는 당시 미국 사회의 반응은 9·11에 대한 반응과 비슷했다. 여기에서 미시건 대학교의 심리학자 리처드 도티Richard Doty, 빌 피터슨Bill Peterson, 데이비드 윈터David Winter가 "권위주의 증후군authoritarian syndrome"이라고 일컬은 개념이 발전했다. 이들은 당시의 사회 추세를 관찰하면서, 1978년과 1982년 사이에 미국인들이 경제가 회복되고 위기가 완화된 이후의 5년에 비해 더 엄격하고, 더 보수적이며, 특이한 가치관과 견해에 대한

• 1979년 3월 28일 미국 펜실베이니아 주 남부에 있는 섬의 원자력발전소에서 핵연료를 담고 있는 노심이 녹아내려 대규모 방사능 누출 사고가 발생했다. 원전에 대한 대중의 공포와 불신이 증대되었으며 이 사건은 반핵 운동의 시발점이 되었다.

포용력이 줄어들었다는 사실을 발견했다. 예컨대 고등학생들의 인종적 편견 수준이 높았고, 백인우월주의 집단인 KKK(Klu Klux Klan) 활동이 늘어났으며, 유대교 회당 파괴를 비롯한 반유대주의 사건이 급증했고, 시청자들은 힘이 있거나 지배적인 인물을 주인공으로 내세우는 텔레비전 프로그램을 선호했으며, 애완동물을 키우는 주인들 사이에도 치와와 같은 작은 개보다는 독일 셰퍼드 같은 '전투견'을 찾는 사람이 많아졌다.[33] 예상한 대로 모두 우파 정치인들의 손에 놀아난 결과였다. 범죄에 대해 강경한 태도를 취하고 소련에 공세적으로 나가던 로널드 레이건이 1980년 대통령선거에서 압도적인 승리를 거두었다.

이로써 경제와 사회 문제가 삶의 방식을 위협할 때는 테러 위협 못지않게 사람들을 내집단의 품속으로 파고들게 만든다는 사실이 입증된다. 1970년대 후반에는 9·11 직후 못지않게 미국인들이 취약한 상태였으며, 그래서 더 미국 문화의 핵심 교리에 매달리고, 더 미국적이고 더 함께한다고 느끼는 방식으로 문제를 해결하려 한 것이다. 베커에 따르면 이것이 바로 사회가 진정으로 추구하는 것이다. 다시 말해서 사람들이 단지 참여하는 것만으로 의미를 찾고 삶을 중요하게 만들 수 있는 체제다. 체제가 위협을 받으면, 상징을 강화해야 할 필요성이 커진다.

경제와 사회의 불안도 우리의 집단 성향을 과장한다는 주장은 역사상 사람들이 얼마나 자주 합심해서 외집단을 박해해왔는지 들여다보면 신빙성이 있어 보인다. 사회심리학 초창기의 고전인 한 연구에서 예일대학교의 칼 호블랜드Carl Hovland와 로버트 시어스Robert Sears는 1882년부터 1930년 사이에 미국 최남동부 지역*에서 흑인에 대한 폭도들의 폭력 수준이 면화 가격과 농민들의 재정 상태에 따라 오르내린 점을 발견했다(당시에는 농업이 주요 산업이었다).[34] 마찬가지로 미국에서 사형제를 지지하는 비율은 불평등이 심하고 주민들이 (예를 들면 높은 범죄율 때문에) 덜 안전하다고 느끼는 지역에서 더 높은 것으로 알려졌다. 적어도 미국의 보수적인 주에서는 사형 선고를 받는 죄수와 사형이 집행된 죄수의 수가 모두 위협을 받는 시기에 상승한다.[35]

이런 효과는 모든 국가에서 나타날 수 있다. 1920년대와 1930년대 초 독일에서 대량 실직과 높은 인플레이션이 나치즘의 부흥에 기름을 부은 이유는 직업이 없는 중산층 이하 계층—특히 사회에서 소외된 원인을 대형 유대인 사업체 탓으로 돌리는 소상인들—이 나치의 강력한 국가주의 이념에서 힘을 받았기 때문이다.[36] 60년 뒤 동독에서는 실업 문제로(이번에는 서독과의 통일에 의해 발생했다) 다시 외국인 혐오 정서가 확산되어, 망명 신청자와 난민을 비롯한 외국인에 대한 공격의 수가 급격히 상승했다(1991년 1월 40건에서 1992년의 마지막 4개월에는 매달 약 1000건에 이르렀다).[37]

국립사회연구센터National Centre for Social Research의 여론조사에 따르면, 영국에서는 2012년과 2013년에 이민자를 대하는 국민들의 태도가 10년 전보다 확연히 부정적으로 변한 것으로 나타난다.[38] 이민자 규모에 대한 불안감이 수십 년 만에 최악의 불경기 때문에 악화된 것이다. 상황이 이렇게 되자 정치 분석가 데이비드 굿하트David Goodhart가 다문화 사회에 관한 "불편한 진실"이라고 일컬은 현상에 초점을 맞추게 된다. "인간은 집단에 기반을 둔 유인원으로, 자기 집단의 구성원을 선호

• 특히 조지아·앨라배마·미시시피·루이지애나·사우스캐롤라이나 주.

하고 외부인에게로 신중히 신뢰를 넓혀간다."[39]

2001년, 하버드의 정치학자 로버트 퍼트넘Robert Putnam은 미국 전역에서 3만 명에게 실시한 설문조사를 통해 다양한 민족이 모여 사는 지역에서는 시민들의 참여가 현저히 적다는 결과를 얻었다. 이를테면 시민들이 서로 덜 신뢰하는 까닭에, 투표하고 자원봉사를 하고 기부하는 사람이 적었다.[40] 퍼트넘은 이런 현상을 '터틀링turtling'이라고 하는데, 익숙한 대상 속으로 들어간다는 뜻이다. 불경기처럼 자원과 기회의 제약이 생길 때는 더 내부로 파고들어가 지역사회의 극단화가 더욱 심해지고 불신은 적대감으로 커진다. 전체 체제를 겨냥하기보다는 희생양(이민자? 유대인? 이슬람교도? 수당 청구인? 은행원?)을 찾는 방법으로 혼란스러운 환경을 통제하는 편이 훨씬 수월하다. 따라서 굿하트는 더욱 폭넓은 관점으로—이 관점 때문에 맹비난을 받았다—, 증세 정책을 지지하는 복지국가를 운영하는 대의 민주주의에서는 다양한 민족 집단이 단순히 옆에서 사는 것만으로는 부족하다고 주장한다. 협력하려면 어느 정도 연대의식이 있어야 한다. 다양한 집단이 통합되지 않으면, 마차에서 바퀴가 떨어져나가는 순간에 집단 간의 분열이 모든 면에서 이용될 것이다.

여기서 중요한 문제 하나가 제기된다. 사회 통합이 어느 정도나 이루어져야 혼합된 공동체에서 충돌이 일어나지 않을까? 현재 로드아일랜드 브라운 대학교의 정치학자 애슈토시 바시니Ashutosh Varshney가 한 가지 답을 내놓는다. 바시니는 인도에서 특정 지역이 다른 지역보다 이슬람교와 힌두교 사이의 폭력이 더 만연한 이유를 알아보고자 했다. 인도의 여섯 개 도시—평화로운 도시 세 곳(캘리컷, 러크나우, 수라트)와 폭력적인 도시 세 곳(알리가르, 하이데라바드, 아마다바드) — 에서 현장 연구를 실시한 뒤, 그는 민족 화합의 핵심은 공동체 사이에서 서로 깊은 차원으로 관여하는 데 있다고 결론지었다. 두 집단이 서로 이웃지간이거나 아이들이 같은 학교에 다니는 정도로는 충분하지 않다. 기업 협회, 스포츠 클럽, 노동조합, 정당, 지역사회 단체, 학생회, 독서모임 등을 통해 서로 섞여야 한다. 공동체가 이런 차원으로 통합되면 정치 엘리트의 극단화 전략에 제동을 걸 수 있다고 바시니는 설명한다. 지역사회에는 불꽃이 불길로 번지지 않게 막아주는 혜택이 돌아간다. 이런 식으로 평화가 유지된다. 다시 말해 안정된 혼합 지역사회에서는 모든 구성원이 참여해서 시민 사회의 구조를 이룬다.[41]

영국의 북부 도시 브래드퍼드에서는 한 번도 이런 일이 벌어진 적이 없다. 2001년 7월 브래드퍼드에서는 백인과 남아시아인 사이의 인종 갈등이 폭발해서 광범위한 폭동으로 번졌다. 폭동 이후 지역사회 통합을 평가하기 위한 정부 주도의 독립 조사단은 브래드퍼드와 북부의 다른 마을과 도시가 인종 폭력의 영향으로 "심각한 극단화의 타격을 입었다"고 보고했다. 학교와 자원봉사단체, 예배당과 사회·문화적 네트워크, 직장을 비롯한 도처에서 인종차별이 나타난다고 보고했다. "많은 지역 사회가 서로 평행선을 그리는 생활을 기반으로 돌아간다. 이러한 생활은 서로 겹치고 의미 있는 교류를 촉진하기는커녕 대개 어느 지점에서도 교차하지 않는 듯하다."[42] 브래드퍼드는 아직도 영국에서 가장 분열이 심한 도시 중 하나다. 3분의 1 이상의 초등학교와 중학교에서 카슈미르 출신 파키스탄 학생의 비율이 압도적으로 높고, 주민의 43퍼센트가 집에서는 영어 이외의 언어를 쓴다.[43]

문화적으로 서로 거리가 먼 공동체들을 하나로 연결하는 것이 얼마나 어려울 수 있는지 보여주는 예로 벨파스트가 있다. 설문조사에서는 주민의 압도적 다수가 종교가 섞인 동네에서 살고 싶어 하는 것으로 나타났지만, 주택단지의 90퍼센트 정도에서 천주교가 지배적이거나 개신교가 지배적이다.[44] 의지가 있다고 해도, 역사적으로 서로 분리된 공동체를 같은 공간에 정착시키는 과정은 결코 쉽지 않다.

공존을 모색하는 사람들

나는 2000년대 내내 이스라엘과 팔레스타인 영토를 찾아가 갈등의 심리를 연구하면서 이스라엘과 팔레스타인 사람들 중 최근 몇 년 동안 서로 알고 지내기는커녕 말을 섞어본 적 있는 사람조차 거의 만나지 못했다. 양측은 여전히 높은 담을 사이에 두고 텔레비전이나 검문소를 통해서만 서로를 만나며, 소통하거나 질문하는 경우가 전혀 없다. 양측은 상대방 영토에 발을 들여놓을 수 없다. 서로 논쟁할 만큼 가까이 접근하지도 못한다. 내가 방문한 가자의 한 초등학교에서는 아이들이 총알 자국이 난 교실에서 창문 너머로 이스라엘 정착촌(철거 이후)을 가리켰다. 정착촌에서는 또래의 유대인 아이들이 빨간 기와지붕 집들 사이에서 자전거를 타고 있었다. 그러나 팔레스타인과 이스라엘 아이들은 스케치북에 서로의 모습을 거의 똑같이 그린다. 짐승이나 무시무시한 지하세계 괴물의 모습이다. 사람으로 그리는 아이는 드물다. 서로를 알지 못하기 때문에 서로에게 두려움밖에 느끼지 못하는 것이다.

사회를 이루는 다양한 집단 구성원이 서로 알고 지내야 화합을 이룰 수 있다는 주장은 1954년 미국의 심리학자 고든 올포트Gordon Allport가 편견과 부정적 고정관념, 적대감을 줄이는 방법으로 제안한 '접촉가설contact hypothesis'의 핵심 원리다.[45] 접촉가설의 근거는 이해하기 어렵지 않다. 어떤 사람과 적절히 소통하고 대화하다 보면 그 사람의 관점을 이해하고 그 사람이 나와 얼마나 비슷한지 알아서 그 사람을 신뢰할 가능성이 점점 커진다. 그러나 생각만큼 간단하지 않을 수 있다.

　올포트는 접촉으로 효과를 얻으려면 여러 가지 기본 조건이 전제되어야 한다고 결론지었다. 예를 들어 두 당사자의 지위가 대등하고, 공동으로 추구하는 목표가 있고, 공동체의 지지를 얻어야 한다. 이스라엘과 팔레스타인은 이런 기준을 하나도 충족하지 못하는 환경이라서, 자기 집단의 사고방식을 거부하고 상대 쪽으로 손을 내밀려고 시도하는 사람들이 양쪽에 존재한다는 사실이 더 놀랍다. 이런 사람들 중 다수가 아들이나 딸, 형제나 자매, 또는 부모를 폭력에 잃어본 경험이 있는 것은 우연이 아니다. 가족을 잃은 충격 때문에 이들은 공존을 위한 새로운 방법을 모색해왔다. 1994년에 하마스의 납치와 살해로 아들 아리크를 잃은 정통파 유대교도 이츠하크 프란켄달Yitzhak Frankenthal은 이스라엘과 팔레스타인 유족을 위한 부모 모임을 만들었으며,[46] 최근에는 '화해·관용·평화를 위한 아리크 협회Arik Institute for Reconciliation, Tolerance and Peace'를 설립했다.[47] 프란켄달은 또한 서로 만나서 대화를 나눠본 적이 없는 이스라엘과 팔레스타인 사람들을 위해 핫라인을 개설하는 데 일조했다. 100만 통 이상의 통화가 오갔다. "저는 아버지로서 실패했다는 생각이 들었습니다. 아들을 잃었으니까요. 남은 네 아이마저 잃지 않으려면 뭐

접촉가설

집단 간 고정관념과 편견, 차별을 해소하고 관계를 개선하는 가장 좋은 방법은 각 구성원들의 긴밀한 상호작용이다. 접촉으로 효과를 얻기 위한 전제 조건인 대등적 지위는 사회·경제적 지위가 아니라 심리적 평등을 뜻한다.

든 해야 했습니다." 2002년에 예루살렘의 어수선한 동굴 같은 사무실에서 그가 내게 한 말이다.

프랑켄달의 팔레스타인 쪽 동반자들도 똑같이 생각하는 듯했다. 프랑켄달은 나를 이스라엘이 점령한 동예루살렘으로 보내서, 현재 부모 모임의 팔레스타인 쪽 부대표를 맡은 아델 미스크Adel Misk라는 사람을 만나게 해주었다. 미스크는 이렇게 말했다. "사람들은 이츠하크와 제게 어떻게 이런 일을 할 수 있느냐고 묻습니다. 우리는 희생자예요. 우리는 피의 의미를 잘 압니다. 우리가 마주 앉아 대화를 나눌 수 있다면 메시지를 전하는 셈입니다. 다른 방법은 없습니다. 저는 이 길을 믿습니다." 이들 말고도 이 방법—영웅적으로 집단 경계를 허무는 방법—을 믿는 사람들은 많으며, 그중 가장 유명한 인물은 소설가 존 스타인벡John Steinbeck이다. 스타인벡은 이제껏 쓰인 모든 진실한 산문이 이런 원칙을 바탕으로 한다고 생각했다. "사람들을 이해하려고 노력하라. 서로를 이해하면 서로에게 친절을 베풀게 된다. 어떤 사람을 잘 알면 결코 그 사람을 미워할 리가 없고 거의 언제나 사랑하게 된다."[48]

'공동의 장을 찾아서Search for Common Ground(SFCG)'는 분쟁 해결에 전념하는 최대의 비정부기구로, 단언컨대 가장 성공적인 민간단체다. 1982년에 결성된 이래로 전쟁을 종식시키고 아프리카·유럽·중동·아시아·북아메리카의 27개국에서 민족 간의 증오를 해소하는 데 일조해 왔다. SFCG의 철학은 그 이름에 고스란히 담겨 있다. 분쟁은 차이에서 발생하므로, 평화로 가는 가장 효과적인 방법은 서로 비슷한 부분에 주목하는 것이다.

SFCG의 설립자 존 마크스John Marks는 미국 국무부에서 분석가로 일하다가 미국의 베트남 정책에 환멸을 느끼고는 주로 현지 경험과 양식良識을 통해 이런 '공통성' 접근에 집중해왔다. 그의 접근법은 최근 과학적으로 입증되었다. 2009년, 피스츠진스키는 일련의 심리학 실험을 통해 사람들에게 인류와의 공통점을 일깨워줌으로써 외집단에 대한 본능적인 편견을 완화할 수 있는지 알아보았다. 처음 얻은 가장 낙관적인 결과는, 미국의 기독교 근본주의자들에게 미리 자신의 죽음을 생각하게 하고 성경에서 연민에 관한 예수의 가르침이 나오는 구절을 읽히자 해외에서 막강한 군사력을 동원해 미국의 국익을 지켜야 한다고 주장하는 목소리가 약화된다는 것이었다. 이란에서 시아파 이슬람교도들에게 똑같은 실험을 실시했을 때도 비슷한 결과를 얻었다. 이란인들에게 코란에서 연민의 가치에 관한 구절을 읽히자 미국과 유럽에 폭력을 가하려는 욕구가 감소했다.[49] 피스츠진스키는 또한 사람들에게 단순히 여러 문화권 가족의 삶을 찍은 사진—부모와 아이들이 식탁에 둘러앉거나 함께 노는 사진—을 보여주거나 다른 사람들의 소중한 어린 시절 추억을 엮은 모음집을 읽히는 방법만으로도 그들이 위협적이라고 여기는 집단에 대한 내적 편견(여기서는 아랍인을 대하는 미국 대학생들의 태도)을 뒤집을 수 있다는 결과를 얻었다.[50]

이런 결과에는 SFCG의 설립 원리가 담겨 있다. 즉 사람들에게 타인과의 유사점을 일깨워주는 방법에는 매우 효과적인 무언가가 있다는 원리다. 솔로몬이 보기에 관용을 향상시키려면 "부족사회적인 사고방식을 버려야 한다. 모든 인간에게는 차이점보다 공통점이 훨씬 많다는 사실을 사람들에게 일깨워주어야 한다." 희망사항처럼 들릴지 몰라도, 이것은 사람들이 집단의 경계를 초월하는 활동에 참가할 때 저절로 가능

소녀에게 사탕을 건네는 이스라엘 병사

■■

오늘날 팔레스타인 주민들이 접촉하는 이스라엘 사람은 군인뿐이다.

해질 수 있다. 무자퍼 셰리프의 '로버스 동굴 공원' 실험(서문에서 소개했다)에서 가장 유익한 조작은 서로 적대적인 두 집단에 캠프의 급수문제를 공동으로 해결하라는 과제를 내주었을 때였다. 이 과제 때문에 두 집단 사이에 긴급히 협력할 필요가 생겼으며—그즈음 모두 갈등을 느끼던 참이었다—결국 일주일 동안 싸우고 욕하던 학생들이 사이좋게 어울리기 시작했다. (단순히 두 집단이 접촉하기만 해서는—같은 건물에서 식사를 하거나 함께 영화를 보게 해서는—벽이 허물어지지 않았다. 일부러 두 집단을 섞어서 공동의 목표를 모의하게 해야만 적대감이 줄어들었다.[51])

실제로 이렇게 깊은 차원의 연합이 이루어진 사례는 많다. 내 경험으로 미루어보면 최근 몇 년 동안 팔레스타인과 이스라엘이 꾸준히 제자리를 지키면서 협력하는 몇 가지 영역 중에 의료 분야가 있다. 의료는 협업과 지식의 공유가 무엇보다도 중요한 분야이며, 특히 국경을 넘나드는 전염병은 함께 감시해야 한다. 그리고 셰리프의 실험이 연상되는 또 하나의 분야는 바로 서안지구 양쪽의 인구가 모두 의존하고 있는 수자원의 보존이다. 이런 식의 협력관계는 대체로 처음에는 서로에 대한 의혹의 그림자를 떨치지 못한 채 시작하지만, 결국에는 서로를 이해하고 무엇보다 서로를 좋아해야만 지속된다. 분쟁 시기에 양쪽이 학문적인 관계를 유지한다면 서로 좋은 친구가 되는 과정이 훨씬 더 수월해진다.[52]

미디어가 세계를 왜곡할 때

그러면 이런 통찰을 어떻게 활용해야 할까? 편견과 집단 간 반목을 억제하려면 무엇보다도 언론, 정치인, 종교 지도자, 지역사회 지도자, 이른바 안보 전문가, 그리고 여론에 특별한 영향을 끼치는 인물들 사이에 작용하는 심리적 역학 관계를 이해해야 한다. 이것은 결코 지나친 요구가 아니다. 우리는 오랫동안 테러 위기의 격랑 속에서 살아온 탓에 정부가 테러 위험도를 높이거나(예를 들어 영국에서는 '중간'에서 '확실'로, 미국에서는 '주황'에서 '빨강'으로)[53] 경찰서장이 "무사안일주의란 불가하다"[54]고 경고할 때 모두 조금 덜 안전하다고 생각하기는 해도, 실제로 일상의 행동에는 아무런 영향을 받지 않는다(무엇을 해야 하나? 비행기를 덜 타야 하나. 공공장소에서 휴지통을 피해 다녀야 하나?). 또한 덜 안전하다는 느낌이 들 때는 그만한 결과가 온다는 사실도 안다. 즉 편견이 생기고 더 막강한 공권력을 받아들인다. 결과적으로 경찰이 대부분의 정보를 얻는 지역사회가 더 소외되는데(예컨대 이슬람 근본주의자들이 위협하는 경우에는 이슬람교도 공동체), 당국과 대중이 이들 외집단을 대하는 태도가 딱딱해져서 이들이 선뜻 나서려 하지 않기 때문이다. 정치 지도자들은 대개 대중의 마음속에 적에 대한 공포를 심어주는 방법으로 얻는 정치적 혜택의 유혹을 뿌리치지 못하지만, 이런 방식으로는 안전을 도모하기 어렵다.[55] [56]

대중매체의 역할이 결정적이다. 언론인은 대체로 보도할 때 도표를 제시하면 사회 분열이 심화될 수 있다는 사실을 잘 알지만, 언론사 사주와 편집자들은 바로 그런 이유 때문에 물러서려고 하지 않는 듯하다. 9·11 테러 이후 몇 달 동안과 매년 추모일마다 뉴스에서 죽음과 파괴의 생생한 이미지가 반복해서 나오고, 심지어 대다수 미국인과 많은 유럽인은 실제 위험에 비해 터무니없이 심각한 테러 공포에 끊임없이 시달린다. 그래서 주택보험을 들거나 여행 수단을 결정하는 수준을 넘어서 훨씬 더 큰 영향을 받는다. 서식스 대학교의 심리학자들은 실험에서 9·11 테러 이미지에 노출되면 인종 편견이 심해진다는 결과를 얻었다.[57] 그린버그와 피스츠진스키, 솔로몬이 예측했을 법한 결과다. 이런 결과는 현실로도 나타났다. 후속 설문조사에서 미국과 영국에서는 이슬람교도에 대한 증오범죄와 차별이 2001년 이후 더 빈번하게 발생한 것으로 나타났다.[58]

공포 분위기를 조장하면 신문이 잘 팔려나가지만 사람들의 인식이 왜곡될 수 있다. 2013년 5월 22일 런던 남동부 울리치의 한 거리에서 영국의 군인 리 릭비가 백주대낮에 살해당한 사건이 유독 충격적이고 공포를 불러일으킨 이유는, 범인들 중 한 명이 피투성이가 된 손을 들고 영국인들이 어떻게 절대로 안전해지지 않을지 외치는 사진과 동영상이 소셜미디어를 통해 순식간에 퍼져나가고, 거의 아무런 제약 없이 (엄청난 공식적 반대에도 불구하고) 주류 매체에 의해 다시 유포되었기 때문이다. 이런 식으로 "피 흘리는 기사여야 시선을 끈다"는 대중매체의 논리 탓에 피해가 즉시 나타나고 좀처럼 회복되지 않는다. 생생한 이미지는 위험에 대한 합리적 판단을 생략하려는 본능적인 반응을 불러일으킨다.[59] 울리치의 화면을 본 사람에게는 마체테*를 휘두르는 이슬람 극단주의자한테 살해당할 확률보다 번개에 맞아 죽을 확률이 5배나 높다고 말해주면 밤에 잠을 더 잘 자는 데 도움이 될 수도 있다. 그렇다고 해서 외집단으로서 이슬람교도에 대해 습득했을지 모를 죽음을 거부하는 본능적 편향은 누그러지지 않을 것이다. (울리치 사건이 일어나고 한 달 동안

• 남아메리카와 아프리카에서 벌채용으로 쓰는 큰 칼.

영국과 웨일스의 반反이슬람 사건을 보도한 빈도는 이전보다 4배 높았다.[60])

공포를 안고 살아가는 법

공포가 우리의 세계관을 얼마나 극단적으로 왜곡하고 내집단과 외집단의 차이를 얼마나 선명하게 부각하며 우리의 실존적 불안을 얼마나 쉽게 건드리는지 감안할 때, 우리는 공포를 안고 어떻게 살아야 할까? 텔레비전을 끄고 인터넷 뉴스를 차단하고 전화선을 모두 끊지 않는 한, 아마도 최선의 전략은 우리의 집단 정체성과 그것을 조작하는 여러 가지 방법에 최대한 예민하게 반응하는 것이다. 달리 말하면, 자극적인 제목과 유언비어를 퍼뜨리는 정치인의 본색, 곧 현실을 왜곡하는 사람들을 간파해야 한다. 우주비행사들이 전하는, 우주에서 지구를 바라보는 효과를 생각해볼 만하다. 이를테면 '연푸른색 점'이 얼마나 취약하고 그 위에 사는 모든 생명이 서로 얼마나 연결되어 있는지 깨달으면 깊은 경외심에 사로잡힌다. 멀리 물러서면 집단의 차이가 미미해 보일 수 있다.

롤란트 에머리히Roland Emmerich의 〈투머로The Day After Tomorrow〉는 갑자기 새로운 빙하시대가 도래해서 문명이 거의 전멸한다는 내용의 재난영화로, 딱히 과학적 정확성으로 인정받은 작품은 아니다. 캐나다의 주요 기후 모형 전문가 앤드루 위버Andrew Weaver는 이 영화가 "열역학에 관해 알려진 모든 법칙을 창조적으로 파괴한다"고 평했다.[61] 다만 에머리히가 위기 시대의 행동이라는 주제와 관련해서는 일가견이 있는 듯하다. 도쿄 하늘에서 주먹만 한 우박이 계속 떨어지고, 얼음처럼 찬 공기의 소용돌이가 스코틀랜드를 마비시키고, 델리에서는 눈이 내리기 시작하고, 슈퍼쓰나미가 뉴욕을 집어삼키자 모두 한배를 탄 느낌을 받는다. 국제적 분쟁은 잊히고, 미국은 남아메리카의 부채를 모두 탕감해주고, 개발도상국들은 미국과 유럽을 떠도는 수백만 난민들에게 국경을 열어준다.

분석가들은 대체로 기후변화—가뭄, 기근, 해안가 인구 밀집 지역의 홍수—의 영향 때문에 사람들이 갈수록 줄어드는 한정된 자원을 놓고 서로 경쟁하느라 세계 각지에서 분쟁이 늘어나리라 예측하지만, 최근에 이루어진 피스츠진스키의 흥미로운 실험에서는 이런 전망이 불가피한 것만은 아니라고 제안한다. 피스츠진스키가 자주 사용하는 불안유도 장치로, 사전에 자신의 죽음을 상상하게 한 다음 지구온난화의 잠재적인 파국적 효과를 생각하라는 지시를 받은 사람들은 지진과 같은 국지적 재난을 생각하라는 지시를 받은 사람들보다 평화 구축과 외교에 대해 더 많은 열의를 보였다. 또 이런 식으로 미국 중서부의 어느 대학 학생들에게 기후로 인한 파멸을 상상하게 하자, 이라크에 대한 군사작전을 지지하던 태도가 완전히 사라진 것으로 나타났다.[62]

최선의 시나리오는 이렇다. 기후변화가 시작되어 모두 같은 운명에 놓인다는 사실이 분명해지면, 어차피 모두 내집단의 일원이 되기 때문에 서로 싸우기보다는 협력하는 방향을 선호할 것이다.[63] 인간 문명의 전망을 그리 낙관하지 않았던 지그문트 프로이트조차 재앙이 닥치면 세계 연대가 이루어질 가능성이 있다고 내다보고《환상의 미래 *The Future of an Illusion*》에 이렇게 적었다. "인류가 보여줄 수 있는 얼마 안 되는 흐뭇하고 칭찬할 만한 인상은 광포한 자연의 파괴 앞에서 문명의 다툼과 내

타인의 영향력

환상의 미래

■■

"우리는 모두 한배를 탄 사람들이다."

부의 모든 차이와 적대감을 잊고 압도적인 자연의 힘에 대항해 인류를 지키자는 공동의 대의를 상기하는 모습이다."[64]

최악의 시나리오로는 언제나 코맥 매카시Cormac McCarthy의 소설 《로드The Road》가 떠오른다. 미지의 종말에서 살아남은 생존자들이 불타버린 세상에서 마지막 남은 영양자원인 '서로'를 차지하려고 다투는 내용의 소설이다.[65] 먹을 게 전혀 남아 있지 않은 환경에서는, 집단 심리를 어떤 식으로 조작해도 살아남지 못한다. 그래도 그때까지는 뭐든 해볼 수 있다.

The Power of Others

8

혼자일 때조차 혼자가 아니다

외로움을 이기는 고독의 사회학

인간 집단 행동의 여러 가지 특징을 살펴보면 타인의 무의식적 영향을 무시하기 어렵다. 그러나 이것만이 이 주제에 접근하는 유일한 방법은 아니다. 주변에 타인이 없을 때, 어쩔 수 없이 혼자 지내야 할 때 우리에게 무슨 일이 벌어지는지 들여다보는 방법으로도 많은 것을 알 수 있다. 사회적으로 고립되면 흔히 심신이 쇠약해지지만 늘 그런 것은 아니다. 어떤 사람은 남보다 잘 지내는데, 그 사람이 잘 지내는 이유는 인간 조건에 관해 많은 것을 말해준다. 북극의 겨울을 홀로 견딘 어느 젊은 영국인 탐험가의 이야기는 물리적으로 혼자인 것이 심리적으로 혼자인 것과 어떻게 같지 않은지 보여주는 동시에, 견디느냐 약해지느냐는 대개 마음속에 무엇이 또는 누가 들어 있는지와 관련이 있다는 사실도 보여준다.

어거스트 코톨드August Courtauld는 1930년 7월 케임브리지 대학교를 갓 졸업한 스물다섯 살에 영국의 북극 항공로 탐험대를 따라 그린란드로 출항했다. 비슷한 연령대와 비슷한 배경, 미지의 세계를 향한 뜨거운 열정에 사로잡힌 열네 명의 남자들로 구성된 탐험대였다. 코톨드의 친한 친구인 지노 왓킨스Gino Watkins가 이끄는 탐험대의 목표는 그린란드의 만년설에 기상관측소를 세워서 유럽과 북미 사이의 새로운 공중회

랑air corridor을 위한 자료를 수집하는 데 있었다. 그들은 그린란드 남동부 해안에 베이스캠프를 차리고 북서쪽으로 209킬로미터 떨어진 해발 2590미터에다 예기치 못한 북극의 기후변화를 포착할 만한 지점을 정했다. 세상 어디든 그보다 더 외딴 곳은 상상하기 어렵다. 사방으로 지평선 끝까지 눈밭이 펼쳐지고, 생명체는 아무것도 보이지 않는 극지방의 사막이다.

왓킨스는 4주에서 6주마다 2인 1조로 교대하면서 기상관측소를 운영할 계획이었다. 코톨드 차례가 된 12월 초, 강풍과 눈보라로 탐험대의 물자 공급 시스템이 타격을 입어서 두 명이 겨울을 나기에는 식량과 연료가 부족했다. 코톨드는 자진해서 혼자 남아 기지를 관리하기로 했다. 한 사람이 다섯 달을 버틸 만큼 식량이 남아 있었고, 기온이 이미 섭씨 영하 44도로 떨어지고 발가락에 동상을 입은 터라 베이스캠프까지 돌아갈 생각이 없었다. 그들은 송별회 겸 크리스마스 만찬을 즐겼다. 3주 앞당긴 크리스마스이긴 했지만 주어진 여건에 견주면 호화로운 만찬이었다. 썰매를 탄 천사를 장식한 식탁에 차려진 게임 수프,* 올리브유에 튀긴 정어리, 육즙을 바른 들꿩, 럼 소스를 얹은 자두 푸딩, 대추야자 열매와 건포도 디저트, 다진 고기, 잼과 데운 그로그주**를 먹고 차로 입가심을 했다.[1] 이틀 뒤 코톨드는 빙판을 터덜터덜 가로질러 바닷가로 향하는 동료들이 남동쪽 지평선 위에 점 하나로 보일 때까지 바라보았다. "이제 난 혼자다. 친구라고는 개 한 마리, 모기 한 마리도 없다"고 그는 적었다.[2]

---

* 사냥감으로 만드는 스코틀랜드 전통 수프를 통조림으로 만든 것.
** 물을 탄 술. 특히 럼주.

타인의 영향력

하지만 그는 외로웠다고 해도 일기에는 적지 않았다. 몇 주만 지나면 동료들이 돌아올 테고 그때까지 할 일이 많다고 생각했다. 그는 네 시간마다 기상 상태를 판독하고 관측소 벽에 쌓인 눈을 치우는 데 전념했다. 복장을 신경 쓰고, 보급품을 점검하고, 등유난로로 음식을 만들고, 동상 걸린 발가락을 치료했다. 한가할 때는 기지를 거쳐간 사람들이 남긴 《제인 에어*Jane Eyre*》, 《허영의 시장 *Vanity Fair*》,* 《마틴 처즐위트*Martin Chuzzlewit*》,** 《조어대전 *The Compleat Angler*》*** 같은 책을 읽었다. 혼자 체스도 두고, 길버트와 설리번 노래도 부르고("몹시 시끄러웠지만 듣는 이가 아무도 없었다"[3]), 꿈의 요트도 설계하고, 약혼녀와 함께 유람선을 타고 스코틀랜드 서부 해안을 여행할 계획을 세웠다. 그러나 생활은 갈수록 더 어려워졌다. 그의 일기에 이렇게 적혀 있다.

12월 21일—정오쯤 밖으로 나가서 땅을 조금 파고 보름 만에 처음으로 해를, 아니 해의 반쪽을 보았다. 오늘 밤엔 오로라가 아름다웠다. 하늘 전체에 자줏빛 연무의 화환이 드리워져 꿈틀대고 몸부림치는 것 같았다. 10시에는 완벽하게 고요했다. 바깥에 섬뜩한 정적이 흘렀다. 아무 소리도 들리지 않고 오직 한 인간의 심장박동과 맥박이 뛰는 소리만 들렸다.[4]

2월 26일—드디어 강풍이 잦아들어서 차고 청명한 날씨에 밀려나긴

---

* 영국 소설가 W. M. 새커리의 장편소설.
** 찰스 디킨스의 장편소설.
*** 아이작 월튼의 낚시에 관한 수필.

했지만 여전히 북서풍이 분다. …… 이제 등유가 4갤런으로 줄어들었다. 3, 4주 안에 사람들이 와주지 않으면 나는 추위와 어둠 속으로 들어가겠지. 베이스캠프로 돌아가기만 한다면 어떤 유혹에도 다시는 만년설에 오르지 않으리라. 사람들이 언제 올지 아무도 모른다.[5)]

3월 1일―세 시간마다 굴을 기어나가야 하는 따분한 일과를 제외하고는 내 처지에 그럭저럭 만족한다. 날씨가 좋았던 지난주에 구조대가 출발했어야 하고, 별일 없는 한 이달 말까지 이곳에 도착해야 한다. 사람이 통조림 식량만으로도 얼마나 잘 살 수 있는지 놀랍기는 하지만 신선한 음식이 조금만 있어도 좋을 텐데.[6)]

그즈음 눈발이 거세게 벽으로 날아들어서 더 이상 눈을 밀쳐내고 밖으로 나가기 어려워졌다. 3월 중순에는 입구가 완전히 막혔다. 그는 옆에 붙어 있던 이글루 지붕에 구멍을 뚫었지만 몇 시간 만에 다시 막혔다. 어느새 그는 가느다란 환기통 하나로만 바깥세상과 연결된 채 영원한 어둠 속에 파묻혀 있었고, 비상식량도 줄어들고 근육도 쇠약해졌다.

4월 5일, 부활절―이제 여기서 혼자 지낸 지 넉 달째다. 구조될 가망은 없어 보인다. 등유가 한 컵 정도만 남고 초가 한두 동강 있다. 거의 온종일 어둠 속에 누워 있어야 한다. 초콜릿도 다 먹고 담배도 거의 다 떨어졌다(반 주머니 남았다). 팰머스에서 보낸 지난 부활절이나 그전에 애보츠버리에서 보낸 부활절과 얼마나 다른가! 살아서 다시 그때로 돌아가거나 나의 소중한 당신과 함께 있을 수만 있다면 더는 바랄 게

없겠지.[7] 그래도 어둠 속에 누워서 잠을 이루지 못한 채 당신을 생각하지 않는다면 사는 게 견디기 힘들 거야.[8]

4월 20일―초가 하나 남았다. 등유는 거의 바닥났다. 온종일 어둠 속에 누워서 꿈에 그리던 유람선과 완벽한 식사를 떠올려본다. 왼발이 부어오른다. 괴혈병이 아니면 좋겠다.[9]

그는 동료들이 언제 구조하러 올지, 아니 그들이 아직 살아 있기나 한 건지 전혀 몰랐다.

중단된 눈가리개 실험

사회적 고립과 감각 차단의 효과를 연구한 심리학 실험에서는 몇 주 동안 춥고 어두운 동굴 속에 갇혀 있으면 누구든 심리 상태에 엄청난 영향을 받는 것으로 나타난다. 오늘날에는 윤리적인 이유로 이런 실험을 재현하기 어렵지만 1950년대와 1960년대에는 사정이 달랐다. 그 무렵 중국이 한국전쟁에서 붙잡은 미군 포로를 독방에 감금해서 '세뇌'한다는 소문이 돌았고, 미국과 캐나다 정부는 이 방법을 실험하려고 열을 올렸다.

두 나라 국방부는 하버드와 맥길 대학교 의료센터에서 진행하는 일련의 연구 프로그램에 연구비를 지원했다. 참가비를 받은 자원자―주로 대학생―가 방음실 안에서 눈가리개를 하고 의미 있는 인간 접촉을 차단당한 채 지내는 실험이었다. 원래는 참가자들이 며칠 또는 몇 주 동안 어떻게 대처하는지 알아보려 했지만, 대다수 참가자가 괴로워하면서 계속 견디지 못해 실험이 중단되었다. 이틀 이상을 견딘 사람은 거의 없었다. 대부분 24시간 안에 그만두었다. 그들은 지속적인 불안, 방향 감각 상실, 정서 불균형, 공황발작, 손상되거나 비합리적인 사고, 집중력 상실, 극단적 동요, 청각과 시각의 왜곡을 비롯해 놀랍도록 다양한 증상을 보고했다. 심지어 생생한 환각까지 보고했다. 예를 들면 다람쥐들이 자루를 짊어지고 들판을 뛰어다닌다든가, 선사시대 동물들이 숲속을 어슬렁거린다든가, 안경들이 줄지어 거리를 지나간다고 말했다.[10] 망상이나 긴장증이나 완전히 진행된 정신증 증상을 보인 학생들도 있었다.[11] 맥길 대학교에서 실험을 주도한 심리학자 도널드 헤브Donald Hebb 는 이렇게 적었다. "우리는 실험 결과를 보고 몹시 불안했다. …… 지구 반대편에서 중국인들이 포로들을 세뇌한다는 소식이 들리던 것과 별개로, 우리 실험실에서 며칠 동안 건강한 대학생에게서 평소의 시각, 청각, 신체 접촉을 빼앗는 방법만으로도 그 사람을 완전히 뒤흔들 수 있다는 결과는 또 다른 문제다."[12]

우리가 주로 타인과의 접촉을 통해 우리의 정서 상태에서 의미를 끌어낸다는 사실을 고려하면 고립이 우리를 이렇게 위축시킨다는 소식은 그리 놀랍지 않다(물론 남보다 더 위축되는 사람이 있다). 생물학에서는 인간 정서가 진화한 이유는 우리 조상들이 집단을 이루고 살면서 혜택을 누리던 시절에는 정서가 협동에 도움을 주었기 때문이라고 믿는다. 정서의 주요 기능은 사회적 기능이다. 공포와 분노, 불안과 슬픔의 감정을 중재해서 적절한 감정인지 스스로 판단하게끔 도와주는 사람이 주위

타인의 영향력

에 아무도 없다면 얼마 후 이런 감정은 우리에게 왜곡된 자아 감각이나 지각의 균열이나 심각한 부조리를 전달한다. 혼자 너무 오래 지내면 우리의 사회생활을 조절하는 바로 그 장치(정서)가 우리를 압도할 수 있는 것으로 보인다.

코톨드는 어떻게 됐을까? 그의 동료들은 몇 차례 구조를 시도하다가 실패한 끝에 5월 5일 드디어 기상관측소에 도착했다. 그들이 코톨드를 남겨두고 떠난 지 꼭 다섯 달 만이고 입구가 막힌 지 45일 만이었다. 동료들이 다가갔을 때 코톨드는 죽은 것 같았다. 주위는 거의 다 눈에 덮여 있었다. 최근에 누가 살았던 흔적이 없었고, 눈밭에서 그저 너덜너덜한 유니언잭Union Jack*의 잔해와 삽 손잡이와 갖가지 기상 관측 장비만 눈에 띄었을 뿐이었다. "그곳에는 유독 황폐한 분위기가 감돌았다." 탐험대의 조류학자 프레디 스펜서 채프먼Freddie Spencer Chapman의 말이다.[13] 그러다 왓킨스가 환기통 끝 부분을 발견했다. 그는 두려움에 사로잡혀 환기통 옆에 무릎을 꿇고 소리를 질렀다. 약간 떨리는 희미한 목소리로 대답이 들렸다. 왓킨스는 눈을 헤치고 캔버스 지붕을 뚫고 들어가서 잠시 후 코톨드의 손을 잡고 흔들며, 변덕스러운 날씨 탓에 해안가에 발이 묶인 사정을 들려주었다. 그리고 코톨드에게 스노 고글을 씌우고 햇살 속으로 끌고 나왔다.

다음은 코톨드가 드디어 밖으로 나온 그날의 경험을 적은 글이다.

난데없이 버스가 지나가는 듯한 요란한 소음이 들리더니 곧이어 혼란

• 영국 국기.

스러운 고함 소리가 들렸다. 나는 놀라서 기절할 지경이었다. 마침내 집이 무너지는 건가? 잠시 후 나는 어찌 된 영문인지 깨달았다. 누군가의, 정말로 사람의 목소리가 환기통을 타고 내려온 것이다. 무척 황홀한 순간이었다. 어떻게 할지, 무슨 말을 할지 떠오르지 않았다. 나는 더 듬더듬 몇 마디 고함을 쳐봤지만 그 상황에서는 헛된 시도로 보였다.[14]

코톨드는 구약성서에서 종말을 고하러 온 은자와 같은 모습으로 세상 밖으로 나왔다. 아니면 채프먼의 말대로 1630년대에 흑사병을 피하려고 스스로 고립된 바이에른의 도시 "오버아머가우에서 막 걸어 나온 사람처럼" 보였다. "머리와 수염을 텁수룩하게 길렀고, 얼굴은 그을음과 때로 얼룩져 있었다."[15] 코톨드는 단지 "운동 부족으로 약간 기운이 없는 느낌"만 호소할 뿐 그 외에는 "더없이 건강하다"고 말했다.[16] 어쩌면 당대의 전형적인 극기의 정신이었는지도 모른다. 사진 속 그는 어린 나무처럼 비쩍 마르고 다소 피폐한 모습이다. 놀랍게도 정신은 멀쩡해 보였다. 일기로는 그가 구조된 전후의 심리 상태를 거의 알 수 없지만, 왓킨스나 채프먼 또는 그 밖의 동료들이 남긴 기록 어디에도 코톨드가 극심한 고통에 시달렸다는 말은 없었다. 그는 일주일 뒤 그린란드 동부 해안의 숲 속에서 친구 J. M. 스콧J. M. Scott과 함께 들꿩을 사냥했다.

그 후로 코톨드는 행복한 인생을 꾸려나갔다. 약혼녀 몰리―일기에 나오는 "내 사랑"―와 결혼해서 자녀 여섯을 두고, 직접 그린란드 탐험대를 이끌고, 2차 세계대전 중에는 해군정보부에서 복무하고, 에식스 주 장관으로 임명되고, 왕립지리학회Royal Geographical Society의 명예간사를 지내고, 듀엣이라는 이름의 아끼는 요트를 타고 해변에서 행복한 시간을 보내다가 1959년 다발성 경화증으로 쉰네 살에 세상을 떠났다.

2009년, 어거스트 코톨드의 종손녀 클로이 코톨드Chloe Courtauld는 어거스트의 북극탐험 중 일부 구간을 되짚어 가보았는데, 이런 시도를 한 사람은 그녀가 처음이었다.[17] 클로이는 어거스트가 만년설 속에서 거의 멀쩡하게 살아 나올 수 있었던 이유를 오랫동안 곰곰이 생각해왔다. 그녀는 어거스트가 날마다 규칙적으로 생활하면서 정기적으로 기상 관련 자료를 수집하고 규율에 따라 숙소 내부를 관리한 것과 관련이 있다고 생각한다. 코톨드가 기질적으로 유독 강인하고 심리적으로 특이한 사람이었기 때문일 수도 있다. 어쩌면 선천적으로 무심한 태도가 한몫했거나, 약혼녀 몰리가 "일상적인 행동의 통설에는 거의 전적으로 관심이 없는 사람"이라고 묘사할 정도로 기이했던 그의 유명한 행동방식 덕분이었을 수도 있다.[18]

다른 가설도 있다. 동료들에게 느끼는 연대의식, 동료들을 생각하면서 고립된 생활을 초월할 줄 아는 능력, 동료들이 그를 찾아올 거라는 믿음이 있었기에 코톨드가 온전한 정신을 유지할 수 있었다는 논리다. "나는 알았다. 지노가 날씨가 좋아질 때까지 기다려야 한다고 해도 결국 나를 실망시키지 않으리라는 사실을." 코톨드가 자서전에 쓴 말이다.[19] 그는 탐험대의 공식일지에도 한 주 한 주 흐를수록 안도감이 생기고 "외부의 어떤 힘이 내게 작용하고 나는 그린란드의 만년설에 뼈를 묻을 운명이 아니다"라는 확신이 들었다고 적는다.[20] 코톨드의 기록을 보면 그가 구조될 상황을 자주 상상한 것이 분명하다. 그의 전기 작가인 니컬러스 울러스턴Nicholas Wollaston의 글처럼 "실낱같은 끈이 만년설 관측소에서 바닷가까지 반 마일 정도 늘어선 깃발의 행렬을 따라 핏줄처럼 이어진 것 같았다."[21]

이것은 먼 길을 가로질러온 공동체의 힘, 멀리서 오는 일종의 으스스한 작용이다. 코톨드의 친구 J. M. 스콧은 1911년 앱슬리 체리 개러드가 남극대륙의 동료들을 생각한 예를 들면서, 남자들 사이의 모든 유대 가운데 "북극탐험대에서 형성된 유대만큼 강력한 것도 없다"고 말했다.[22] 신학자 폴 틸리히Paul Tillich의 말을 빌리자면, 혼자 있는 고통을 뜻하는 외로움과 혼자 있는 기쁨을 뜻하는 고독의 차이가 여기에 있다.[23] 외로움은 내부로, 심한 비통으로, 우울증의 연장선으로 궤도를 그리는 데 반해서, 고독의 궤도는 외부로, 우주적 인식으로, 더 큰 자아 감각으로 나아간다. 코톨드는 동료들과 함께 있는 모습을 머릿속에 담고 고독의 궤도를 따라갔다. 그는 밀턴을 마음에 새겼다. "마음은 제자리에 있고, 그 안에서/천국이 지옥이 되고, 지옥이 천국이 될 수 있다."[24]

"우리 몸은 친구를 만들어줄 방법을 고안한다"

코톨드 말고도 시선을 외부로 돌려서 자기 너머의 멀리 있는 동료나 신이나 심지어 주변의 풍경을 응시하며 고립을 버텨낸 탐험가는 많다. 코톨드의 고립 사건 이후 3년이 지나서 미국 해군 장교이자 조종사인 리처드 버드Richard Byrd는 남극대륙에서 코톨드와 거의 같은 일을 해냈다. 탐험대의 바닷가 베이스캠프로부터 198킬로미터 떨어진 로스 빙붕한복판의 기상관측소에서 겨울의 어둠과 섭씨 영하 82도의 혹한을 견디며 홀로 관측소를 지키기로 한 것이다. 버드의 숙소—얼기설기 지은

통나무 오두막―는 코톨드의 숙소에 견주면 호화로웠다. 베이스캠프의 대원들과 초보적인 수준의 무선 연결이 되어 있었고, 대원들은 공식적으로 버드의 지휘권 아래에 있었다. 또 축음기도 쓸 수 있었다.

그래도 버드는 혼자 갇힌 채로 "뇌가 쪼개질 것 같은 외로움"과 싸우고, 혼자 눈을 뜨면서 "성간우주星間宇宙의 차가운 변두리에서 길을 잃고 갈피를 잡지 못한 채 암중모색하며 …… 나는 어디 있는가? 나는 여기서 무엇을 하는가?"라고 물었다.[25] 그리고 고장 난 난로와 발전기에서 나오는 치명적인 일산화탄소에 중독되어 몸이 쇠약해지고 의식이 혼미한 채로 침낭 속에 누워서, 그를 서서히 죽이고 있는 장치를 끄면 틀림없이 얼어 죽을 거라는 사실을 생각하는 수밖에 달리 할 수 있는 일이 없었다. 그래도 그는 동료들이 겨울의 남극대륙에서 목숨을 걸고 이동하기를 바라지 않았기 때문에 무전으로 도움을 요청하지 않았다. 겨울철 남극대륙에서의 여행은 그때까지 한 번밖에 없었기 때문이다.[26] 동시에 만약 그가 무기력해지면 "나와 100명의 대원들을 한 가지 명분으로 묶어준 한시적 긴장이 사라질 것"이라고 판단했다.[27] 점점 혼란스러워지는 그의 무전 내용을 의심한 대원들 몇 명이 그를 찾아 나설 때까지 그는 대장으로서 책임을 다하기 위해 넉 달 반 동안 처참한 상태로 버텼다. 대원들은 몸이 망가져서 "눈을 부릅뜬 유령"처럼 보이고 "허수아비 같은 몸에 긴 머리를 산발한" 모습이지만[28] 정신만은 온전한 그를 발견했다.

실제로 동료를 떠올리기 힘들 때는 상상 속의 동료가 현실의 동료와 같은 역할을 하기도 한다. 산악인 조 심프슨Joe Simpson은 페루 안데스 산맥에서 친구 사이먼 예이츠에게 밧줄을 끊고 자기를 죽게 두라며 떠나보낸 뒤, 부러진 다리를 이끌고 자포자기하여 산을 내려가면서 보이지 않는 예이츠와 다른 동료가 바로 뒤에서 따라오고 있다는 환각을 일으켰다.

나와 동행하는 사람들을 떠올리고 내가 필요로 할 때 도움받을 수 있다는 생각에 행복해져서 웃음이 났다. 그들은 내가 부르면 와주겠지만, 나는 부르지 않을 작정이었다. 그들이 보이지는 않았지만, 한참 뒤처져 있지는 않다는 걸 알았다.[29]

라인홀트 메스너Reinhold Messner는 1980년에 단독으로 에베레스트 북쪽 사면을 오르면서, 보이지 않는 동료와 함께 오르고 있다고 굳게 믿은 나머지 음식도 둘로 나누고 작은 텐트 안에 두 사람이 어떻게 들어갈지 걱정했다. 그가 산에서 유령 같은 존재를 느낀 적은 그때가 처음이 아니었는데, 그는 이런 경험을 생존 기제로 추론한다. "우리 몸은 친구를 만들어줄 방법을 고안한다."[30] 노르웨이의 심리학자 그로 산달은 탐험가들을 인터뷰하면서 극지방에서 어떻게 대처하는지 물어본 후, 이런 식으로 주어진 현실을 벗어나는 방법은 흔히 나타나는 대처 기제라는 데 동의한다. 사람들은 그런 식으로 위험을 견딜 수 있다. "그렇게 하면 더 안전하다는 느낌을 받는다. 그리고 혼자라는 느낌을 덜 받는다."

이와 비슷한 심리 기제는 먼 바다에서 조난당해 외딴섬에 고립된 선원들이 무생물에 인격을 부여하고 때로는 상상 속에서 동료들과 고독을 나누는 이유를 설명해준다. 그리고 혼자 배를 타고 항해하는 사람이 배와 정서적인 관계를 맺는 이유도 설명된다. 미친 짓처럼 보이지만 사실은 미치지 않기 위한 장치다. 2005년, 엘런 맥아더Ellen MacArthur는 '모비'라고 이름 붙인 3동선胴船을 혼자 타고 무기항으로 최단시간 세계일주 기록을 세웠다.[31] 항해 도중 엘런은 후원회로 보내는 이메일에 "e와 모비로부터"라고 서명했으며, 항해 기록을 출판한 책에서는 전체적으로 "나"가 아니라 "우리"라고 쓰면서 프랑스 북서부의 결승선을 통과한 뒤에는 71일간의 동반자에게 둘이 함께 겪은 모든 일에 대해 고마워했다고 밝혔다.

> 말은 한마디도 하지 않았지만, 바다에서 모비가 내게 말하던 언어로, 잠든 나를 깨워서 도움이 조금 필요하다고 알리던 언어로 교감했다. …… 모비가 늘 나를 돌봐주었고, 나도 모비를 보살폈다. 배에도 영혼이 있을 수 있다면, 모비에게는 영혼이 있었다.[32]

전직 낙하산부대 소속이자 영국 특수부대Special Air Service(SAS) 소속 군인이었던 톰 매클린Tom McClean은 1969년에 최초로 혼자 노를 저어서 북대서양을 동서로 횡단한 인물인데, 이런 감상에 빠지느니 차라리 배 밖으로 몸을 던질 사람이었다. 강인하고 태평한 이 사나이는 나도 잘 아는 스코틀랜드의 하일랜드 협만에 산다. 나는 배를 타고 여러 번 그가 사는 곳을 지나면서 그가 대서양을 횡단할 때 탔을 리 없어 보이는, 해변에 떠다니는 온갖 종류의 배들을 염탐했다(그중에는 세계에서 가장 작은 요트도 있고,[33] 병 모양의 배도 있었다). 매클린은 목표의식이 확고하고 의지가 대단한 사람으로, 그의 말로는 고아원에서 자랄 때 터득한 자질이라고 한다. "저는 일단 시작하면 쭉 가는 편입니다. 바다에 나가면 100퍼

고독한 탐험가

"외로움은 내부로, 심한 비통으로, 우울증의 연장선으로 궤도를 그리는 데 반하여 고독은 외부로, 우주적 인식으로, 더 큰 자아 감각으로 나아간다."

센트 앞만 봅니다. 먹거나 자거나 노를 젓습니다. 이런 걸 하지 않으면 앞으로 나아가지 못하지요." 그런데 이런 그조차도 배나 그 안의 모든 것과 맺는 절대적인 관계를 인정한다. "모든 것이 하나예요. 음식, 옷, 장비까지. 어떻게 보면 한 팀과 같습니다. 나와 장비밖에 없어요. 그게 이 세상에서 내가 가진 전부예요."

사람들과 함께 지낼 수 없는 탐험가들에게는 풍경 자체가 실질적인 대리인이 되어 그들을 주위의 아름다운 풍광으로 끌어낸다. 코톨드는 석 달 동안 만년설 속에서 겨울잠에 들며 이렇게 감탄했다. "이런 처지에 놓인 사람에게 세상의 걱정거리란 얼마나 하찮아 보이는가. 여기에 있는 모든 것, 공포로 심장을 옭죄는 것들, 우주에서 은하계를 회전하는 힘은 얼마나 위대하고 장엄한가."[34] 남극대륙에서 버드는 "헤아리기 힘든, 조화로우며 소리 없는…… 우주의 작용과 힘"에 압도되어 "그 순간 인간이 우주와 하나라는 데 일말의 의심도 들지 않았다"고 회고했다.[35] 우주비행사들도 우주선 창밖으로 지구—닐 암스트롱이 본 "예쁘고 파란, 아주 작은 완두콩"—를 바라보고 경탄하면서 비슷하게 압도될 수 있다.[36] 이처럼 심상心像에 몰입하는 능력은 혼자 여행하는 탐험가에게 유용한 성격 특질로, 명상 체험이나 변형된 의식을 불러내서 여행의 단조로움과 노고를 경감시킬 수 있다.[37]

고독은 더없이 행복한 상태가 될 수 있고, 고독에 잘 적응하는 탐험가들은 동료들과 함께 있을 때보다 혼자 있을 때 더 잘 지낼 수 있다. 독방 감금의 영향에 주목한 법정 정신의학자 스튜어트 그래시언Stuart Grassian은 두 명이 짝을 이룬 집단이 병리적으로 가장 취약해서, 서로 피해망상에 걸리거나 격한 적대감에 사로잡힐 수 있다고 여긴다.[38] 남극대륙에서 버드는 두 명을 같이 남겨두는 방법에 동의하지 않으면서, 둘 사이가 불가피하게 "틀어질 것이고 …… 단순한 하루 일과를 마치고 나면 달리 할 일이 없어서 서로를 평가할 것이다"[39)라고 말했다. 그러나 혼자 지내다가 고립감을 이겨내지 못하는—또는 적어도 그 안에서 아무런 의미도 찾지 못하는— 사람에게는 파멸이 기다린다. 외로움의 무게에 짓눌리는 것이다.

고독의 위력이 누군가를 끌어 올리는 사이 다른 누군가는 가라앉히는 현상을 보여주는 가장 가슴 아픈 예로는 1968년 《선데이 타임스Sunday Times》 골든글로브 세계일주 요트 경주에 참가한 두 경쟁자 베르나르 무아테시에Bernard Moitessier와 도널드 크로허스트Donald Crowhurst의 사연이 있다. 무기항 단독 세계일주를 처음 완주한 사람에게 주는 트로피는 9명의 참가자 가운데 313일 만에 유일하게 완주한 로빈 녹스 존스턴Robin Knox-Johnston에게 돌아갔다. 녹스 존스턴도 혼자만의 항해를 즐기는 사람 같았지만, 갑판에서 요가를 하고 그림자처럼 따라다니는 슴새에게 치즈를 먹이는 금욕적인 프랑스인 무아테시에만큼은 아니었다. 무아테시에는 그런 생활에 만족하고 다시 문명으로 돌아가기 싫은 나머지, 우승할 수 있었는데도 경주를 중단하고는 계속 항해하여 지구를 반 바퀴 넘게 더 돌고 나서 드디어 타히티에 도착했다. 그는 이렇게 말했다. "내가 멈추지 않고 계속 항해하는 이유는 바다에 있으면 행복해서이고, 아마도 내 영혼을 구원하고 싶어서일 것이다."[40) 반면에 크로허스트는 시작부터 난관에 부딪쳤다. 그는 제대로 준비되지 않은 채로 영국을 출발하여 사실은 대서양을 벗어나지도 않으면서 남쪽 바다를 지나고 있다고 거짓으로 보고했다. 그는 몇 달 동안 남아메리카 연안을 정처 없이 표류하면서 나날이 더 우울해지고 외로워져서, 결국 선실에 처박혀 자신의 환상을 정리한 2만 5000자 분량의 장황한 철학 논문을 써놓고 바다로 몸을 던졌다. 시신은 끝내 발견되지 않았다.

독방에 감금된 이들, 죄수의 시네마

2004년 10월의 어느 늦은 밤, 나는 예루살렘 동쪽을 가로질러 걸어서 호텔로 돌아가는 길에 이스라엘에서는 희대의 반역자로 몰리고 다른 나라들에서는 노벨평화상감으로 거론되는 영웅적인 내부고발자와 우연히 마주쳤다. 모르데차이 바누누Mordechai Vanunu라는 이 남자는 이스라엘의 은밀한 핵무기 개발 프로그램을 위해 일하던 중 자국의 핵 야망이 중동지역을 위기로 몰아넣을 거라고 확신하고, 1986년에 핵무기 프로그램 관련 기밀 자료를 《선데이 타임스》 기자 피터 하우넘Peter Hounam에게 몰래 넘겼다. 《선데이 타임스》에 기사가 실리기 며칠 전 바누누는 이스라엘 정보부에 납치되었다. 그리고 18년을 감옥에서 보냈다. 예루살렘 거리에서 나와 마주쳤을 때는 감옥을 나온 지 6개월밖에 되지 않아 철저히 감시받고 있었다. 내가 그를 알아본 건 그의 사건에 관심이 있고 그가 감옥에 있을 때 편지를 보낸 적이 있기 때문이었다. 답장에서 그는 언론 보도도 접하지 못한 채 "절대적으로 고립된" 상태이며, 출소하면 이스라엘에서 아주 멀리 떨어진 나라에 가서 살고 싶다고 적었다(그는 아직 출국 허가를 받지 못한 상태였다). 그날 예루살렘 거리에서 만난 그는 내가 상상한 모습보다 왜소해 보이고 밤으로부터 뒷걸음질 치는 듯 구부정하게 걸었다. 나는 그의 숱 많은 눈썹과 목에 건 십자가 금목걸이(그는 20년 전에 유대교에서 기독교로 개종했다)에 놀라고, 무엇보다도 몹시 불안해하는 모습에 충격을 받았다.

그의 사연을 알면 왜 그런지 쉽게 이해가 간다. 이튿날 나는 예루살렘 동부의 세속과 격리된 바누누의 은신처인 세인트조지 대성당 정원에서 그와 나란히 앉았다. 그는 내게 11년 반 동안 독방에서 갇혀 지내던 생활을 들려주었다. 그는 머리에 자루를 뒤집어쓴 채 창문 하나 없는 작은 감방들 사이로 끌려가면서 자기가 어디에 있는지도 모르고 주변에 무엇이 있는지도 모르고 아무것도 보지 못했다고 했다. 심문관들은 그에게 변호사나 가족과 접촉할 기회를 주지 않았고 전화 한 통 허락하지 않았다. 1년 뒤 텔레비전을 넣어주고는 그가 좋아하는 프로그램 전송을 차단했다. 그리고 감방 안에 밤낮으로 전등을 켜놓고 수면을 방해했다. 그는 2년 내내 어둠 없이 지냈다. 그들은 독방에 비디오카메라를 설치하고 항상 켜두었다. 그에게 자살을 권하기도 했다. 편지도 전해주지 않았다. 그들은 끊임없이 소음을 틀어놓고 자율성을 느끼게 해주는 모든 감각을 제거했다. 그들은 그가 깨어나고 잠드는 순간까지 모든 것을 통제했다. "〈트루먼쇼 The Truman Show〉 본 적 있습니까?"[41] 그가 큰 소리로 말했다. "바로 제가 살던 모습이에요."

출소한 날 바누누는 세계 언론을 향해 정보기관이 그에게서 온전한 정신을 빼앗으려 했지만 실패했다고 폭로했다. 그의 전 변호사인 아비그도르 펠드먼Avigdor Feldman은 바누누를 "내가 만난 가장 완고하고 지조 있고 강인한 사람"이라고 말했다. 바누누는 남들보다 고립에 훨씬 잘 대처해온 듯 보인다. 하지만 나는 그와 대화를 나누던 중 그가 심각

타인의 영향력

한 영향을 받았다는 걸 알아챘다. 그는 여전히 정보기관이 그의 행동을 분 단위로 감시한다고 의심하면서, 그들이 그의 집 텔레비전을 통해 간섭할까봐 불안해했다. 그는 내 녹음기를 통해 어떤 식으로든 우리의 대화가 전송될까봐 걱정했다. 또 그는 괴상한 음모이론을 제기하기도 했다. 존 F. 케네디는 이스라엘의 핵무기 보유를 저지하려다가 프랑스를 비롯한 핵무기 지지 국가들에 의해 암살당했다고 주장했으며, 영국 노동당 당수 존 스미스John Smith는 심장마비로 죽은 것이 아니라 암살당한 거라면서 토니 블레어를 다음 선거에서 노동당 당수로 앉히기 위한 수작이었다고 했다. 그는 사람들의 행동과 사고를 통제하는 비밀 세계 정부가 존재한다고 믿었다.

바누누의 망상은 감옥에서 하우넘에게 보낸 편지에도 잘 드러난다. 하우넘은 그중 몇 장을 내게 보여주었다. 독방에 감금된 지 10년 넘게 지난 1997년 바누누는 영국 정부가 2차 세계대전을 일으키기 위한 음모로 "미국에 NW(핵무기)를 생산하고 사용하도록 설득해서" 영국은 은밀하게 자국의 핵 기술을 인간에게 시험할 수 있었고, 영국의 첩보요원이 1929년 월스트리트 사태*와 1930년대 독일 나치당의 성장과 러시아 혁명과 마오쩌둥 성공의 배후에 있었으며, 영국항공과 그 밖의 항공사들이 각국 정부에서 돈을 받고 세계 각지로 첩보요원들을 태워 나른다고 주장하면서 그렇지 않고서야 항공사들이 파산하지 않고 건재할 이유가 없다고 확신했다.[42] 그는 스스로 만든 환상에 빠져서 상상의 경계 안에서만 닻을 내렸는데, 사실 그 안에는 아무도 없어서 전혀 닻을 내리지

---

* 1929년 10월 24일(검은 목요일)과 10월 29일(검은 화요일)에 뉴욕 증권시장에서 일어난 주가 대폭락 사건.

못했다.

　바누누의 상태는 코톨드나 버드 같은 사람들과는 달리, 자신의 의지와는 반대로 마음의 준비도 되지 않고 고립감을 덜어줄 조직적 지지망의 심리적 장치도 없이 강제로 격리된 사람들에게서 흔히 나타나는 현상이다. 미국에서 가장 경비가 삼엄한 슈퍼맥스 교도소에 수감된 재소자 2만 5000명이 좋은 사례다. 슈퍼맥스 교도소 수감자의 심리를 연구한 수십 년간의 연구에 따르면 재소자 대다수가 하루에 최대 23시간까지 독방에 격리된 후 심각한 외상을 경험한 것으로 나타났다. 예컨대 공황발작, 불안, 통제력 상실, 비합리적 분노, 편집증, 환각, 과도한 반추反芻, 우울, 불면, 외부 자극에 대한 과민증, 강박관념, 인지기능 장애, 자해, 그 밖의 갖가지 사회 병리를 일으켜 일반 사회에서 온전히 살아가기 힘들어진다.[43] 22~45퍼센트 정도에게는 완전히 진행된 정신질환이나 뇌 손상이 나타난다.[44] 자살률은 평균을 훨씬 웃도는데, 2005년 캘리포니아 교도소에서는 자살의 70퍼센트가 독방 감금 상태에서 발생했다.[45] 독방 감금 기간이 길어질수록 재소자가 받는 손상이 심하고―회복이 가능하다고 해도―회복하는 데 걸리는 시간이 길어진다.

　다음은 정신과 의사 스튜어트 그래시언이 목격한, 슈퍼맥스 교도소 재소자들에게 흔히 나타나는 정신 병리의 사례다.

　〔그들은〕 어떤 생각이나 지각된 모욕이나 짜증, 옆방에서 들리는 소리나 냄새, 가장 흔하게는 몇 가지 신체 감각에 쉽게 집착한다. 괴로워하면서도 집착을 끊지 못한다. 독방에서는 일상의 자극도 몹시 불쾌하게 느껴지고 가볍게 짜증 낼 일에 크게 화를 내게 된다. …… 나는 독방

에 감금된 재소자를 만나면서 거의 감지할 수 없을 만큼 미세한 신체 감각에 강박적으로 집착하고, 시간이 갈수록 그런 감각이 걱정거리가 되고, 결국 마음을 다 빼앗고 생명까지 위협하는 질병이 되는 경우를 무수히 보았다.[46]

심리학자들은 이런 일상화한 공포의 주된 원인 가운데 하나로 사회적 상호작용의 부재를 꼽는다. 재소자들은 사회적 상호작용이 없는 상태에서 정체성을 잃지 않고 적절한 감정을 유지하고 폭넓은 사회와 관계를 맺는 방식을 유지하기 힘들어한다. "〔그들에게는〕 환상을 검증할 방법이 없으며, 편집증 성향이 나타나고 모욕감을 느낄 때마다 쌓이는 분노에 대한 통제력을 상실한다."[47] 이것은 지난 30년 동안 미국과 유럽, 아프리카에서 슈퍼맥스 교소도의 재소자 수천 명을 인터뷰하고 평가한 법정 정신과 의사 테리 쿠퍼스Terry Kupers의 설명이다. 그는 다음과 같이 일상의 예와 비교해보라고 말한다.

나는 방으로 들어간다. 두 사람이 대화를 나누다가 내가 들어서자 목소리를 낮춘다. 순간 나는 그들이 내 얘기를 하던 중이고, 그래서 내가 들어서자 목소리를 낮춘 거라고 상상한다. 그들에게 다가가자 그들이 반갑게 인사한다. 그래서 나 혼자만의 편집증적인 왜곡된 상상이었다고 생각을 바로잡는다. 모든 사람의 일상에 이런 식의 현실검증이 나타난다. 그러나 독방에 감금되면 공감해주는 친구에게 편집증적 투사일 수도 있는 생각을 검증할 기회가 없다.

미국 재소자의 정신건강을 연구하는 주요 연구자 크레이그 해니Craig Haney는 일부 재소자가 교도관들에게 일부러 과격하게 맞서는 이유는 단지 자신의 존재를 확인하고 스스로 인간이라는 사실을 자각하기 위해서라는 사실을 발견했다. 자기가 누구인지 기억하기 위해 거칠게 행동한 것이다.[48]

독방 감금을 오래도록 잘 견디는 사람도 많지만, 단 며칠 만에 부작용을 일으키는 사람도 있다. 아프가니스탄과 관타나모의 미군 수용소에 2년 넘게 수감된 영국인 샤피크 라술Shafiq Rasul은 독방에 갇힌 지 일주일 만에 정신이 이상해지는 것 같았다고 했다. 그는 5, 6주 만에 미군 심문관들이 제기하는 (거짓) 혐의, 곧 그가 오사마 빈 라덴을 만난 적이 있다는 혐의를 인정했다. "빨리 끝내고 싶은 마음이 간절해서 결국 그냥 포기했다"는 것이다.[49] (고문─독방 감금도 여러 측면에서 고문에 해당한다─이 진실을 끌어내는 데 전혀 믿을 만하지 않은 방법인 이유가 잘 드러나는 사례다.[50]) 2009년 쿠르드 자치구 접경지에서 하이킹 도중 붙잡혀 이란의 에빈 교도소에서 13개월 반 동안 한 평 넓이의 독방에 갇힌 세라 슈어드Sarah Shourd도 비슷한 고통에 시달렸다.

두 달 동안 사람과의 접촉이 전혀 없자 정신이 풀리기 시작했다. 어떤 날에는 복도로 걸어오는 귀신의 발소리가 들렸다. 나는 대부분의 시간을 작은 문틈 앞에 엎드려 귀를 기울이며 보냈다. 시야의 주변부에서 깜빡거리는 불빛이 보이기 시작해 고개를 돌려봤지만 그곳에는 아무것도 없었다. 두어 번은 손마디에서 피가 날 정도로 벽을 치면서 울부짖다가 탈진할 정도가 되었다. 언젠가는 누가 비명을 지르는 소리가

타인의 영향력

들렸다. 친절한 교도관 하나가 나를 깨우려고 내 얼굴에 손을 대는 느낌이 들고서야 비명을 지른 사람은 바로 나였다는 것을 깨달았다.[51]

슈어드 같은 민간인 피해자들은 아무런 대비 없이 갑자기 감금되기 때문에 가장 취약한 부류다. 세상이 하루아침에 뒤집히고, 그들이 체포되는 과정에는 의미를 찾는 데 도움이 되는 요인이 전혀 없다. 원대한 선을 위해 희생하거나 인내하는 서사가 없는 것이다. 타인의 도움 없이 객관적인 관점을 구축해야 하는데, 혼자서는 몹시 어려운 과제다.

후사인 알샤흐리스타니Hussain al-Shahristani는 이런 어려운 과제를 해냈다. 사담 후세인의 핵 분야 수석고문이던 그는 도덕적인 이유로 핵무기 개발에 협조하기를 거부하고 고문을 당했다. 그는 10년 동안 독방에 갇힌 상태에서 추상의 세계로 도피하여 수학문제를 만들어 풀면서 온전한 정신을 지켰다.[52] 그는 현재 이라크의 에너지 차관이다. 의학자이자 번역가인 이디스 본Edith Bone도 2차 세계대전 이후 헝가리 공산주의 정부에 의해 투옥된 7년 동안 오래된 빵으로 수판을 만들고 그녀가 유창하게 구사하던 6개국 언어의 어휘를 계산했다.[53] 또 5년 반 동안 부당한 이유로 관타나모에 수감된 아흐메드 에라치디Ahmed Errachidi는 상상의 세계로 피신해서, "환상의 지평선 너머로 날아서 해를 바라보고, 빛나는 햇살을 보았다. …… 마음속에서 나는 어디든 갈 수 있었다."[54]

테리 웨이트Terry Waite도 레바논에서 헤즈볼라*의 인질로 붙잡힌 5년 동안―그중 4년은 독방에 갇힌 상태로―어려운 과제를 해냈다. 다만

---

* 레바논의 이슬람교 시아파의 과격파 조직.

그는 캔터베리 대주교의 특사로서 1987년 1월에 다른 인질들의 석방을 협상하던 중 납치된 터라, 사전에 위험을 충분히 인지하고 최악의 상황에 대비하여 마음의 준비를 해둔 상태였다. 그는 또한 신앙에 뿌리를 내리고, 신앙을 통해 "사랑을 계속 지켜나가기로" 다짐했다. 자서전에서도 그 자신에 대해서만큼 교도관들에 대한 걱정을 밝힐 정도로 인간에게 연민이 많은 사람이었다.[55] 같은 시기에 레바논에서 붙잡힌 미국인 프랭크 리드Frank Reed는 웨이트만큼 잘 견디지 못했다. 한동안 같은 방에 투옥된 인질 브라이언 키넌Brian Keenan과 테리 앤더슨Terry Anderson에 따르면, 리드는 고립감과 학대를 이기지 못하고 자기 안에 틀어박혀서 긴장증에 가까운 상태로 지냈다고 한다.[56] 리드는 운동도 거부하고 담요를 머리끝까지 뒤집어쓰거나 눈가리개를 쓴 채로 몇 시간이고 가만히 앉아 있었다. 혼자서 다른 현실로 떠나버린 것이다. 회복된 듯 보였지만, 석방된 후 알코올중독으로 정신병원에 입원했다.

전시에 포로에게서 정보를 캐내려는 경우라고 해도 군사조직에 소속된 사람에게는 좀 더 견디기 수월한 경험일 수 있다. 1980년대와 1990년대 초반 레바논에 억류된 적이 있는 서구의 인질 몇 명에게서 보고를 듣고 치료하는 역할을 맡은 정신과 의사 케런 플레처Keron Fletcher는 그가 영국 공군에 복무하는 동안 체험한 모의 구금과 심문 연습이 포로로 잡혔을 때의 충격에 대비하는 훌륭한 준비 과정이 된다고 말한다. "군대에서는 기본 대처법을 배운다. 게다가 전우들이 나를 안전하게 데려가려고 안간힘을 쓰고 있다는 사실을 안다. 나는 군대에 소속된 사람은 절망이나 무력감을 느낄 가능성이 적다고 생각한다. 절망과 무력감에 빠져서지낸다면 끔찍하게 고통스럽고 대처 능력과 사기가 떨어질 것이다."

　　　　　　　　　　　　　　　　　　　　　　　타인의 영향력

미국 상원의원 존 매케인John McCain은 군대의 사고방식이 심리적으로 어떤 도움이 되는지 보여주는 좋은 실례다. 그는 베트남에서 전쟁포로로 붙잡힌 5년 반 동안 심문자에게 굴복하지 않고 혹독한 고문을 받으면서도 완강히 버텼으며, 실제로 그러는 동안 더욱 강인해진 듯 보였다. 그러나 2년간의 감금 생활에 관해 그가 한 말에 주목할 필요가 있다. "독방 감금은 끔찍하다. 영혼을 짓뭉개고 다른 어떤 학대보다도 더 효과적으로 저항의지를 꺾는다. …… 이내 절망에 빠지며, 절망이야말로 막강한 적이다."[57]

무장단체 지도자를 꺾은 심문관의 심리전

군인들은 집단 신의 덕분에 심문과 감금을 견디기 쉬울 수 있지만, 적이 집단 신의를 역이용할 수도 있다. 집단의 유대가 완강한 저항을 불러일으킬 수도 있지만, 한번 흐트러져서 전우들이 대의를 저버렸다는 의심이 싹트면 아무리 투철한 군인이라도 끝까지 버텨낼 의지를 잃는다는 것을 정보 장교들은 알고 있다. 실제로 아무도 굴복하지 않았어도 심문자는 누가 굴복했다고 속일 수 있다. 정보 수집에 관한 미 육군 야전교범The US Army Field Manual에서는 포로의 동지애를 이용하라고 권한다.[58] 예를 들어 정보를 털어놓으면 동지들의 목숨을 구할 수 있다거나 정보를 말하지 않으면 동지들을 위험에 빠뜨릴 수 있다는 확신을 포로에게 심어준다.[59] 이보다 기만적인 방법으로는 사담 후세인이 극단적으로 활용한 전술로, 가족을 사랑하는 마음을 이용하는 방법이 있다. 3주 동안 심문과 고문 끝에 독방에 감금된 알샤흐리스타니는 내게 이렇게 말했다. "고문실에서 가장 고통스러운 것은 아버지한테서 자백을 받아내려고 자식을 대신 고문할 때 들려오던 비명이었다."[60]

어느 날 오후, 나는 자동차로 예루살렘을 출발해서 아슈켈론이라는 신석기시대 항구도시의 어느 한적한 동네로 가서, 포로들의 입을 여는 방법에 능통하고 따르는 사람만큼 적도 많은 한 남자를 만났다. 마이클 코우비Michael Koubi라는 이 남자는 21년간 이스라엘 정보기관 신베트Shin Bet 소속이었으며, 그중 6년 동안은 최고 심문관으로 활동했다. 그는 1987년과 1993년 사이에 테러범들을 포함해 팔레스타인 사람 수백 명을 심문했다. 그는 동료들과 피해자들 사이에 무서운 사람으로 통했다. 나는 그에게 일부러 피해자라는 용어를 썼다. 그는 한 번도 물리력을 행사할 필요가 없었다면서, 심문에서 전형적으로 써먹는 협박과 강압, 심리적 따돌림만으로도 평생 지워지지 않는 상흔을 남길 수 있었다고 주장한다. 나중에 나는 과거 팔레스타인 포로 서너 명을 만났는데, 그들은 코우비의 장교들에게 심문당하고 10년이 지나도록 심각한 정신적 외상을 극복하지 못했다.

코우비는 키가 183센티미터 정도이고, 깡마른 몸에 얼굴에는 골격만 도드라졌다. 미소를 지어도 온화한 느낌이 거의 없었다. 그는 최고 심문관이라고 하면 흔히 떠올릴 법한 모습 그대로, 이를테면 쿠엔틴 타란티노Quentin Tarantino의 영화에 나올 법한 모습이었다. 한마디로 그와 같은 부류를 캐리커처한 모습 그대로였다. 그는 앉아서 평소 잘 부러지는 그의 코 모세혈관까지 보일 만큼 가까이 놓여 있던 의자를 가리켰다. 그는 빨간 셔츠를 입고 있었다. 말할 때도 눈을 거의 깜빡이지 않았다. 나를 바라보던 그 눈빛이 쉽게 잊히지 않을 것 같다. 그 눈빛을 잊지 못하는 팔레스타인 사람이 많을 것이다.

내가 코우비에게 가장 묻고 싶었던 질문이자 이 장과 가장 깊은 관련이 있는 질문은, 그가 어떻게 셰이크 아흐메드 야신을 "꺾었느냐"는 점이다. 2004년 이스라엘에 의해 암살당하기 전 야신은 하마스의 정신적 지도자였다. 그는 이스라엘 군인과 민간인에 대한 과격한 테러 공격을 수십 차례 계획한 인물이었다. 코우비는 야신을 "내가 만난 가장 무자비하고 잔인하고 사악한 인간"이라고 일컬었다. 1989년에 그는 야신을 장시간 심문했다. 처음에는 야신이 협조하기를 거부하고 완전히 입을 닫아버렸다고 했다. 그래서 야신을 대화로 끌어들이기 위해 그가 자신만만해하는 주제인 코란에 관한 토론을 시작했다.

내가 그에게 이렇게 말했습니다. "내기 하나 합시다. 당신한테 코란에 관해 질문해서 내가 이기면, 어떤 주제든 내가 질문을 하나 더 던질 수 있고 당신은 반드시 대답해야 하오." 그는 나보다 코란을 더 잘 안다고 자신했어요. 그런데 내가 난해한 질문을 던지기 시작하니까 그는 답하지 못했지요. 감방에 들어앉아 있으면 잊어버리게 마련이거든요. 예를 들어 나는 그에게 코란의 114개 장章 중에서 '밈mim'이라는 글자가 들어 있지 않은 장만 대보라고 했어요. 모르더군요. 또 코란에서 제일 긴 장인 바카라Baqarah 장에 절이 몇 개 있는지 물었어요. 역시 잊어버렸더군요. 그래서 내가 이겼고, 나는 다른 주제에 관한 질문을 던지기 시작했습니다.[61]

그래도 야신이 저항하자 코우비가 회심의 카드를 내밀었다. 하마스에서 야신의 부관이지만 이미 코우비에게 협조하기 시작한 살레 샤데Saleh Shade라는 인물을 심문실에 들여보낸 것이다. 야신이 머리에 덮개를 쓰고 있어서 샤데는 심문실에 그가 있는 줄 모르고 하마스의 군사 조직에 관해 술술 털어놓았다. 코우비는 이렇게 말했다. "그 순간에 야신이 넘어왔어요. 아주 극적인 반전이었지요. 그리고 나는 수백 시간을 야신과 마주 앉아서 그가 하마스의 이념에 관해 늘어놓는 말을 들었어요. 심지어 다른 포로들에게도 나와 협조하라고 지시하더군요. 할 수만 있다면 나를 죽였을 텐데도, 그는 나를 존중했어요."

코우비의 진술을 확인할 길은 없지만, 그가 야신에게 놓은 덫은 예부터 심문관들이 동지애가 강한 집단의 구성원들을 상대할 때 자주 써먹는 방법이다. 심문실처럼 중압감이 심한 환경에서는 동지를 끌어들이는 수법에 예외 없이 넘어온다. 대의명분에 충실한 존경받는 지도자 야신도 예외가 아니었다. 이슬람 세계의 자살 테러를 연구하던 나스라 하산은 가자에 있는 야신의 자택에서 야신을 여러 번 만나면서, 한번은 이스라엘에 투옥되어 있던 시절에 어떻게 대처했는지 물었다. 야신은 하산에게 자기는 자유를 그리워하지 않았고 손상을 입거나 동요하지도 않았는데, 한편으로는 기도할 시간이 늘어나서이기도 하고 또 한편으로는 하마스 사람들을 비롯해 많은 팔레스타인 사람에게 둘러싸여 있었기 때문이기도 하다고 말했다. (하산은 야신과 만나면서 "아주 열려 있고 느긋하고 재치 넘치고 유머감각이 뛰어나며 예리하고 똑똑한" 사람이라는 인상을 받았다. 야신을 가장 무자비하고 잔인하고 사악한 인간이라고 말한 코우비의 평가를 생각해보자. 서로 모순된 평가처럼 들리지만 모순이 아니다. 다만 인간 본성에 대한 우리

타인의 영향력

의 이해에서는 이렇게 불편한 복잡성이 허용되지 않을 뿐이다.)

군중 속의 고독

물리적으로 고립된다고 해서 반드시 절망적인 외로움에 휩싸이는 것은 아니듯이, 반대로 사회적 관계를 맺으며 소통한다고 해서 외로움을 느끼지 않는 것도 아니다. "나는 사람들에게 둘러싸여 불현듯 궁극의 소외감을 깨달을 때만큼 외로웠던 적이 없다." 폴 틸리히가 외로움과 고독을 성찰하면서 한 말이다.[62] 누구나 일상에서 이따금 사회적으로 거부당하는 고통을 경험하는데,[63] 이것은 건강한 반응이자 타인과 소통하고 생존에 필요한 사회적 관계를 구축하도록 동기를 부여하는 진화한 상태다. 그러나 외로운 상태가 오래 지속되면 그 여파가 무척 안 좋다. 사회적 고립은 면역 반응—다량의 스트레스 호르몬과 염증 반응—을 유발해서 건강에 심각한 영향을 끼칠 수 있다. 만성적으로 외로운 사람은 혈압이 높아지고 감염과 질병에 더욱 취약해진다. 수면의 질도 나빠진다. 약물이나 알코올을 남용할 가능성도 커진다. 집중력을 유지하기 어려울 수 있다. 알츠하이머병과 치매에 걸릴 가능성도 높다. 이런 변화에 정확히 어떤 생물학적 기제가 작용하는지는 아직 명확히 밝혀지지 않았지만, 연구자들은 유전자가 다양한 사회 환경적 조건에 따라 단백질을 다르게 발현시킨다고 밝혀낸 최근의 발견과 관계가 있다고 추측한다. 그러나 결과는 명확하다.[64]

시카고 대학교 교수이자 사회 행동이 뇌에 어떤 영향을 끼치는지 연구하는 주요 연구자들 중 한 사람인 존 카초포John Cacioppo는 외로움을 흡연과 운동 부족, 고혈압과 비만만큼 건강에 심각한 영향을 주는 위험 요인으로 꼽는다. 그렇지만 카초포에 따르면, 정작 중요한 것은 주관적 체험, 곧 스스로 외롭다고 느끼는 정도다.

> 집에서 가족과 함께 있든, 명석하고 매력적인 젊은 사람들이 가득한 사무실에서 일하든, 디즈니랜드를 돌아다니든, 가난한 동네의 싸구려 호텔에 혼자 앉아 있든, 만성적으로 느끼는 고립된 감정은 실제로 노화를 촉진하는 다양한 생리적 반응을 끌어낼 수 있다. …… 시간이 흐르면서 이러한 생리적 변화는 사람들의 수명을 단축할 수 있는 방식으로 악화된다.[65]

다음으로 카초포는, 아는 사람이 얼마나 많은지가 아니라 관계의 질을 꼽는다. 페이스북 친구가 500명이나 돼도 외로울 수 있다. 사회적 동물로서 깊이 있는 소통에 대한 욕구가 우리의 DNA에 새겨져 있기 때문에, 우리는 진지한 소통에 굶주리면 시들어가고 반쪽짜리 인간이 된다. 1990년대 초 루마니아의 고아원에서 구조된 아이들은 태어난 뒤로 거의 평생 일대일의 사회적 접촉을 박탈당한 채 성장한 탓에 심각한 행동과 애착 문제를 일으켰으며, 사랑이 넘치는 위탁가정에 들어간 뒤에도 문제가 사라지지 않았다.[66] [67] 성인기에 받는 외로움의 영향은 대체로 회복할 수 있다. 다만 자기 자신을 넘어서 소통하는 의미 있는 관계가 필요한데, 바로 틸리히가 '자기 초월self-transcendence'이라고 설명한 개념이다. 카초포는 외로움이 동반하는 위협, 곧 고립된 사람이 느끼는 세

타인의 영향력

상에 대한 두려움을 극복하는 것이 무엇보다 중요하다고 지적한다. 그는 우선 천천히 시작하라면서, "긍정적인 사회적 상호작용에서 오는 긍정적인 감각을 조금씩 얻으려고 노력하는" 것의 의미를 곱씹어보라고 조언한다. 그는 알코올중독자 갱생회Alcoholics Anonymous의 모토를 빌려, 건강한 인간관계로 가는 길은 "항상 공사 중"이라고 말한다.[68]

사회적 소외는 누구에게나 영향을 줄 수 있지만, 현역으로 복무하다가 '제대'해서 집으로 돌아온 육군과 해군, 공군만큼 심각한 영향을 받는 경우도 없을 것이다. 군부대가 얼마나 가족 같은지, 전우들 사이에는 민간에서는 거의 경험할 수 없는 끈끈한 유대가 형성된다는 점을 생각해보라. 군인들의 상호의존성은 절대적이다. 전우애를 잃고 낯선 민간 세계에서 새롭게 출발해야 한다면 아닌 게 아니라 외로울 수 있다. 이런 경험은 베트남전쟁 참전용사들에게 유독 심하게 나타났다. 열렬히 환영받은 2차 세계대전 참전용사들과 달리, 베트남에서 싸우고 고국으로 돌아온 병사들은 반전시위대와 적대적인 언론과 싸늘하게 돌아선 대중의 시선과 마주해야 했다. 그들은 공동체로부터 지지가 아니라 비난을 받았다. 군사심리학자 데이브 그로스먼Dave Grossman에 따르면 전쟁터에서 입은 정신적 외상이 "충격적인 공포"로 증폭되었다고 한다.[69] 사회적 지지—그들이 전쟁터에서 한 일이 꼭 필요했다고 안심시켜주는 말—가 참전용사의 정신건강에 매우 중요한 역할을 한다고 알려진 점을 감안하면, 베트남전쟁이 미국 역사상 그 어느 전쟁보다 많은 정신적 사상자를 냈다고 해도 그리 놀랍지 않다.[70]

이라크와 아프가니스탄에서 돌아온 병사들의 심리 건강을 조사한 가장 최근의 연구에서는 사회 안전망을 적절히 갖추지 않은 채 제대하는 것이 얼마나 위험한지 잘 드러난다. 2013년에 킹스칼리지던KCL 연구 팀이 영국군의 현역 병사들과 전역한 병사들을 조사한 연구에서는, 민간의 삶으로 돌아간 병사들이 PTSD뿐 아니라 우울과 불안 같은 일반적인 정신장애를 일으킬 가능성이 높은 것으로 나타났다. KCL 연구팀은 "사회에 뿌리내리는 능력과 집단 응집력의 상실"에서 주된 원인을 찾으면서, 친밀한 유대가 끊어지면 종종 견디기 힘들 수 있다고 결론지었다.[71]

KCL의 법정 정신과 의사 디어드리 맥매너스Deirdre MacManus는 별도의 연구에서 제대한 군인이 현역 군인보다 폭력 범죄를 저지를 가능성이 50퍼센트나 더 높다는 결과를 얻었다.[72] 맥매너스는 민간의 삶으로 돌아가는 것 자체가 엄청난 스트레스가 될 수 있다고 말한다. "열여섯 살에 입대하여 친구라고는 군대에서 만난 이가 대부분일 텐데, 하루아침에 그 친구들과 헤어지면 어디서 사회적 지지를 얻겠는가? 이런 사람들은 심각한 사회적 고립에 빠질 수 있다."

군 정신과 의사들은 수십 년 동안 사회 복귀의 위험성을 알아차렸다. 2차 세계대전 중 미 공군 병사들이 전투에 적응하는 모습을 연구한 1945년의 고전《스트레스 받는 인간Men under Stress》에서 로이 그린커와 존 스피겔은 참전용사들이 종종 부대에 완전히 동화한 나머지 민간 사회로 복귀할 때 새로운 자아를 형성해야만 자신의 개성을 찾을 수 있는데, 그 과정이 정신질환을 야기할 만큼 고통스럽다는 점에 주목했다. 문제는 처음부터 능률적으로 적응하기 위해 비민주적인 군대 환경에 완전히 복종하고 그런 환경에 익숙해져야 한다는 데 있었다. 그러자 다음과 같은 문제가 발생했다.

……미군 병사들이 일단 이런 퇴행적이고 의존적인 위치에 적응한 이후에 다시 독립적이고 건강한 삶으로 돌아가는 데 도움을 받을 수 있을까, 아니면 신체적으로나 심리적으로 병든 채 끊임없이 부적응 상태로 남을 것인가, 아니면 군대라는 집단의 일원으로 누리던 힘의 환상을 다시 심어주는 강력한 집단을 영원히 찾아 헤맬 것인가.[73]

이런 심리적 역학 관계가 군인에게만 나타나는 것은 아니다. 2010년에 갱도가 무너져서 69일간 깊은 지하에 함께 갇혀 있다가 생존한 칠레의 광부 33명 중 다수가 구조된 이후 정상적인 생활에 적응하는 데 엄청난 어려움을 겪었다. 여기에는 물론 흥미 위주의 보도로 그들 모두를 일약 세계적인 유명인으로 만들어준 언론의 비윤리적 영향을 포함한 몇 가지 요인이 작용한다. 그러나 스트레스가 극심한 환경에서 함께 보낸 시간—지하에 갇힌 다른 어떤 집단보다도 긴 시간—이 그들의 관계를 변화시키고, 그 결과 그들의 아내와 자녀, 친구들과의 관계까지 변화시킨 탓도 있는 듯하다. 영화감독 앵거스 매퀸Angus Macqueen은 이듬해에 BBC 다큐멘터리를 만들면서 광부 몇 명을 인터뷰하고 이렇게 말했다. "그들이 탄광 속에서 맺은 우정과 연대가 이제는 가족과 연결된 끈보다 더 질기다."[74]

외로운 늑대

외로움, 고립, 거부. 세 가지 모두 신체적으로나 정신적으로 건강을 침해하는 잠재적 방아쇠다. 어떤 사람들에게는 효과가 훨씬 극단적으로 나타난다. 그들은 주위 사람들과 관계를 맺지 못한 채 소외감을 허영 가득한 폭력행위로 분출한다. 이것이 외로운 늑대형 테러범의 심리다.

2011년 7월 22일, 안데르스 브레이빅Anders Breivik이 노르웨이 청년 캠프에서 10대 청소년 69명을 총으로 쏘아 죽이고 오슬로에서 차량 폭탄 테러로 8명을 더 죽였을 때, 사람들은 그가 당연히 미친 줄 알았다. 미치지 않고서야 어떻게 그렇게 비뚤어진 행동을 할 수 있었을까? 그러나 1년 뒤 법정에서는 그의 정신이 온전하다면서, 자기애와 과대망상이 심하긴 하지만 정신분열증이나 정신병은 없다고 밝혔다. 그는 살인죄로 유죄판결을 받고 노르웨이 법정 최고형을 선고받았다.

그렇지만 브레이빅의 심리 프로파일은 여느 '외로운 늑대형' 살인범들과 비슷하다. 예를 들어 '유나바머Unabomber'●라고도 불리는 테드 카진스키Ted Kaczynski가 있다. 그는 현대의 '산업 기술 체제'가 인간의 자유와 양립할 수 없다고 간주하고 17년간 폭탄 공격을 설계했다.[75] 미국의 낙태병원을 상대로 살인을 저지르며 십자군전쟁을 감행한 에릭 루돌프Eric Rudolph, 오클라호마 폭탄 테러범 티머시 맥베이Timothy McVeigh, 초중고교와 대학교에서 대학살을 저지른 범인들도 모두 비슷한 심리 프로파일을 보인다. 모두 그들과 관련된 문제를 놓고 타인과 의미 있는 관계를 맺는 데 어려움을 겪은 것으로 보였다. 그들은 모두 사회적으로 고립됐으며, 심지어 극단주의 이념을 추종하는 집단에서조차 배척당했다. 카진스키는 25년 동안 세상과 단절된 채 몬태나 황무지의 외딴 오

● 범인이 테러를 일삼았던 대학university, 항공사airline와 폭파범bomber을 조합해서 'Unabomber'라고 일컫는다.

두막에서 지내며 '사회적 불구'가 되었다고 개탄했다. 맥베이는 총기 클럽 지인들과도 사이가 틀어졌다. 브레이빅은 우익인 노르웨이 수호동맹Norwegian Defence League에서도 지나치게 극단적이라는 평을 들으며 냉대를 받았다. 보스턴 폭탄 테러의 범인 형제 중에서 형인 타메를란 차르나예프Tamerlan Tsarnaev는 심한 소외감에 시달렸으며 미국인 친구가 없었다고 불평한 것으로 전해진다.

임상심리학자 캐슬린 퍼킷Kathleen Puckett은 이런 유형의 사고방식을 잘 안다. 23년 동안 FBI 요원으로 활동하면서 주로 미국 내 외로운 늑대형 테러범의 행동에 주목했기 때문이다. 퍼킷은 1994년과 1998년 사이에 유나바머 수사의 주요 행동분석가로 참여했다. 1996년 4월 카진스키가 몬태나의 오두막에서 체포되기 전부터 그를 범인으로 지목한 몇 안 되는 수사관 중 한 명이 바로 퍼킷이었다.

2001년 FBI는 퍼킷에게 카진스키나 맥베이 같은 유형을 촉발하는 요인을 더 심도 깊게 파헤쳐보라고 요청했다. 퍼킷은 몇 달 동안 그들의 자료를 검토하고 그들의 글을 분석하고 사회생활을 파악한 끝에, 소외감을 결정적인 요인으로 꼽았다. 소외감은 단순히 그들의 공통된 특징이 아니라 그들의 행동을 유발하는 원동력이었다. "외로운 늑대형 테러범이 되기란 아주 어렵다. 외로운 길이기 때문이다. 그들은 모두 사회적 관계를 갈망하고 필요로 했다. 그들은 사람들과 제대로 관계를 맺지 못한 탓에 더 큰 무엇, 그들을 배척하지 않을 이념 같은 대상과 연결할 방법을 찾았고, 실제로 이런 이유 때문에 사회에서 외로운 테러범으로 인정받으려 했다."[76]

외로운 늑대형 테러범의 특징—사회 집단에 어울리지 못하고 배척당하면서 증오로 가득한 이념을 받아들이는 성향─은 또한 초중고교나 대학교에서 대량 살상을 저지른 범인들에게서도 흔히 나타난다. 에릭 해리스Eric Harris와 딜런 클리볼드Dylan Klebold는 컬럼바인 고등학교에서 일상적으로 배척당했다. 일기를 보면 그들이 학생 12명과 교사 1명을 살해한 데는 이런 요인이 작용한 것으로 보였다.[77] 버지니아 공과대학에서 32명을 살해한 조승희는, 그를 아는 사람들에 따르면 사회적 관계를 회피하고 사람들과 같이 있을 때 어색해 보였다고 한다. (어머니를 총으로 쏜 뒤) 샌디후크 초등학교에서 학생 20명과 교직원 6명을 살해한 애덤 랜자Adam Lanza는 심각한 사회불안 증상을 보였다. 여기서 뚜렷한 양상이 드러난다. 사회심리학자 클라크 매콜리Clark McCauley는 1974년과 2000년 사이에 미국의 학교에서 범행을 저지른 청년 41명의 병력을 살펴보고는, 단 한 명을 제외하고 나머지 모두에게서 고립되고 사회적 연결이 끊어진 흔적이 나타났다고 결론지었다.[78] 1995년부터 2001년까지 학교 총기사건 15건을 조사한 다른 연구에서는 그중 13건에서 가해자가 배척당하거나 따돌림을 당하거나 친구들에게 거부당한 적이 있다고 밝혔다.[79]

고립되지 않는 마음

물론 소외감만으로는 집단으로 자행되지 않은 모든 폭력행위를 설명할 수 없다. 사회에서 소외당하고 배척당하는 사람들 대다수는 총이나 폭탄으로 좌절감을 표출하지 않는다. 그래도 이렇게 이해할 수는 있다.

타인의 영향력

배척은 잠재적 선동자다. 우리는 누구나 배척당하는 데 극도로 민감하며, 배척당하지 않으려고 저항하는 성향을 타고났다.[80] 어느 누구도 외로움을 선택하지 않는다. 외따로 떨어지면 우울하거나 절망에 빠지거나 격분할 수 있다. 최초의 과학적 심리학자로 간주할 수 있는 윌리엄 제임스는 1890년 사회적 자아에 관해 다음과 같이 인정했다.

개인이 사회에서 떨어져나가고 사회의 모든 구성원이 그 사람을 전혀 알아봐주지 않는 상태로 지내는 것만큼 사악한 처벌은 고안할 수 없으며, 그런 일은 물리적으로 가능하지도 않다. 내가 들어설 때 아무도 돌아봐주지 않거나 내가 말할 때 아무도 대꾸하지 않거나 내가 뭘 하든 아무도 신경 쓰지 않으면서 내가 만나는 모두가 "나를 모른 체"하고 마치 내가 존재하지도 않는 양 행동한다면, 머지않아 일종의 분노와 무력한 절망이 내 속에서 차오른 나머지 아무리 잔혹한 신체적 고문에서도 오히려 안도감을 느낄 것이다. 왜냐하면 신체적 고문이 아무리 가혹하다 해도, 아무한테도 주목받지 못하는 무가치한 느낌만큼 우리를 깊이 가라앉게 만들지는 않기 때문이다.[81]

지금까지 우리는 사람들이 사회적 고립에 직면해서 다양한 방식으로, 종종 예측 불가능한 방식으로 반응하는 모습을 살펴보았다. 만년설 속에서 다섯 달을 견디며 멀리 있는 동료들로 하여금 자기를 끝까지 붙잡아주게 만든 어거스트 코톨드 같은 생존자와 사전 예고 없이 레바논의 생지옥으로 내던져진 프랭크 리드처럼 잘 버티지 못한 사람들을 살펴보았다. 그 밖에 빵으로 만든 수판을 놓던 이디스 본처럼 심리적 재능

사회적 연결

■ ■

누구나 혼자이지 않은 사람은 없지만 누구도 혼자서만 살아갈 수는 없다. 고독은 '타인과 소통하고
생존에 필요한 사회적 관계를 구축하도록' 진화한 감정이다.

으로 역경을 이겨낸 사람들도 만나보았다.

이런 인내와 절망의 이야기에서 어떤 메시지를 얻을 수 있을까? 한 가지 확실한 사실은, 우리는 대체로 타인에게서 분리되면 크게 약해진다는 점이다. 그렇지만 좀 더 낙관적인 평가도 그만큼 타당해 보인다. 다시 말해서 우리는 혼자 있을 때도 나를 타인과 연결하고, 나를 넘어서 위안을 찾을 수 있다. 감옥의 벽을 허물거나 차가운 얼음 동굴까지 뚫고 들어오는 타인의 힘을 과소평가해서는 안 된다. 그러려면 상상력이 필요할 수 있지만, 중요한 사실은 할 수 있을 때 사회적 연결을 맺어두어야 한다는 것이다. 언제 필요할지 모르는 일이다.

내가 '나'일 수 있는 이유

우리의 사회 행동을 돌아보면 정신이 번쩍 들 수 있다. 우리의 행동을 결정하는 힘이 매우 강하고 우리의 통제를 넘어설 때가 많기 때문이다. 그러나 사회성은 분명 우리를 특별하게 만들어주는 요인이자, 우리를 인간이라는 종으로 정의하는 기준이다. 고립되면 정상적인 생활을 유지하지 못하는 것은 우연이 아니다. 신경과학자 매튜 D. 리버먼Matthew D. Lieberman이 저서 《사회적Social》에서 밝히듯이 "이것이 바로 우리의 뇌가 연결된 이유다. 다시 말해서 뇌는 타인에게 다가가고 사람들과 소통하도록 연결되어 있다. 이것은 설계상의 특징이지 결함이 아니다. 이런 식의 사회 적응이 우리를 지구상에서 가장 성공한 종으로 만들어주는 핵심 요인이다."[1]

집단 성향은 우리에게 만족을 주기도 하고 또한 엄청난 갈등을 야기하기도 한다. 하지만 집단 성향은 이성理性에 취약하기 때문에, 집단의 속성을 잘 알아두면 그로 인한 상태가 견디기 힘들 때도 도움을 받을 수 있다. 다음 세 가지 경우를 생각해보자.

1. 대부분의 악행은 정신병질 소유자가 아니면서도 생각 없이 집단의 규범에 순응하는 사람이나 아무런 의문을 품지 않고 권위에 복종하는 사람들에 의해 자행된다. 인간은 본래 순응하는 존재라서 얼마나 쉽게 타락할 수 있는지 인지한다면, 잠재적 악인도 다르게 행동할 수 있을까? 가능하다.

　　2. 수십 년 동안 이루어진 사회심리학 연구는 인간은 공포를 느끼면 내집단에 더 다가가고 외집단에 대한 편견을 더 키운다고 입증해왔다. 정치 지도자, 유명인, 권위자, 평론가, 대중매체가 이런 특성을 충분히 이해하고 공포 분위기를 조성해서 유권자를 자극하고 뉴스를 팔려고 하지 않는다면, 세상은 더 안전해질까? 물론이다.

　　3. 비슷한 부류끼리—정치와 문화의 가치관을 공유하는 사람들끼리—어울리고 싶어 하는 성향 때문에 이질적인 공동체는 더 멀어진다. 다양한 집단이 서로 더 많이 어울리면, 사회가 더 화합될까? 가능성은 높지만 어려운 과제다.

　　이상의 발견 중 몇 가지는 당장 실천할 수 있다. 어디서 만나든 나와는 다른 사람들에게 먼저 말을 건넬 수 있다. 다시 말해서 서로의 벽을 허무는 과정은 기초적인 노력에서 시작하고 끝나는 것이다. 그 밖에도 진보에는 제도적인 변화가 필요하다. 예를 들어 대중적으로 공포를 이용하는 행위를 막기 위해 특정 공동체에 대한 편견을 직간접으로 심화하는 언어나 이미지까지 포함하도록 증오발언 관련 법을 확대하거나,

세계보건기구에서 모방범죄를 방지하기 위해 자살 보도에 대한 가이드라인을 제시하듯이 언론매체들도 균형 잡힌 시각으로 테러 폭력을 보도하도록 자발적으로 동의할 수 있다.[2]

이상은 모두 중요하게 고려할 사항이지만, 인간의 집단 성향으로 인해 야기된 유일하거나 가장 중요한 결과는 아니다. 집단을 하나로 이어주는 심리적 접착제인 응집력은 극단적인 신의와 인내와 용기 있는 행동을 불러올 수 있고, 사무직 노동자들의 생산성과 스포츠팀의 성적을 극적으로 끌어 올릴 수도 있다. 한편으로는 장점도 지나치면 화를 불러올 수 있다. 예를 들어 사업체나 위원회에 속한 사람이라면 동료들끼리 서로의 의견에 동의하는 데 집착한 나머지 의사결정이 이루어지지 않을 때 집단사고의 해악을 잘 알 것이다.

우리의 사회적 본성을 알면 군중 속의 경험을 변형하여 투자를 비롯한 그 밖의 선택에서 무리 짓는 본능을 완화하고, 대규모 비상사태에서도 생명을 구할 수 있다. 또한 나날이 더욱 풍요로워질 수 있다. 집단이 모일 때의 조화로운 신체 언어와 전염성 있는 방식은 나 혼자만 알아차린다면 무척 매혹적인 광경이다. 자신이 활기찬 친구들의 밝은 정서와 우울한 친구들의 어두운 정서에 민감하다는 사실을 자각한다면 안심이 된다. 그리고 이타주의는 학습할 수 있으며, 분별력을 잃지 않으면 누구나 영웅이 될 수 있다는 사실은 적어도 고무적이다.

우리의 집단 성향에서 가장 심오한 측면은 우리의 자아 감각을 결정하는 데 도움이 된다는 점일 것이다. 정체성은 기억을 바탕으로만 형성되는 것이 아니라 사람들과 소통하는 방식을 토대로 형성된다. 이것은 신경과학자 안토니오 다마지오가 "사회적 나social me"라고 부르는 개념이다.[3] 당신이 어머니, 오빠 또는 형, 사회복지사, 금융업자, 미국인, 친구, 내향적인 사람, 운동선수, 예술가가 되는 이유는 남들이 당신을 그런 사람으로 보기 때문이다. 따라서 자아라는 개념은 어느 정도 문화적으로 결정된다. 동아시아의 집단주의 사회에서는 한 개인의 서사에서 사건의 맥락과 사회적 의미를 강조하는 데 반해, 유럽과 미국인들은 개인의 성취에 더 관심이 많다. 아이들이 독립성을 주장하기 시작하는 "미운 세 살"이 일부 비서구 문화권에서는 크게 주목받지도 않으며, 아예 나타나지 않을 때도 있다.

집단 정체성이 자기 정체성에 앞서고, 협력이 자율성에 앞선다. 우리는 다양한 흐름에 휩쓸리지만, 우리를 우리로 만들어주는 존재는 바로 함께 헤엄치는 사람들이다.

주

들어가며

1. David Cannadine, *The Undivided Past: History Beyond Our Differences*(Allen Lane, 2013), p. 5.
2. 고정관념 위협으로 알려진 이 현상에 관해 자세한 설명을 보려면 Claude M. Steele, *Whistling Vivaldi*(Norton & Norton, 2010)를 참조하라.

1. 타인의 감정은 어떻게 나에게 스며드는가

1. "People's princess—or just a fast-fading fairytale?", *Observer*, 11 August 2002, http://observer.theguardian.com/focus/story/0,6903,772521,00.html에 인용.
2. James Thomas, "From people power to mass hysteria: media and popular reactions to the death of Princess Diana", *International Journal of Cultural Studies* 11 (2008), pp. 362~76, p. 371.
3. *The New York Times*, 11-12 December 1930 기록보관소에서 구체적인 내용을 발췌했다.
4. Milton Friedman and Anna Jacobson Schwartz, *A Monetary History of the United States 1867~1960*(Princeton University Press, 1963); Paul Trecott, "The failure of the Bank of United States", *Journal of Money, Credit and Banking* 24(1992), pp. 384~99; Niall Ferguson, *The Ascent of Money: A Financial History of the World*(Allen Lane, 2008)를 참조하라.
5. R.C.J. Hermans, A. Lichtwarck-Aschoff, K. E. Bevelander, C.P. Herman, J.K. Larsen, *et al.*, "Mimicry of food intake: the dynamic interplay between eating companions", *PLoS ONE* 7, 2 (2012), e31027. doi:10.1371/journal.pone.0031027.
6. K.A. Patel and D.G. Schlundt, "Impact of moods and social context on eating behavior", *Appetite* 36 (2001), pp. 111~18.
7. H. Larsen, R.C. Engels, P.M. Souren, I. Granic and G. Overbeek, "Peer influence in a

micro - perspective: imitation of alcoholic and non - alcoholic beverages", *Addictive Behaviors* 35 (2010), pp. 49~52.

8. R. Koordeman, E. Kuntsche, D.J. Anschutz, R. van Baaren and R.C.M.E. Engels, "Do we act upon what we see? Direct effects of alcohol cues in movies on young adults' alcohol drinking", *Alcohol and Alcoholism* 46 (2011), pp. 393~8.

9. Joanne Lumsden, Lynden K. Miles, Michael J. Richardson, Carlene A. Smith and C. Neil Macrae, "Who syncs? Social motives and interpersonal coordination", *Journal of Experimental Social Psychology* 48 (2012), pp. 746~51.

10. W.S. Condon and W.D. Ogston, "Sound film analysis of normal and pathological behavior patterns", *Journal of Nervous and Mental Disease* 143 (1966), pp. 338~47.

11. P. Totterdell, "Catching moods and hitting runs: mood linkage and subjective performance in professional sport teams", *Journal of Applied Psychology* 85 (2000), pp. 848~59.

12. J.H. Fowler and N.A. Christakis, "The dynamic spread of happiness in a large social network: longitudinal analysis over 20 years in the Framingham Heart Study", *British Medical Journal* 337 (2008), a2338.

13. *New Scientist*, 3 January 2009, p. 25. 크리스태키스의 연구팀은 다른 많은 행동과 특질도, 이를테면 비만, 음주 습관, 금연 결정, 온라인 사생활 선호도, 외로움도 사회 관계망을 통해 행복과 비슷한 양상으로—주로 감정 전염보다는 사회 규범의 확산으로—전파되는 현상을 발견했다고 주장한다. 이들의 주장이 권위 있는 상호 심사 학술지에 실리면서 통계 분석이 논쟁거리가 되었고, 일부 연구자들은 주어진 자료에서 군집화의 원인을 추론하는 것이 불가능하다고 주장했다. 예를 들어 특질이 비슷한 사람들끼리 한데 모이기 때문일 수도 있다. R. Lyons, "The spread of evidence-poor medicine via flawed social - network analysis", *Statistics, Politics, and Policy* 2 (2011), doi:10.2202/2151-7509.1024를 참조하라.

14. H.S. Friedman and R.E. Riggio, "Effect of individual differences in nonverbal expressiveness on transmission of emotion", *Journal of Nonverbal Behavior* 6 (1981), pp. 96~104.

15. T.E. Joiner, "Contagious depression: existence, specificity to depressed symptoms, and the role of reassurance seeking", *Journal of Personality and Social Psychology*

67 (1994), pp. 287~96; Gerald J. Haeffel and Jennifer L. Hames, "Cognitive vulnerability to depression can be contagious", *Clinical Psychological Science* 2, 1 (2013), pp. 75~85.

16. S.D. Pugh, "Service with a smile: emotional contagion in the service encounter", *Academy of Management Journal* 44 (2001), pp. 1018~27; E. Kim and D.J. Yoon, "Why does service with a smile make employees happy? A social interaction model", *Journal of Applied Psychology* 97 (2012), pp. 1250~67.

17. 다수는 크리스태키스와 파울러의 연구이다. 두 연구자의 저서 *Connected*(Little, Brown, 2009)를 참조하라.

18. S. Côté and I. Hideg, "The ability to influence others via emotion displays: a new dimension of emotional intelligence", *Organizational Psychology Review* 1 (2011), pp. 53~71.

19. Antonio Damasio, *The Feeling of What Happens: Body and Emotion in the Making of Consciousness*(Houghton Mifflin Harcourt, 1999).

20. P. Ekman and W. Friesen, *Facial Action Coding System: A Technique for the Measurement of Facial Movement*(Consulting Psychologists Press, 1978).

21. Paul Ekman, *Emotions Revealed: Understanding Faces and Feelings*(Times Books, 2003), p. 36.

22. Kirk Douglas, *The Ragman's Son: An Autobiography*(Simon & Schuster, 1988), p. 266.

23. 감정 전염에 관한 연구 요약은 E. Hatfield, R.L. Rapson and Y. L. Le, "Primitive emotional contagion: recent research", in J. Decety and W. Ickes (eds.), *The Social Neuroscience of Empathy*(MIT Press, 2009)를 참조하라. 심도 깊은 분석을 보려면 Elaine Hatfield, John Cacioppo and Richard Rapson, *Emotional Contagion: Studies in Emotion and Social Interaction*(Cambridge University Press, 1993)을 참조하라.

24. David A. Havas, Arthur M. Glenberg, Karol A. Gutowski, Mark J. Lucarelli and Richard J. Davidson, "Cosmetic use of botulinum toxin-A affects processing of emotional language", *Psychological Science* 21 (2010), pp. 895~900.

25. A. Hennenlotter, C. Dresel, F. Castrop, A. Ceballos Baumann, A. Wohlschlager and B. Haslinger, "The link between facial feedback and neural activity within central circuitries of emotion — new insights from botulinum toxin-induced denervation of

frown muscles", *Cerebral Cortex* 19 (2008), pp. 537~42.

26. 정서 건강에 긍정적인 영향을 준다는 의견도 있다. 다른 여러 연구에서는 이마의 눈썹 주름근이나 미간근육에 보톡스를 주사하면 우울증 증상이 완화될 수 있다고 밝혔다. 자세한 내용은 Eric Finzi, *The Face of Emotion: How Botox Affects Our Mood and Relationships*(Palgrave Macmillan, 2013)를 참조하라.

27. 텔레비전 방송, *Technology Review*, March/April 2008.

28. "To signal is human", *American Scientist* 98 (2010), pp. 204~11, p. 207.

29. 사회적 관계가 다양한 공동체일수록 경제적으로 가장 발전한 경향을 보인다는 이론—흔히 지지하는 이론이지만 최근에야 설득력 있는 자료가 나왔다—을 뒷받침해주는 듯하다. N. Eagle, M. Macy and R. Claxton, "Network diversity and economic development", *Science* 328, 5981 (2010), pp. 1029~31을 참조하라.

30. "The new science of building great teams", *Harvard Business Review* 90 (April 2012), p. 65.

31. Nadav Aharony, Wei Pan, Cory Ip, Inas Khayal and Alex Pentland, "Social fMRI: investigating and shaping social mechanisms in the real world", *Pervasive and Mobile Computing* 7 (2011), pp. 643~59.

32. Stanley Milgram, Leonard Bickman and Lawrence Berkowitz, "Note on the drawing power of crowds of different size", *Journal of Personality and Social Psychology* 13 (1969), pp. 79~82.

33. From Hatfield *et al.*, *Emotional Contagion*, p. 190.

34. Frank J. Bernieri, J. Steven Reznick and Robert Rosenthal, "Synchrony, pseudosynchrony, and dissynchrony: measuring the entrainment process in mother–infant interactions", *Journal of Personality and Social Psychology* 54 (1988), pp. 243~53.

35. R.B. Zajonc, P.K. Adelmann, S.T. Murphy and P.M. Niedenthal, "Convergence in the physical appearance of spouses", *Motivation and Emotion* 11 (1987), pp. 335~46.

36. Jack Kerouac, *On the Road*(Penguin, 1991), p. 10.

37. Daniel M. Rempala, "Cognitive strategies for controlling emotional contagion", *Journal of Applied Social Psychology* 43 (2013), pp. 1528~37.

38. 예를 들어 F. Bernieri, J. Davis, R. Rosenthal and C. Knee, "Interactional synchrony

and rapport: measuring synchrony in displays devoid of sound and facial affect",
Personality and Social Psychology Bulletin 20 (1994), pp. 303~11을 참조하라.

39. 순차 투표의 역학 관계를 자세히 알아보려면 S. Nageeb Ali and Navin Kartik, "A
theory of momentum in sequential voting" (2006)를 참조하라. http://www.kellogg.
northwestern.edu/research/math/seminars/200607/kartik032807.pdf.

40. 소비자가격 인플레이션을 기준으로 수정된 수치. Robert J. Shiller, *The Subprime
Solution: How Today's Financial Crisis Happened, and What to Do About
It*(Princeton University Press, 2008).

41. Patrick Bajari, Chenghuan Sean Chu and Minjung Park, "An empirical model of
subprime mortgage default from 2000 to 2007", National Bureau of Economic
Research working paper no. 14625(2008)를 비롯한 몇 가지 자료에 인용되었다. www.
nber.org/papers/w14625.

42. Robert J. Shiller, *The Subprime Solution*, p. 45.

43. 생생하고 접근하기 쉬운 생각이 퍼져나가는 현상을 자세히 알아보려면 Timur Kuran and
Cass R. Sunstein, "Availability cascades and risk regulation", *Stanford Law Review*
51 (1999), pp. 683~768을 참조하라.

44. Gerd Gigerenzer, "Out of the frying pan into the fire: behavioral reactions to
terrorist attacks", *Risk Analysis* 26 (2006), pp. 347~51. 2005년 런던 대중교통 폭탄 테
러가 일어난 후에도 비슷한 효과가 나타났다. 런던 시티 대학교의 심리학자 피터 에이턴
Peter Ayton 연구팀에 따르면, 런던 테러 이후 6개월 동안 많은 사람이 지하철 대신 자전거로
이동했고, 그 결과 추가로 214명의 사상자가 나왔다(부상자와 사망자). 에이턴의 연구는
2012년 5월 시카고에서 열린 미국심리학회 24차 연례회의에서 발표되었다.

45. C.S. Enright, "9/11 anniversary media coverage: anxiety and expectations of future
terrorist attacks", 2006년 5월 뉴욕에서 열린 미국심리학회 18차 연례회의에서 공개된 포
스터.

46. "Learning to expect the unexpected", *Edge: The Third Culture*(www.edge.org), 19
April 2004에 처음 실렸다.

2. 군중의 얼굴에서 무엇을 읽을 것인가

1. Robert Schofield, *The Enlightened Joseph Priestley: A Study of His Life and Work
from 1773 to 1804*(Pennsylvania State University Press, 2004), p. xii.

2. 1774년에 프리스틀리는 영국 최초의 유니테리언 교단을 설립해서 하나님은 세 가지 위격이 한 몸에 있고(성부, 성자, 성신) 예수가 신의 아들이라는 인기 있는 그리스도교의 개념을 부정했다.

3. Joseph Priestley, *An Appeal to the Public on the Subject of the Riots in Birmingham* (J. Thomson, 1791), p. 28.

4. 같은 책, p. 30.

5. Edmund Burke, *Reflections on the Revolution in France* (J. Dodsley, 1790), p. 117.

6. 같은 책, p. 106.

7. Hippolyte Taine, *Les origines de la France contemporaine: la Revolution*, vol. I (Librarie Hachette, 1896), pp. 40, 51.

8. Gabriel Tarde, "Les crimes des foules", *Archives de l'anthropologie criminelle* 7 (1892), pp. 353~86; 영문판 Susanna Barrows, *Distorting Mirrors: Visions of the Crowd in Late Nineteenth-Century France* (Yale University Press, 1981), p. 144.

9. Scipio Sighele, *La foule criminelle: essai de psychologie collective* (Felix Alcan, 1901), pp. 62~3.

10. Gustave Le Bon, *La psychologie des foules* (Felix Alcan, 1895), 영문판 *The Crowd: A Study of the Popular Mind* (Macmillan, 1896), p. 19.

11. Will Self, "When it comes to riots, it's all relative", *New Statesman*, 22 August 2011.

12. Le Bon, *La psychologie des foules*.

13. Gustave Le Bon, *Les lois psychologiques de l'évolution des peuples* (Felix Alcan, 1894); Gustave Le Bon, "La psychologie des femmes et les effets de leur éducation actuelle", *Revue Scientifique* 46, 15 (1890), pp. 449~60; Gustave Le Bon, "Recherches anatomiques et mathématiques sur les lois des variations du volume du cerveau et sur leurs relations avec l'intelligence", *Revue d'Anthropologie*, 2nd series, 2 (1879), pp. 27~104, pp. 60~1에 인용.

14. Sigmund Freud, *Massenpsychologie und Ich-Analyse* (Internationaler Psychoanalytischer Verlag, 1921).

15. 힐레어 벨록은 외가 쪽으로 조지프 프리스틀리의 고손자였으며, 틀림없이 자신의 조상이 버밍엄 폭동의 피해자였다는 사실을 알았을 것이다.

16. Hilaire Belloc, 에세이 "A force in Gaul", *On Something* (Methuen, 1910), p. 160.

17. Le Bon, *The Crowd*, p. 68.

18. Charles Dickens, *A Tale of Two Cities*, book 2, ch. 21.

19. Jack London, *The People of the Abyss*, ch. 1. 같은 장에서 나중에 잭 런던은 이스트엔드의 삶에 동화하고 그곳 사람들을 알아가면서 더 이상 군중에 대한 두려움에 사로잡히지 않는다. 그는 군중의 일부가 된다. "악취 나는 드넓은 바다가 차올라서 나를 삼켰거나, 아니면 내가 그 바다로 가만히 미끄러져 들어가서 무서울 게 없었다."

20. Émile Zola, *Germinal*, book 4, ch. 7. 영문판 Barrows, *Distorting Mirrors*, p. 101.

21. *The Long Valley*, 단편소설집 (William Heinemann, 1939), p. 137.

22. P.G. Zimbardo, "The human choice: individuation, reason, and order vs. deindividuation, impulse, and chaos", in W. J. Arnold and D. Levine (eds.), *Nebraska Symposium on Motivation*(University of Nebraska Press, 1969), pp. 237~307.

23. Ann Coulter, *Demonic: How the Liberal Mob Is Endangering America*(Random House, 2011).

24. 데일리 콜러(Daily Caller) 블로그, 15 August 2012, http://dailycaller.com/2012/08/15/why-liberals-behave-the-way-they-do/.

25. 현대에 들어 지도자가 없는 군중을 사실상 처음 언급한 예는 불가리아 작가 엘리아스 카네티Elias Canetti의 《군중과 권력*Crowds and Power*》(Claassen Verlag, 1960; 영어판 Victor Gollancz, 1962)에 나온다. 이 책에서는 기존 학자들의 추측대로 지도자가 군중을 지휘하지 못하고 군중이 지도자를 이용할 가능성이 높다고 제안했다. 카네티의 제안은 사회심리학에서 지도력의 본질을 둘러싼 흥미로운 논의를 불러일으켰는데, 그중에 퀸즐랜드 대학교의 알렉산더 하슬람은 가장 성공한 지도자는 흔히 생각하는 것과 달리 개인의 성격 특질로 정의되지 않고, 추종자들의 사회적 정체성을 얼마나 잘 파악하고 그에 영합하는지에 따라 정의된다고 주장했다. 지도자는 집단의 특징이다. 조지 부시George W. Bush는 흔히 실패한 지도자로 간주되지만, 9·11 이후에는 미국인의 가장 근원적인 두려움과 불안감에 공공연히 공감했기 때문에 엄청난 인기를 얻었다. 자세히 알아보려면 Alexander Haslam, *The New Psychology of Leadership*(Psychology Press, 2010)을 참조하라.

26. S.D. Reicher, "The St Pauls' riot: an explanation of the limits of crowd action in terms of a social identity model", *European Journal of Social Psychology* 14 (1984), pp. 1~21, p. 17. 이 연구는 폭동 당시와 이후에 폭동 참가자들을 폭넓게 인터뷰한 자료와 더불어 경찰, 합법적 보도와 그 밖의 보도, 방송, 신문기사와 사진에 기초했다.

27. 군중행동에 관한 정교한 사회적 정체성 모형을 자세히 알아보려면 Stephen Reicher, "The

psychology of crowd dynamics", in Michael A. Hogg and R. Scott Tindale (eds.), *Blackwell Handbook of Social Psychology: Group Processes*(Blackwell, 2001), ch. 8 를 참조하라.

28. 커너 위원회 보고서 요약본은 www.eisenhowerfoundation.org/docs/kerner.pdf를 참조하라.

29. 시애틀 투쟁으로 알려진 1999년 시애틀 세계무역기구(WTO) 장관회의 반대 폭력시위 이후, 특히 9·11 이후 안보를 중시하는 시기의 미국 정부는 대체로 협상 주도적인 공공질서 유지 방법을 버리고 봉쇄와 감시, 선제 체포 같은 '전략적 무력화' 전술을 채택해왔다. Patrick F. Gillham, "Securitizing America: strategic incapacitation and the policing of protest since the 11 September 2001 terrorist attacks", *Sociology Compass* 5, 7 (2011), pp. 636~52를 참조하라.

30. Clifford Stott and Geoff Pearson, *Football Hooliganism: Policing and the War on the English Disease*(Pennant Books, 2007), p. 218.

31. 2012년 3월, 스톳은 12년 가까이 재직한 리버풀 대학교의 사회심리학 교수직을 그만두고 군중 관리 자문회사(www.ccmconsultancy.info)를 직접 설립했다. 몇 달 뒤 그는 리즈 대학교 안보 및 정의 연구모임의 연구 강사로 임명되어 범죄학자로 다시 학계에 들어갔다.

32. Stott and Pearson, *Football Hooliganism*, p. 78.

33. 같은 책, p. 127. 1998년 프랑스 월드컵에서 스코틀랜드와 영국 축구팬의 행동이 어떻게 달랐는지 자세히 알아보려면 Clifford Stott, Paul Hutchison and John Drury, "'Hooligans' abroad? Inter-group dynamics, social identity and participation in collective 'disorder' at the 1998 World Cup Finals", *British Journal of Social Psychology* 40, 3 (2001), pp. 359~84를 참조하라.

34. 유로 2004와 관련된 경찰의 전술, 군중 사건, 사회적 역학을 상세히 분석한 자료는 Clifford Stott, Otto Adang, Andrew Livingstone and Martina Schreiber, "Tackling football hooliganism: a quantitative study of public order, policing and crowd psychology", *Psychology, Public Policy, and Law* 14, 2 (2008), pp. 115~41; Clifford Stott, Otto Adang, Andrew Livingstone and Martina Schreiber, "Variability in the collective behaviour of England fans at Euro2004: 'hooliganism', public order policing and social change", *European Journal of Social Psychology* 37, 1 (2007), pp. 75~100을 참조하라.

35. Clifford Stott, "Crowd psychology & public order policing: an overview of scientific

theory and evidence". HMIC 대중시위 치안 유지 보고서 팀에 제출한 자료, 2009.

36. http://www.hmic.gov.uk/publication/adapting-to-protest/.

37. 경찰 연락 담당의 역할에 관한 자세한 설명과 성과에 관한 초반의 분석은 Clifford Stott, Martin Scothern and Hugo Gorringe, "Advances in liaison based public order policing in England: human rights and negotiating the management of protest", *Policing* 7, 2 (2013), pp. 212~26을 참조하라.

38. "Sussex police unleash their new weapon: 'crowd psychology'", Indymedia. co.uk, 8 June 2012.

39. 2011년 8월 11일, 의회 연설.

40. "Punish the feral rioters, but address our social deficit too", *Guardian*, 5 September 2011, http://www.theguardian.com/commentisfree/2011/sep/05/punishment-rioters-help.

41. "Theresa May: the lessons I learned from the report on the summer riots", *Daily Mail*, 18 December 2011, http://www.dailymail.co.uk/news/article-2075540/Theresa-May-lessons-SHE-learnt-weeks-LSE-report-summer-riots.html.

42. 2011년 8월 7일 BBC TV 뉴스.

43. Roger Ball and John Drury, "Representing the riots: the (mis)use of figures to sustain ideological explanation", *Radical Statistics* 106 (2012), pp. 4~21.

44. House of Commons Home Affairs Committee, *Policing Large Scale Disorder: Lessons from the Disturbances of August 2011*. Sixteenth Report of Session 2010-12, vol. II (구술·서면 자료), Q93.

45. 런던 경찰청과의 이메일 서신, 2013년 3월 15일.

46. 지역 간 격차가 있다. 런던에서는 체포자의 19퍼센트가 범죄조직 소속이었고, 런던 이외의 지역에서는 조직원이 10퍼센트 미만이었다. 체포된 조직원들 중 기소되거나 유죄판결을 받은 사람이 몇 명인지는 정확하지 않다.

47. Home Office, "An overview of recorded crimes and arrests resulting from disorder events in August 2011" (2011), p. 5.

48. "Punish the feral rioters", *Guardian*, 5 September 2011.

49. *Reading the Riots: Investigating England's Summer of Discontent*(Guardian Shorts e-book, 2011)으로 출간되었다. http://www.guardian.co.uk/uk/series/reading-the-riots도 참조하라.

50. 2012년 3월 28일 발표된 '폭동 공동체와 희생자 모임'의 최종 보고서는 http://riotspanel. independent.gov.uk/wp-content/uploads/2012/03/Riots-Panel-Final-Report1.pdf 를 참조하라.

51. Stephen Reicher and Clifford Stott, *Mad Mobs and Englishmen: Myths and Realities of the 2011 Riots*(e-book, Constable & Robinson, 2011).

52. "Reading the riot actors", *New Scientist*, 17 September 2011, p. 30.

53. "Facebook riot calls earn men four-year jail terms amid sentencing outcry", *Guardian*, 16 August 2011, http://www.theguardian.com/uk/2011/aug/16/ facebook-riot-calls-men-jailed.

54. 법무부 자료. 2011년 8월 6일에서 9일 사이의 대중시위에 관한 통계 고시—2012년 9월 업데이트.

55. *Reading the Riots: Investigating England's summer of discontent*(Guardian Shorts, 2011), http://www.theguardian.com/uk/2012/jul/03/courtroom-profilesreading-the-riots.

56. 손더스 판사의 판결문. 런던 도심 형사 법원 대對 대럴 드수즈, 2012년 4월 17일.

57. Julian V. Roberts and Mike Hough, "Sentencing riot-related offending: where do the public stand?", *British Journal of Criminology* 53, 2 (2012), pp. 234~56.

58. 레이처는 1990년 인두세 폭동 기간에 경찰에게 돌을 던진 죄로 기소된 피고가 정당방위로 한 행동이었다고 주장했을 때 사회 정체성 이론이 법정에서 성공적으로 적용된 사례를 인용한다. 피고는 개인적으로 공격받은 것은 아니지만 경찰이 전체 군중에게 적대적이어서 자기로서는 경찰의 모든 행위를 공격적으로 받아들이는 것이 정당했다는 입장을 고수했다.

59. John Drury, Chris Cocking and Steve Reicher, "The nature of collective resilience: survivor reactions to the 2005 London bombings", *International Journal of Mass Emergencies and Disasters* 27, 1 (2009), pp. 66~95, p. 79.

60. "Seven years since 7/7", *Economist* 블로그 인터뷰, 6 July 2012, http://www. economist.com/blogs/blighty/2012/07/london-bombings.

61. Drury *et al.*, "Nature of collective resilience", p. 82.

62. 같은 책.

63. John Drury, Chris Cocking and Stephen Reicher, "Everyone for themselves? A comparative study of crowd solidarity among emergency survivors", *British Journal of Social Psychology* 48, 3 (2009), pp. 487~506.

64. John Drury, David Novelli and Clifford Stott, "Psychological disaster myths in the perception and management of mass emergencies", *Journal of Applied Social Psychology* 43, 11 (2013), pp. 2259~70을 참조하라.

65. Drury *et al.*, "Everyone for themselves?", p. 10.

66. 힐즈버러 독립 패널(Hillsborough Independent Panel)이 2012년 9월에 확인해주었다. *Hillsborough: The Report of the Hillsborough Independent Panel*(House of Commons, September 2012). http://hillsborough.independent.gov.uk/repository/report/HIP_report.pdf.

67. 9·11 반응 행동에 관한 정보는 두 가지 출처에서 참조했다. *Federal Building and Fire Safety Investigation of the World Trade Center Disaster: Final Report of the National Construction Safety Team on the Collapses of the World Trade Center Towers*(NIST NCSTAR 1, 2005); E.R. Galea, L. Hulse, R. Day, A. Siddiqui, G. Sharp, K. Boyce, L. Summerfield, D. Canter, M. Marselle and P.V. Greenall, "The UK WTC 9/11 Evacuation Study: an overview of the methodologies employed and some preliminary analysis", in W.W.F. Kligsch *et al.* (eds.), *Proceedings of the 4th Pedestrian and Evacuation Dynamics 2008*(Springer Verlag, 2010), pp. 3~24.

68. 자세한 내용은 "What would you do?", *Engineering and Technology* 4, 7 (20 April 2009)에 처음 실렸다.

69. *AIR 8/88. Report on the Accident to Boeing 737-236, G-BGJL at Manchester International Airport on 22 August 1985*(United Kingdom Air Accidents Investigation Branch, 1988), p. 135.

70. B.E. Aguirre, D. Wenger and G. Vigo, "A test of the emergent norm theory of collective behavior", *Sociological Forum* 13, 2 (1988), pp. 301~20.

71. Elias Canetti, *Crowds and Power*(Claassen Verlag, 1960; in English, Victor Gollancz, 1962), ch. 1.

72. Reicher, "St Pauls' riot", p. 16.

73. Shruti Tewari, Sammyh Khan, Nick Hopkins, Narayanan Srinivasan and Stephen Reicher, "Participation in mass gatherings can benefit well-being: longitudinal and control data from a North Indian Hindu pilgrimage event", *PLoS One* 7, 10 (2012), e47291. doi: 10.1371/journal.pone.0047291.

74. 연구팀은 2011년 마그 멜라를 조사했다. 2013년에 12년마다 열리는 쿰브 멜라Kumbh Mela

축제에는 8천만 명이 참가했는데, 알라하바드에서는 혼잡한 기차역에서 순례자 36명이 인파에 떠밀려 압사했다. 막판에 열차 시간표가 바뀌는 바람에 수백 명의 승객이 좁은 육교로 한꺼번에 밀려들어서 심각한 병목현상이 발생한 것이다. 쿰브 멜라 축제는 대체로 효율적인 운영과 원활한 군중 관리로 유명한 행사였다.

75. http://improveverywhere.com/missions 참조.

76. Ashraf Khalil, *Liberation Square: Inside the Egyptian Revolution and the Rebirth of a Nation*(St Martin's Press, 2011), p. 123.

77. Zeynep Tufekci and Christopher Wilson, "Social media and the decision to participate in political protest: observations from Tahrir Square", *Journal of Communication* 62, 2 (2012), pp. 363~79.

78. 카이로에서 나돌던 〈똑똑하게 시위하는 법〉이라는 제목의 소책자에는 폭동 진압 경찰과 대치하는 법 같은 실질적인 조언이 담겨 있는데, 특히 페이스북이나 트위터나 그 밖의 인터넷 사이트는 내무부의 감시를 받고 있으므로 이들 매체로 책자를 유포하지 말라는 경고가 실려 있었다. 이메일로 보내거나 복사해서 나눠보라고 강력히 권했다. 그래도 혁명의 결정적 단계인 1월 28일 '분노의 금요일'이 시작되기 전부터 일부 서방 언론(《애틀랜틱 *Atlantic*》)들이 홈페이지에 소책자의 상당 부분을 싣는 것을 막지는 못했다.

79. Khalil, *Liberation Square*, p. 164.

80. Duncan Watts, "Can the flap of a butterfly's wings on Facebook stir a revolution in the Middle East", 2011년 3월 29일 www.everythingisobvious.com에 게시.

3. 세상에서 가장 독립적인 사람들

1. Mike Stroud, *Shadows on the Wasteland*(Jonathan Cape, 1993), p. 24.

2. 같은 책, pp. 106~7.

3. 같은 책, p. 107.

4. '가장 추운 여행' 언론홍보팀에서 제공한 보도자료.

5. Stroud, *Shadows on the Wasteland*, pp. 102~3.

6. 내가 마이크 스트라우드를 인터뷰한 기사에 처음 실린 말이다. *New Scientist*, 22 December 2012, p. 35.

7. BBC 4 Timeshift 다큐멘터리 시리즈 *Antarctica: Of Ice and Men*, 2014년 1월 24일 방송.

8. Roger Mear and Robert Swan, *In the Footsteps of Scott*(Jonathan Cape, 1987), p. 78.

9. 1911년 탐험에서 수집한 황제펭귄 알 세 개는 런던 자연사박물관 동물학 소장품으로 보관

되어 있다.

10. Apsley Cherry‑Garrard, *The Worst Journey in the World*(Constable, 1922), ch. 7, p. 246.

11. 미어와 스완의 일지, *In the Footsteps of Scott*. 스완과 미어, 우드는 저마다 불만을 품고도 1986년 1월 11일 드디어 남극에 도착했다. 당시로서는 최장거리 무지원 극지방 탐험이었다.

12. Gloria R. Leon, Gro Mjeldheim Sandal and Eric Larsen, "Human performance in polar environments", *Journal of Environmental Psychology* 31, 4 (2011), pp. 353~60.

13. 그는 강풍과 눈보라 때문에 속도가 늦어지고 극지까지 가기 전에 식량이 바닥날 터라 하는 수 없이 다시 돌아와야 했다. www.ericlarsenexplore.com을 참조하라.

14. 미국인 존 휴스턴John Huston과 타일러 피시Tyler Fish가 캐나다 대륙에서 북극까지 748킬로미터 거리를 55일간 무지원 행군한 북극탐사에 관한 그로 산달의 다른 연구: G. Leon, G. Sandal, B. Fink and P. Ciofani, "Positive experiences and personal growth in a two‑man North Pole expedition team", *Environment and Behavior* 43, 5 (2011), pp. 710~31. 북극을 다룬 연구를 개관하려면 G.M. Sandal, G.R. Leon and L. Palinkas, "Human challenges in polar and space environments", *Reviews in Environmental Science and Biotechnology* 5 (2006), pp. 281~96을 참조하라.

15. L.A. Palinkas, "On the ICE: individual and group adaptation in Antarctica" (2003)에 인용. http://www.sscnet.ucla.edu/anthro/bec/papers/Palinkas_On_The_Ice.pdf, L.A. Palinkas and D. Browner, "Effects of prolonged isolation in extreme environments on stress, coping, and depression", *Journal of Applied Social Psychology* 25(1995), pp. 557~76을 참조했다.

16. 마크 보몬트의 모든 시도에 관한 자세한 정보는 www.markbeaumontonline.com을 참조하라.

17. 남극 대원 선발Selection of Antarctic Personnel(SOAP) 검사는 정서 반응, 불안 수준, 우울에 대한 민감성, 대인관계 기술, 성격 유형을 포함해 광범위한 심리 요인을 검사한다. I. Grant, H.R. Eriksen, P. Marquis, I.J. Orre, L.A. Palinkas, P. Suedfeld, E. Svensen and H. Ursin, "Psychological selection of Antarctic personnel: the 'SOAP' instrument", *Aviation, Space, and Environmental Medicine* 78 (2007), pp. 793~800.

18. BBC 4 Timeshift 다큐멘터리 시리즈 *Antarctica: Of Ice and Men*, 2013년 1월 24일

방송.

19. 결과에 관한 자세한 내용은 M. Basner, D.F. Dinges, *et al.*, "Mars 520-d mission simulation reveals protracted crew hypokinesis and alterations of sleep duration and timing", *PNAS* 110 (2013), pp. 2635~40을 참조하라.

20. 추가 정보는 2012년 10월 3~7일 네팔에서 열린 제63회 국제우주대회에서 발표된 B. Van Baarsen, F. Ferlazzo, D. Ferravante, J.H. Smit, J. Van der Pligt and M.A.J. Van Duijn, "Emotional and cognitive adaptation during 520 days of isolation: results from the LODGEAD Mars500 study"를 참조하라.

21. 이 부분은 Michael Bond, "'Insane' Antarctic winter crossing like space flight", *New Scientist*, 22 December 2012, p. 35에 처음 실렸다.

22. Robert Heller and Rebecca Stephens, *The Seven Summits of Success*(Capstone, 2005), pp. 72~3.

23. Cherry-Garrard, *Worst Journey in the World*, Preface, p. vii.

24. 에드워드 윌슨Edward Wilson과 헨리 바우어스Henry Bowers. 스콧 남극 탐사대의 다른 두 대원인 에드거 에번스와 로런스 오츠는 이 지점에 도착하기 전에 사망했다.

25. J.M. Barrie, *Courage*, 1922년 5월 3일 세인트 앤드루스 대학교 학부생을 대상으로 한 학장 연설(Hodder and Stoughton, 1922), p. 32.

26. Wade Davis, *Into the Silence: The Great War, Mallory, and the Conquest of Everest*(Bodley Head, 2011), p. 441에 인용.

27. 같은 책, p. 381.

28. Jon Krakauer, *Into Thin Air*(Macmillan, 1997), p. 163.

29. Irving Janis, *Groupthink: Psychological Studies of Policy Decisions and Fiascoes*(Houghton Mifflin, 1982), p. 9.

30. 같은 책, p. 8.

31. 제임스 매니카와의 인터뷰, "Google's view on the future of business: an interview with CEO Eric Schmidt", *McKinsey Quarterly*, November 2008에서 인용.

32. Cass R. Sunstein, David Schkade and Lisa Michelle Ellman, "Ideological Voting on Federal Courts of Appeals: A Preliminary Investigation", University of Chicago Law & Economics, Olin 연구보고서 no. 198 (2003); University of Chicago, Public Law 연구보고서 no. 50; AEI-Brookings Joint Center 연구보고서 no. 03-9 (2003), SSRN: http://ssrn.com/abstract=442480 또는 http://dx.doi.org/10.2139/ssrn.442480.

33. C. Ferraris and R. Carveth, "NASA and the Columbia disaster: decision-making by groupthink?", *Proceedings of the 2003 Association for Business Communication Annual Convention*, p. 10.

34. J. Chein, D. Albert, L. O'Brien, K. Uckert and L. Steinberg, "Peers increase adolescent risk taking by enhancing activity in the brain's reward circuitry", *Developmental Science* 14 (2011), F1~F10. 또한 Margo Gardner and Laurence Steinberg, "Peer influence on risk taking, risk preference, and risky decision making in adolescence and adulthood: an experimental study", *Developmental Psychology* 41, 4 (2005), pp. 625~35도 참조하라.

35. 사회 보상의 매력은 또한 젊은 사람들이 범죄 조직에 가담하는 이유를 설명해주기도 하지만, 최근 연구에서는 일부 사람이 남보다 더 잘 끌리는 이유를 결정하는 데서 유전과 양육의 결정적인 상호작용을 밝혀냈다. 예를 들어 플로리다 주립대학교의 케빈 비버 연구팀은 도파민 수송 유전자의 특정한 변형(DAT1)을 보유한 10대 소년이 반사회적이거나 범죄 성향을 띤 또래 친구들과 어울릴 가능성이 크지만, 모성애가 결핍된 '고위험군' 가정환경에서 자라는 경우에만 실제로 반사회적 또래 친구들과 어울린다는 결과를 얻었다. 행동의 원인이 개인의 성격이나 경험, 집단 환경 모두에 있다는 사실을 보여주는 좋은 예다. Kevin M. Beaver, John Paul Wright and Matt DeLisi, "Delinquent peer group formation: evidence of a gene X environment correlation", *Journal of Genetic Psychology* 169 (2008), pp. 227~44.

36. Richard Thaler and Cass Sunstein, *Nudge: Improving Decisions about Health, Wealth, and Happiness*(Yale University Press, 2008).

37. Cass R. Sunstein, *Going to Extremes*(Oxford University Press, 2009), p. 5.

38. 세 가지 영역―사형, 낙태, 국가안보―은 극단화 편향의 영향을 받지 않는 것으로 보인다. 이들 영역에서는 판사들이 매우 강경한 입장을 취해서 설득되지 않는 것으로 보인다. 자세한 사례 연구는 Cass Sunstein, David Schkade, Lisa Ellman and Andres Sawicki, *Are Judges Political? An Empirical Investigation of the Federal Judiciary*(Brookings Institution Press, 2006)를 참조하라.

39. "Conservatives remain the largest ideological group in US", 2012년 1월 12일 Gallup.com에 게시.

40. 빌 비숍Bill Bishop과 로버트 쿠싱Robert Cushing이 제공한 자료다. 두 저자의 책 *The Big Sort: Why the Clustering of Like-Minded America Is Tearing Us Apart*(Marina

Books, 2009)를 참조하라.

41. Sunstein, *Going to Extremes*, p. 80.

42. 지하디스트 단체가 인터넷을 통해 과격해지는 과정을 심도 깊게 직접 분석한 예는 Mark Sageman, *Leaderless Jihad: Terror Networks in the Twenty-First Century*(University of Pennsylvania Press, 2008)를 참조하라.

43. 정치학자 마커스 프라이어Markus Prior는 *Post-Broadcast Democracy*(Cambridge University Press, 2007)에서 매체 선택권이 늘어날수록 미국 유권자들이 극단화하는 과정을 입증한다.

44. 흔히 대립하는 집단을 일부러 섞어서 대화하게 하면 언제나 극단화 현상이 줄어들어 서로 상대방 쪽으로 의견을 바꿀 거라고 생각한다. 그러나 의견이 확고할 때는 이런 일이 거의 일어나지 않으며, 상대방을 바로잡아주려고 할수록 의견이 더욱 굳어질 뿐이다. 다른 접근이 필요하다. 예일 법학대학원에서 문화적 인지 프로젝트를 진행하는 댄 카한과 동료들은 사람들이 반대 정보를 제시하는 상대방에게 호의적일 때는—예컨대 특정 가치관이나 충성심, 문화적 세계관을 공유하면—그 정보를 반박할 가능성이 줄어드는 현상을 발견했다 (http://www.culturalcognition.net 참조). 여기서는 메시지 자체보다 메시지를 전달하는 사람이 더 중요하다. 말하자면 정확한 정보나 확실한 근거가 있는 주장이라고 해도 자기가 속한 사회 집단의 구성원에게서 나온 주장이 아니면 귀를 닫아버린다.

45. Barbara Ehrenreich, "Family values", *The Worst Years of Our Lives: Irreverent Notes from a Decade of Greed*(Lime Tree, 1991), p. 11.

46. Anthony T. Pescosolido and Richard Saavedra, "Cohesion and sports teams: a review", *Small Group Research* 43, 6 (2012), pp. 744~58.

47. N. Triplett, "The dynamogenic factors in pacemaking and competition", *American Journal of Psychology* 9(1898), pp. 507~33.

48. 간혹 타인의 존재가 정반대의 효과를 내서 동기를 떨어뜨릴 수 있다. 심리학에서는 이런 현상을 '사회적 태만social loafing'이라고 한다. 사회적 태만은 줄다리기를 하거나 합창단에서 노래할 때처럼 개인의 노력이 감춰지는 집단 활동에서 발생하는 현상으로, 참가자 개인의 책임을 감소시키고 각자가 군중 속에 숨거나 자신의 기여가 중요하지 않다고 느끼게 만든다. 사회적 태만은 1913년 농업공학 교수 막스 링겔만Max Ringelmann이 처음 주목한 개념이다.

49. www.thecoldestjourney.org blog, 18 June 2013에 인용.

4. 행복한 소수가 발휘하는 막강한 힘

1. 여기에서 앨런은 한동안 둘째 부인 패니와 함께 살았다. 스물네 살의 패니는 이런 음모의 극장에 잘 어울리는 인물로, 앨런의 동포에게 살해당한 영국인 장교의 미망인이었다.

2. 원래는 Ira Allen, *The Natural and Political History of the State of Vermont, One of the United States of America*(J.W. Myers, 1798)에 인용.

3. 버몬트 주정부 공문서를 작성한 전직 편집자 존 윌리엄스John Williams의 1968년 12월 2일 강연 노트, 버몬트 주 미들섹스의 버몬트 주정부 기록보관소에서 참고했다.

4. 헨리 스티븐슨Henry Stevens의 문서, 1739~1775 모음집, 버몬트 주정부 기록보관소: *Narrative of Proceedings of the Government of New York on New Hampshire Grants*, September 1774.

5. J. Kevin Graffagnino, Samuel B. Hand and Gene Sessions (eds.), *Vermont Voices, 1609 through the 1990s: A Documentary History of the Green Mountain State*(Vermont Historical Society, 1999), p. 40.

6. Willard Sterne Randall, *Ethan Allen: His Life and Times*(Norton, 2011), p. 38.

7. Donald A. Smith, "Green Mountain Insurgency: transformation of New York's forty-year land war", *Proceedings of the Vermont Historical Society* 64 (1996), pp. 197~235, p. 223.

8. 1875년 5월 11일 이선 앨런이 매사추세츠 의회에 보낸 서신, 헨리 스티븐스 1770~1786 모음집의 이선 앨런 문서, 버몬트 주정부 기록보관소.

9. 《헨리 5세*Henry V*》, 4막 3장.

10. Gerald F. Linderman, *Embattled Courage: The Experience of Combat in the American Civil War*(The Free Press, 1987), p. 34.

11. Dora L. Costa and Matthew E. Kahn, *Heroes and Cowards: The Social Face of War*(Princeton University Press, 2008); 같은 저자들의 2003년 논문 "Cowards and heroes: group loyalty in the American Civil War", *Quarterly Journal of Economics* 118, 2 (2003), pp. 519~48.

12. Saxton Collection, Henry E. Huntington Library, San Marino, California. James M. McPherson, *For Cause and Comrades: Why Men Fought in the Civil War*(Oxford University Press, 1997), p. 87에 인용.

13. Samuel A. Stouffer, Edward A. Suchman, Leland C. DeVinney, Shirley A. Star and Robin M. Williams, Jr., *Studies in Social Psychology in World War II: The American*

Soldier(Princeton University Press, 1949).

14. Irving L. Janis, "Group identification under conditions of external danger", *British Journal of Medical Psychology* 36 (1963), pp. 227~38, p. 227.

15. S.L.A. Marshall, *Men Against Fire: The Problem of Battle Command*(William Morrow, 1947).

16. 런던 제국전쟁박물관 녹음테이프 보관소에 소장된 녹음 인터뷰. Max Arthur, *Forgotten Voices of the Great War*, 제국전쟁박물관과 공동 제작(Ebury Press, 2002), p. 200에 옮겨 씀.

17. Grace McDougall, *A Nurse at the War: Nursing Adventures in Belgium and France*(Robert McBride, 1917), p. 55. Janet Lee, "Sisterhood at the front: friendship, comradeship, and the feminine appropriation of military heroism among World War I First Aid Nursing Yeomanry(FANY)", *Women's Studies International Forum* 31(2008), pp. 16~29에 인용.

18. F.T. Jesse, "The first Aid Nursing Yeomanry: a personal impression of the FANY camps in France—girls who are doing yeoman service", *Vogue*, May 1916, pp. 54~5. Lee, "Sisterhood at the front"에 인용.

19. 미발표 회고록, World War II Veterans Project, Special Collections, University of Tennessee, Knoxville, John C. McManus, *The Deadly Brotherhood: The American Combat Soldier in World War II*(Presidio Press, 1998), p. 324에 인용.

20. Leonard Wong, Thomas A. Kolditz, Raymond A. Millen and Terrence M. Potter, *Why They Fight: Combat Motivation in the Iraq War*(Strategic Studies Institute, US Army War College, 2003), p. 10.

21. 집단 응집력이 전투에서의 성과에 결정적인 역할을 하는지 여부를 둘러싼 논의는 결코 끝나지 않았다. UC 버클리 대학교의 로버트 매콘Robert MacCoun을 비롯한 연구자들은 사회적 결속력과 효율성의 인과관계를 지지하는 증거가 거의 없고 핵심은 과제 응집력이라고 주장한다. "모든 증거에서 군대의 성과는 구성원들이 서로를 좋아하는지 여부가 아니라 직업적으로 동일한 목표에 몰두하는지에 좌우되는 것으로 나타났다." Robert J. MacCoun, Elizabeth Kier and Aaron Belkin, "Does social cohesion determine motivation in combat? An old question with an old answer", *Armed Forces & Society* 32, 4 (2006), pp. 646~54를 참조하라.

22. Wong *et al.*, *Why They Fight*, p. 9.

23. 현대 군대에서 응집력의 역동을 다룬 훌륭한 논의로는 Darryl Henderson, *Cohesion: The Human Element in Combat. Leadership and Societal Influence in the Armies of the Soviet Union, the United States, North Vietnam, and Israel*(National Defense University Press, 1985)이 있다.

24. Edward A. Shils and Morris Janowitz, "Cohesion and disintegration in the Wehrmacht in World War II", *Public Opinion Quarterly* 12, 2 (1948), pp. 280~315, p. 281.

25. 사회학자 로버트 스미스Robert B. Smith는 응집력과 지도력과 '전사 정신'의 관계에서 결정적인 변수는 병사들이 싸우도록 지시하는 군사 지휘기구에 정당성이 있는지 여부라고 주장한다. 미군은 베트남전쟁 후반부에 이르러 본국에서 정치적·대중적 지지를 잃고 정당성을 의심받으면서 진작부터 군사 작전을 줄이고 있었다. R. Smith (1983) "Why soldiers fight", *Quality and Quantity* 18 (1983), pp. 1~58.

26. 현재 미군의 조직 구조에서는 승진을 가장 중요한 성공 기준으로 삼고 승진을 위해 싸운다고 비판하는 사람들은 베트남에서도 장교를 너무 일찍 전출해서 군대의 응집력이 약화되었다고 주장한다. 비판적인 사람들 중 현재 국방부 전략가로 활동하는 스콧 홀터Scott Halter가 있다. 홀터는 몇 년 전 아프가니스탄에 파견됐을 때 그의 여단은 부대대장 겸 작전 장교 12명 중 8명이 부대원과 함께 훈련을 마치지 않은 채로 야전에 투입되었다고 주장한다. 그 뒤 14개월에 걸쳐 여단이 배치되는 사이 장교의 46퍼센트가 전출되어서, 홀터의 말대로 "응집력과 지속성과 전투 효율성이 떨어지는" 상황이 연출되었다. (Scott M. Halter, "What is an Army but the soldiers? A critical assessment of the Army's human capital management system", *Military Review*, Jan‑Feb 2012, pp. 16~23). 미군에서 인사 관리가 부대 응집력에 얼마나 영향을 끼치는지에 관한 분석은 Donald Vandergriff, *Raising the Bar: Creating and Nurturing Adaptability to Deal with the Changing Face of War*(Center for Defense Information, 2006)를 참조하라.

27. 행진과 무용을 비롯해 동시에 수행하는 의식의 심리적인 혜택에 관한 자세한 내용은 William H. McNeill, *Keeping Together in Time: Dance and Drill in Human History*(Harvard University Press, 1995); Barbara Ehrenreich, *Dancing in the Streets: A History of Collective Joy*(Metropolitan, 2006)를 참조하라.

28. S.S. Wiltermuth and C. Heath, "Synchrony and cooperation", *Psychological Science* 20 (2009), pp. 1~5를 참조하라.

29. 자세한 내용은 http://www.icea.ox.ac.uk/research/ritual.

30. 덴마크 연구자 디미트리스 쉬갈라타스Dimitris Xygalatas는 몹시 다른 상황에서 의식의 강도와 집단 정체성(친사회성으로 측정했다)의 강도 사이의 상관관계를 발견했다. 모리셔스의 힌두교 연례 축제에서 자기 몸에 바늘과 고리와 꼬챙이를 여러 개 꽂고 고행을 하는 사람들이 단순히 노래하고 기도만 하러 온 사람들보다 자기 지역의 사원에 더 많이 헌신했다. D. Xygalatas, P. Mitkidis, R. Fischer, P. Reddish, J. Skewes, A.W. Geertz, A. Roepstorff and J. Bulbulia, "Extreme rituals promote prosociality", *Psychological Science* 24, 8 (2013), pp. 1602~5.

31. Wong *et al.*, *Why They Fight*, p. 13.

32. Janis, "Group identification", p. 229.

33. Alfred O. Ludwig, "Neuroses occurring in soldiers after prolonged combat exposure", *Bulletin of the Menninger Clinic* 11, 1 (1947), pp. 15~23, p. 18에 인용. Joanna Bourke, *An Intimate History of Killing*(Granta, 1999), pp. 145~6에서 발췌.

34. 정신과 의사들은 이런 현상을 "도덕적 부상moral injury"이라고 일컫는데, 살인처럼 우리에게 깊이 뿌리내린 도덕적 신념과 충돌하는 행위를 하거나 전우의 죽음을 막지 못한 것처럼 마땅히 했어야 하는 일을 하지 못해서 생기는 외상으로 정의된다. 도덕적 부상에 의해 알코올과 약물 남용, 심각한 무모함, 자살 성향, 성공이나 긍정적인 감정에서 도망치는 성향, 좌절, 절망, 자기혐오 같은 다양한 병리적 행동이 나타날 수 있다. 또한 자기를 부도덕하거나 구제불능이거나 돌이킬 수 없을 만큼 망가졌다고 인식하기 시작하거나 부도덕한 세상에 살고 있다고 믿을 수 있다. Brett T. Litz, Nathan Stein, Eileen Delaney, Leslie Lebowitz, William P. Nash, Caroline Silva and Shira Maguen, "Moral injury and moral repair in war veterans: a preliminary model and intervention strategy", *Clinical Psychology Review* 29, 8 (2009), pp. 695~706.

35. Erich M. Remarque, *All Quiet on the Western Front*(Putnam, 1929), p. 232.

36. 영국 공군 공제 기금Royal Air Force Benevolent Fund에서 앨런과의 만남을 주선해주었다.

37. Roy R. Grinker and John P. Spiegel, *Men Under Stress*(Blackiston, 1945), pp. 23~4.

38. Janis, "Group identification".

39. 독일군은 대부분 벙커와 전차 속에 숨어 폭격에서 살아남았다. 우리 할아버지의 일기에는 독일군이 "철갑포탄으로 7기갑 사단을 거의 전멸시켜서 두 번 다시 싸우지 못하게 만든" 과정이 적혀 있다. 연합군은 한 달 더 걸려서 1944년 8월 6일에 캉을 완전히 차지했다.

40. 2002년 2월 9일 토요일 뉴욕에서 치러진 장례식 때 조 파이퍼가 케빈 J. 파이퍼 중위에게 바치기 위해 쓴 추도사.

41. 뉴욕 볼드윈에서 StoryCorps 구술 역사 프로젝트에 의해 녹음된 오디오 인터뷰(http:// storycorps.org/listen/stories/john-vigiano-and-his-wife-jan); CBS 텔레비전 다큐 멘터리 *9/11: The Fireman's Story*.

42. Terry Golway, *So Others Might Live: A History of New York's Bravest — The FDNY from 1700 to the Present*(Basic Books, 2002), p. 70. 19세기에 소방관들 사이의 경쟁 으로 가끔씩 거리에서 크게 싸움판까지 벌어지던 상황은 마틴 스코세이지Martin Scorsese의 영화 《갱스 오브 뉴욕Gangs of New York》에서 생생히 묘사된다. 다만 거리의 잔인한 학살 장 면은 다소 왜곡된 표현이다.

43. Joseph W. Pfeifer, "Understanding how organizational bias influenced first responders at the World Trade Center", in Bruce Bongar *et al*. (eds.), *Psychology of Terrorism*(Oxford University Press, 2007), pp. 207~15.

44. *Federal Building and Fire Safety Investigation of the World Trade Center Disaster: Final Report of the National Construction Safety Team on the Collapses of the World Trade Center Towers*(National Institute of Standards and Technology, 2005).

45. 북부군에서는 주로 여러 주의 연대로 여단을 구성하여 사상자가 지리적으로 분산되게끔 해서 전쟁에 대한 민간의 지원에 영향을 주지 않았다. 제1 버몬트 여단은 예외로, 모두 버 몬트 주 사람들로 이루어져서 사상자가 많았다. 1864년 5월 윌더너스 전투에서만 1,200명 이상이 전사했다.

46. 브레인스토밍에 관한 추가 자료: N. Kohn and S. Smith, "Collaborative fixation: effects of others' ideas on brainstorming", *Applied Cognitive Psychology* 25, 3 (2011), pp. 359~71; "Separating creativity from evaluation", in C. McCauley, "Group dynamics in Janis's theory of groupthink: backward and forward", *Organizational Behavior and Human Decision Processes* 73 (1998), pp. 142~62, p. 153; Alan R. Dennis, Randall K. Minas and Akshay Bhagwatwar, "Sparking creativity: improving electronic brainstorming with individual cognitive priming", *System Science*(HICSS), *2012 45th Hawaii International Conference on System Sciences*(IEEE, 2012); Nicolas Michinov, "Is electronic brainstorming or brainwriting the best way to improve creative performance in groups? An overlooked comparison of two idea-generation techniques", *Journal of Applied Social Psychology* 42, S1 (2012), E222~43.

5. 모두가 '예' 할 때 '아니오' 할 수 있는가

1. "Eichmann and the private conscience" by Martha Gellhorn, *The Atlantic Monthly*, February 1962. http://www.theatlantic.com/past/docs/issues/62feb/eichmann.htm 참조.

2. William L. Hull, *The Struggle for a Soul*(Doubleday, 1963), p. 40.

3. 애브너 레스의 서문, *Eichmann Interrogated: Transcripts from the Archives of the Israeli Police*, Jochen von Lang, Claus Sibyll 공동 편저(Bodley Head, 1983), p. xix. 레스가 또한 아이히만이 자책이라고는 전혀 없는 교활한 거짓말쟁이라는 사실을 발견했다고 주장한 점에도 주목해야 한다.

4. David Cesarani, *Eichmann: His Life and Crimes*(William Heinemann, 2004), pp. 16, 367.

5. Barry Ritzler, in Eric Zillmer, Molly Harrower, Barry Ritzler and Robert Archer, *The Quest for the Nazi Personality: A Psychological Investigation of Nazi War Criminals*(Lawrence Erlbaum, 1995), pp. 8~9.

6. 같은 책.

7. Hannah Arendt, *Eichmann in Jerusalem: A Report on the Banality of Evil*(Faber and Faber, 1963), p. 253.

8. Cesarani, *Eichmann*, p. 16.

9. "On Hannah Arendt", in Melvyn A. Hill (ed.), *Hannah Arendt: The Recovery of the Public World*(St Martin's Press, 1979).

10. "Personal Responsibility under Dictatorship". Lecture 1964. The Hannah Arendt Papers at the Library of Congress. Series: Speeches and Writings File, 1923~75.

11. 알렉산드라 밀그램의 개인 수집품에 있던 친필 노트. Thomas Blass, *The Man Who Shocked the World*(Basic Books, 2004), p. 8에 인용.

12. Stanley Milgram, *The Individual in a Social World: Essays and Experiments* (Addison-Wesley, 1977), p. 126.

13. 권위와 복종에 관한 밀그램의 실험은 다른 데서도 많이 다루어졌다. 그러나 이 실험이 인간 조건에 대한 현재의 이해에 작용하는 중요한 역할을 고려하면 '타인의 영향력'에 비추어 요약할 가치가 있다.

14. 자세한 내용은 Stanley Milgram, *Obedience to Authority*(Tavistock, 1974)를 참조하라.

15. 피험자 40명 중 25명.

16. Milgram, *Obedience to Authority*, pp. 49, 54, 87~8.

17. 같은 책에서 모든 종류의 복종 실험과 실험 결과가 실린 원래 학술지 논문을 참조하라.

18. 예를 들어 Jerry M. Burger, "Replicating Milgram: would people still obey today?", *American Psychologist* 64, 1 (2004), pp. 1~11을 참조하라. 또한 Blass, *Man Who Shocked the World*, appendix C를 참조하라.

19. W. Kilham and L. Mann, "Level of destructive obedience as a function of transmitter and executant roles in the Milgram obedience paradigm", *Journal of Personality and Social Psychology* 29, 5 (1974), pp. 692~702.

20. 1961년 9월 21일 미국과학재단의 사회과학 부문 위원장인 헨리 리켄Henry Riecken에게 보내는 편지. Blass, *Man Who Shocked the World*, p. 100에 인용.

21. Milgram, *Obedience to Authority*, p. 6.

22. S.E. Asch (1951), "Effects of group pressure upon the modification and distortion of judgment", in H. Guetzkow (ed.), *Groups, Leadership and Men* (Carnegie Press, 1951). 좀 더 자세한 내용은 아시의 저서 *Social Psychology* (Prentice-Hall, 1951)를 참조하라.

23. S.E. Asch, "Opinions and social pressure", *Scientific American* 193 (1955), pp. 31~5, p. 35, www.panarchy.org/asch/social.pressure.1955.html.

24. Read D. Tuddenham, "The influence of a distorted group norm upon individual judgment", *Journal of Psychology: Interdisciplinary and Applied* 46 (1958), pp. 227~41. 또한 Read D. Tuddenham and Philip D. McBride, "The yielding experiment from the subject's point of view", *Journal of Personality* 27, 2 (1959), pp. 259~71도 참조하라.

25. Asch, "Opinions and social pressure".

26. Rod Bond and Peter B. Smith, "Culture and conformity: a meta-analysis of studies using Asch's (1952b, 1956) line judgment task", *Psychological Bulletin* 119, 1 (1996), pp. 111~37.

27. 이와 같은 집단주의와 개인주의의 문화적 경향성은 강력하게 지속된다. 2013년에 발표된 스탠퍼드 대학교 심리학자들의 연구에 따르면 유럽계 미국인들은 변화를 이루기 위해 함께 노력하자는 공공의 요구에는 응하지 않지만, 오바마 대통령의 2008년 선거운동 슬로건(간디의 명언) "세상에 변화를 불러오고 싶다면 당신이 그 변화가 되라"는 말처럼 스스로 책임지도록 촉구하자 더 큰 반응을 보였다. 그러나 아시아계 미국인은 공익을 강조할 때 의욕을 보인다. MarYam G. Hamedani, Hazel Rose Markus and Alyssa S. Fu, "In

the Land of the Free, interdependent action undermines motivation", *Psychological Science* 24 (2013), pp. 189~96.

28. 이 학교는 1994년에 문을 닫았다.

29. 스탠리 밀그램의 *Obedience to Authority* 2009년판 페이퍼백 판본에 필립 짐바르도가 쓴 서문(Harper Perennial Modern Classics), 하버드 법대의 '법과 정신과학 프로젝트' 를 위해서 새로 쓴 글은 http://thesituationist.wordpress.com/2009/04/16/zimbardo - on -milgram -and-obedience -part -ii/에서 확인하라.

30. 스탠퍼드 감옥 실험에 관한 자세한 내용은 P.G. Zimbardo, *The Psychological Power and Pathology of Imprisonment*를 참조하라. 1971년 10월 25일, 캘리포니아 샌프란 시스코, 미국 하원의원 사법부 3분과위원회의 교도소 개혁 청문회를 위해 준비한 진술; Philip Zimbardo, *The Lucifer Effect*(Random House, 2007); www.prisonexp.org.

31. Zimbardo, *Psychological Power*, p. 154.

32. 같은 책, p. 154.

33. 실험 후 비디오에서, www.prisonexp.org.

34. 1973년 7월, 미국심리학회에서는 스탠퍼드 감옥 실험이 모든 윤리 규정을 준수했다고 공 표하면서도 훗날 같은 고통이 반복되지 않도록 안전지침을 강화했다.

35. Zimbardo, *Psychological Power*, p. 211.

36. 보고서는 http://www.cbsnews.com/stories/2004/04/27/60ii/main614063.shtml을 참 조하라.

37. Zimbardo, *Psychological Power*, p. 328.

38. 이 말은 "They made me do it", *New Scientist*, 14 April 2007, p. 42에 처음 실렸다.

39. Irving L. Janis, "Group identification under conditions of external danger", *British Journal of Medical Psychology* 36 (1963), pp. 227~38.

40. 이 말은 "They made me do it", New Scientist, 14 April 2007, p. 42에 처음 실렸다.

41. F.D. Richard, C.F. Bond and J.J. Stokes-Zoota, "One hundred years of social psychology quantitatively described", *Review of General Psychology* 7 (2003), pp. 331~63.

42. 2000년 10월부터 2005년 2월까지 이어진 2차 인티파다 기간 중에 이스라엘인 1010명과 팔레스타인인 3179명이 사망했다. 이스라엘 헤르츨리야 소재 국제대테러연구소 통계자료, www.ict.org.il.

43. 자세한 내용은 Ariel Merari, *Driven to Death: Psychological and Social Aspects of*

Suicide Terrorism(Oxford University Press, 2010).

44. 예를 들어 Claude Berrebi, "Evidence about the link between education, poverty and terrorism among Palestinians", *Peace Economics, Peace Science and Public Policy* 13, 1 (2007), doi: 10.2202/1554-8597.1101; Alan Krueger, *What Makes a Terrorist: Economics and the Roots of Terrorism*(Princeton University Press, 2007) 을 참조하라.

45. 클로드 베레비Claude Berrebi와 다른 연구자들은 빈곤이 동기가 되어 자살 테러범이 되지는 않지만, 공동의 빈곤과 경제적 박탈이 있다면 교육 수준이 높은 사람이 스스로를 희생할 가능성이 높아진다고 지적한다. Ephraim Benmelech, Claude Berrebi and Esteban F. Klor, "Economic conditions and the quality of suicide terrorism", NBER 연구보고서 no. 16320, August 2010.

46. Bruce Hoffmann, *Inside Terrorism*(Columbia University Press, 2006)을 참조하라.

47. 이스라엘 외무부와 빗셀렘B'tselem(이스라엘 점령지 인권 정보 센터)이 제시한 사상자 수.

48. 2003년 알자하르는 암살의 표적이 되었다가 살아남고 장남과 경호원을 잃었다.

49. 일부 내용이 "This is how we live", *New Scientist*, 11 May 2002, p. 40에 처음 실렸다.

50. Scott Atran, *Talking to the Enemy: Faith, Brotherhood, and the (Un)making of Terrorists*(Ecco, 2010), p. 7.

51. 다른 한 번은 파키스탄이 지배하는 카슈미르에서 발생했다. 당시 애트런은 공포의 대상인 파키스탄 정보기관 첩보원을 피해 버려진 사원으로 숨어들어야 했다.

52. Merari, *Driven to Death*, pp. 174~5.

53. 팔레스타인 조사 연구 센터(www.pcpsr.org)와 예루살렘 미디어 커뮤니케이션 센터 (www.jmcc.org)에서 실시한 설문조사.

54. 테러리즘의 집단 추이를 좀 더 분석한 자료로는 Marc Sageman, *Leaderless Jihad* (University of Pennsylvania Press, 2008); Ariel Merari, "Social, organizational, and psychological factors in suicide terrorism", in Tore Bjorgo (ed.), *Root Causes of Terrorism*(Routledge, 2005), pp. 70~86을 참조하라.

55. 자살 폭탄 테러범이 항상 종교적이지는 않지만, 공동체를 대신해서 감행하는 이타적 행동 (자살 폭탄 테러)에 대한 지지를 끌어내는 데 종교가 일조할 수는 있다. 그러나 팔레스타인 이슬람교도와 이스라엘의 유대인을 비롯한 여러 종교 집단의 태도에 관한 2009년의 연구에서는 과격한 행동에 대한 지지가 종교적 헌신(예를 들면 기도하는 빈도)이 아니라 집단적인 종교 의식(예를 들면 이슬람 사원이나 유대교 회당에 나가는 빈도)에 좌우되는 것

으로 나타났다. 다시 말해서 신앙 자체가 중요한 것이 아니라 신앙을 공유하면서 형성되는 공동체 의식이 관건이라는 뜻이다. Jeremy Ginges, Ian Hansen and Ara Norenzayan, "Religion and support for suicide attacks", *Psychological Science* 20, 2 (2009), pp. 224~30.

56. Peng Wang, "Women in the LTTE: birds of freedom or cogs in the wheel?", *Journal of Politics and Law* 4, 1 (2011), pp. 100~8을 참조하라.

57. 이런 프로그램에도 불구하고 스리랑카 정부가 내전 막바지와 이후의 평화 시기에 타밀 일반 시민들의 인권을 대대적으로 침해했다는 비난을 받았다.

58. 펭 왕Peng Wang 같은 일부 분석가는 한편으로는 여자들이 타밀의 전통적인 성역할을 전복하려는 욕구에 이끌리기도 했다고 주장한다. Wang, "Women in the LTTE"를 참조하라.

59. 런던에서 만난 전직 LTTE 신입대원은 학교 친구 여섯 명과 함께 LTTE에 가입한 과정을 설명하고, 친구 여섯 명이 스리랑카 정부군의 공격으로 사망했을 때 훈련에서 배운 대로 생포되지 않기 위해 청산가리를 삼킨 경험을 들려주었다(그녀는 입원한 지 석 달 만에 회복했다).

60. 일반 팔레스타인 인구에서 이러한 심리적 특질이 나타나는 정도와 관련해 비교할 만한 자료가 없기 때문에, 이런 특질이 자살 테러에 자원하는 결정에 얼마나 영향을 주는지 평가하는 것은 불가능하다.

61. 이 연구에 관한 자세한 정보는 Merari, *Driven to Death*; Ariel Merari *et al.*, "Personality characteristics of suicide bombers and organizers of suicide attacks", *Terrorism and Political Violence* 22, 1 (2009), pp. 87~101; "A psychologist inside the mind of suicide bombers", *New Scientist*, 17 July 2010, p. 45를 참조하라.

62. 워싱턴 DC, 중동언론연구소에서 번역한 비디오 인터뷰 원고, http://www.memritv.org/clip_transcript/en/3157.htm.

63. Adam Lankford, *The Myth of Martyrdom*(Palgrave Macmillan, 2013), p. 10.

64. 같은 책, appendix A.

65. 저자가 받은 이메일, 2013년 1월 15일.

66. http://adamlankford.com/mythofmartyrdom_reviews.htm.

67. Herbert C. Kelman, "The social context of torture: policy process and authority structure", in Ronald D. Crelinsten and Alex P. Schmid (eds.), *The Politics of Pain: Torturers and Their Masters*. Series on State Violence, State Terrorism, and Human Rights(Westview Press, 1995), pp. 21~38, 인용문 p. 23.

6. 내 안의 작은 영웅은 어떻게 발현되는가

1. François Rochat and André Modigliani, "The ordinary quality of resistance: from Milgram's laboratory to the milage of Le Chambon", *Journal of Social Issues* 51, 3 (1995), pp. 195~210, p. 199에 인용.

2. Milgram, *Obedience to Authority*, p. 85.

3. Tzvetan Todorov, *The Fragility of Goodness*(Weidenfeld and Nicolson, 2001), p. 66 에 인용.

4. 전시 불가리아의 사회 정체성을 심도 깊게 살펴본 논의로는 S. Reicher, C. Cassidy, I. Wolpert, N. Hopkins and M. Levine, "Saving Bulgaria's Jews: an analysis of social identity and the mobilisation of social solidarity", *European Journal of Social Psychology*, 36 (2006), pp. 49~72를 참조하라.

5. http://www.humboldt.edu/altruism/index.html을 참조하라.

6. Samuel P. Oliner and Pearl M. Oliner, *The Altruistic Personality: Rescuers of Jews in Nazi Europe*(Free Press, 1988), p. 96.

7. 그뤼닝거의 이야기를 자세히 보려면 François Rochat and André Modigliani in Thomas Blass (ed.), *Obedience to Authority: Current Perspectives on the Milgram Paradigm* (Psychology Press, 1999), p. 91을 참조하라.

8. 예브티치의 이야기는 Eyal Press, *Beautiful Souls*(Farrar, Straus and Giroux, 2012)를 참 조하라.

9. Paul Rusesabagina, *An Ordinary Man*(Bloomsbury, 2009), p. 248.

10. Perry London, "The rescuers: motivational hypotheses about Christians who saved Jews from the Nazis", in J. Macaulay and L. Berkowitz (eds.), *Altruism and Helping Behavior*(Academic Press, 1970), pp. 241~50.

11. 말리부의 페퍼다인 대학교 법과대학에서 열린 집단 학살과 종교에 관한 회의의 연설. 2007년 2월 11~13일.

12. Oliner and Oliner, *Altruistic Personality*, p. 169.

13. Milgram, *Obedience to Authority*, appendix II.

14. Eva Fogelman, *Conscience and Courage: Rescuers of Jews during the Holocaust*(Cassell, 1995), p. 254.

15. 스타우브는 그의 어린 시절 경험과 학문적 연구의 관련성을 Samuel Totten and Steven Leonard Jacobs (eds.), *Pioneers of Genocide Studies*(Transaction, 2002), pp.

479~504의 논문에서 더 깊이 탐색한다.

16. 아동기 사회화의 중요성과 관련해 더 자세히 알아보려면 Ervin Staub, *The Roots of Goodness: Inclusive Caring, Moral Courage, Altruism Born of Suffering and Active Bystanders* (Oxford University Press, forthcoming) *and Overcoming Evil: Genocide, Violent Conflict, and Terrorism*(Oxford University Press, 2011), ch. 22를 참조하라.

17. Richard Rorty, *Contingency, Irony and Solidarity*(Cambridge University Press, 1989), p. 191.

18. Oliner and Oliner, *Altruistic Personality*, p. 167.

19. 1989년 여름 정치학자 크리스틴 렌위크 먼로Kristen Renwick Monroe가 인터뷰하고 저서 *The Heart of Altruism: Perceptions of a Common Humanity*(Princeton University Press, 1998), p. 205에 인용했다.

20. John Donne, *Devotions upon Emergent Occasions*, Meditation XVII, 1624.

21. Tenzin Gyatson, the Dalai Lama, *Ancient Wisdom, Modern World: Ethics for the New Millennium*(Little, Brown, 1999), p. 170.

22. Sam McFarland, Matthew Webb and Derek Brown, "All humanity is my ingroup: a measure and studies of identification with all humanity", *Journal of Personality and Social Psychology* 103, 5 (2012), pp. 830~53. '모든 인류와의 동일시' 척도는 http://www.ravansanji.ir/?Escale7003IWAHS에서 확인할 수 있다.

23. Abraham H. Maslow, *Motivation and Personality*(Harper and Row, 1954), p. 138.

24. 저자들이 제공한 *The Banality of Heroism: Taxonomy, Types and Theory*, by Zeno Franco and Philip Zimbardo의 미출판본. 나중에 다양한 자료로 복제되었다. 예를 들면 *Greater Good*, Fall/Winter 2006–7, pp. 30~5.

25. 같은 책.

26. Umberto Eco, "Why are they laughing in those cages?", in *Travels in Hyperreality: Essays*(Harcourt Brace Jovanovich, 1986), p. 122.

27. 로드 아시크로프트 미술관 전시회의 비디오 상영: '놀라운 영웅들', 런던 제국전쟁박물관.

28. 노엘 샤바스의 서신, Bodleian Library, Oxford.

29. 잭 랜들의 손자 프랭키 랜들과의 인터뷰, *Victoria Cross Heroes*, 빅토리아 십자 훈장 150주년을 기념하기 위해 제작된 다큐멘터리, 2006년 11월과 12월 채널 5에서 방영했다.

30. 로드 아시크로프트 미술관 전시회의 증언서: '놀라운 영웅들', 런던 제국전쟁박물관.

31. 이 주장과 반대로 크라우처는 우리가 흔히 떠올리는 군인의 전형에 가까워 보인다. 그는 열세 살이 되자 왕립 해양 특공대에 들어갔다.

32. 조지 십자 훈장은 적과 대항하는 상황이 이외의 상황에서 수행한 최고로 용감한 행위에 수여하는 상이다.

33. *Victoria Cross Heroes* 다큐멘터리.

34. 로드 아시크로프트 미술관 전시회의 발표자료: '놀라운 영웅들', 런던 제국전쟁박물관.

35. 자세한 논의는 Stephen D. Reicher and S. Alexander Haslam, "After shock? Towards a social identity explanation of the Milgram 'obedience' studies", *British Journal of Social Psychology* 50 (2011), pp. 163~9; Stephen D. Reicher, S. Alexander Haslam and Joanne R. Smith, "Working toward the experimenter: reconceptualizing obedience within the Milgram paradigm as identification-based followership", *Perspectives on Psychological Science* 7, 4 (2012), pp. 315~24; S.A. Haslam and S.D. Reicher, "Contesting the 'nature' of conformity: what Milgram and Zimbardo's studies really show", *PLoS Biol* 10, 11 (2012), e1001426, doi:10.1371/journal.pbio.1001426 을 참조하라.

36. Stephen Reicher and S. Alexander Haslam, "Rethinking the psychology of tyranny: the BBC prison study", *British Journal of Social Psychology*, 45 (2006), pp. 1~40.

37. S. Alexander Haslam and Stephen Reicher, "When prisoners take over the prison: a social psychology of resistance", *Personality and Social Psychology Review* 16, 2 (2012), pp. 154~79를 참조하라.

38. http://heroicimagination.org.

39. 자세한 정보는 Staub, *Overcoming Evil*, pp. 369~86을 참조하라.

40. Zygmunt Bauman, *Modernity and the Holocaust*(Polity Press, 1989), pp. 166~8.

41. Hannah Arendt, *Eichmann in Jerusalem: A Report on the Banality of Evil*(Faber and Faber, 1963), p. 288.

42. David DeSteno and Piercarlo Valdesolo, *Out of Character*(Crown, 2011), p. 9.

43. 전시 폴란드에서 어느 나치 관리의 역할과 내면의 갈등을 꼼꼼히 들여다본 연구는 Mary Fulbrook, *A Small Town Near Auschwitz: Ordinary Nazis and the Holocaust* (Oxford University Press, 2012)를 참조하라.

44. 방관자 효과는 특정한 조건에서는 확연히 덜 나타나는 것으로 밝혀졌다. 예를 들면 구경꾼과 피해자가 모두 여성인 경우, 방관자 집단에 남자가 한 명 있는 경우, 또는 방관자

가 모두 서로 아는 사이인 경우가 있다. 이런 차이를 검증한 연구로는 S. Levine and S. Crowther, "The responsive bystander: how social group membership and group size can encourage as well as inhibit bystander intervention", *Journal of Personality and Social Psychology* 95, 6 (2008), pp. 1429~39를 참조하라. 방관자 연구를 검토한 최신 자료는 P. Fischer, J.I. Krueger, T. Greitemeyer, C. Vogrincic, A. Kastenmuller, D. Frey, M. Heene, M. Wicher and M. Kainbacher, "The bystander-effect: a meta-analytic review on bystander intervention in dangerous and non-dangerous emergencies", *Psychological Bulletin* 137, 4 (2011), pp. 517~37을 참조하라.

45. Rorty, *Contingency, Irony and Solidarity*, p. xvi.

7. 우리는 왜 편을 가를까

1. Joseph Soeters and René Moelker, "German-Dutch co-operation in the heat of Kabul", in Gerhard Kümmel and Sabine Colmar (eds.), *Soldat-Militär-Politik-Gesellschaft*(Nomos, 2003), pp. 63~75.

2. 이 사건으로 독일군 말고도 길 가던 아프가니스탄 민간인 한 명이 사망하고 10명이 부상당했다.

3. Mark Dechesne, Coen van den Berg and Joseph Soeters, "International collaboration under threat: a field study in Kabul", *Conflict Management and Peace Science* 24 (2007), pp. 25~36.

4. Ron Leifer, "The legacy of Ernest Becker", *Psychnews International* 2, 4(July-September 1997), http://userpage.fu-berlin.de/expert/psychnews/2_4/pn24d.htm.

5. Ernest Becker, *The Denial of Death*(Simon & Schuster, 1973), p. 26.

6. Becker, *Denial of Death*.

7. Leifer, "Legacy of Ernest Becker".

8. 패트릭 셴Patrick Shen 감독, 그레그 베닉Greg Bennick과 트랜센덴틀 미디어 Transcendental Media 제작.

9. www.ratemyprofessors.com.

10. 당시의 요리 실력이 녹슬지 않았다. 솔로몬은 새러토가 스프링스에 에스페란토라는 다민족 패스트푸드점을 차렸다. 다양한 메뉴 중에서 직접 개발한, 구운 치즈와 닭고기로 속을 채운 '도보이doughboy'라는 덤플링은 《뉴욕타임스》를 비롯해 많은 매체에서 극찬받았다.

11. 다른 심리학자들은 복합적인 세계관을 믿는 인간의 성향을 설명하기 위해 다른 가설을 제

기해왔다. 예를 들어 틸뷔르흐 대학교의 트라비스 프루Travis Proulx와 브리티시컬럼비아 대학교의 스티븐 하이너Steven Heine가 주장하는 '의미 유지 모형Meaning Maintenance Model'에서는 우리의 주요 동기 중 하나가 삶에서 의미를 찾고 세계를 이해하는 것이며, 죽음의 공포는 인지적 부조화의 여러 가지 원인 중에서 우리가 세계관을 재차 확인할 방법을 찾게 해주는 유일한 원인이라고 설명한다(예상치 못하게 관계를 끝내거나 오래 다니던 직장을 그만둘 때도 같은 효과가 나타날 수 있다). 라이프치히 대학교의 이모 프리체Immo Fritsche와 동료 연구자들은 사람들이 위협을 느낄 때 자기 집단에 더 충성하고 외부인에 대한 편견을 강화하는 이유는 스스로 불확실한 상황을 통제하고 있다고 믿기 위해서라고 제안한다. 이렇게 상충되는 의견과 그린버그, 피스츠진스키, 솔로몬의 반응을 요약한 자료는 Tom Pyszczynski, Jeff Greenberg, Sheldon Solomon and Molly Maxfield, "On the unique psychological import of the human awareness of mortality: theme and variations", *Psychological Inquiry* 17, 4 (2006), pp. 328~56을 참조하라.

12. A. Rosenblatt, J. Greenberg, S. Solomon, T. Pyszczynski and D. Lyon, "Evidence for terror management theory: I. The effects of mortality salience on reactions to those who violate or uphold cultural values", *Journal of Personality and Social Psychology* 57, 4 (1989), pp. 681~90.

13. H. McGregor, J.D. Lieberman, S. Solomon, J. Greenberg, J. Arndt, L. Simon and T. Pyszczynski, "Terror management and aggression: evidence that mortality salience motivates aggression against worldview threatening others", *Journal of Personality and Social Psychology* 74, 3 (1998), pp. 590~605.

14. 폭력의 위협이 있을 때 우리는 실제로 내집단의 구성원을 더 호의적으로 대할 수 있다. 애리조나 주립대학교의 앤드루 화이트Andrew White와 동료들은 54개국에서 군대에 쓰는 비용(연구자들은 군비를 위험을 감지하는 정도를 나타내는 지표로 삼았다)이 많을수록 이 성격 특질의 평균 점수가 높다는 결과를 얻었다. A. White, D. Kenrick, Y. Li, C. Mortensen, S. Neuberg and A. Cohen, "When nasty breeds nice: threats of violence amplify agreeableness at national, individual, and situational levels", *Journal of Personality and Social Psychology* 103, 4 (2012), pp. 622~34.

15. Tom Pyszczynski, Sheldon Solomon and Jeff Greenberg, *In the Wake of 9/11: The Psychology of Terror*(American Psychological Association, 2003), p. 5.

16. 같은 책.

17. Tom Pyszczynski, "What are we so afraid of? A terror management theory

perspective on the politics of fear", *Social Research* 71, 4 (2004), pp. 827~48, p. 839.

18. 테러 공격이 발생한다고 해서 반드시 국가 지도자에 대한 지지가 올라가는 것은 아니다. 에스파냐 국민들은 2004년 마드리드 열차 폭탄 테러가 발생하자, 사흘 뒤에 치러진 총선에서 투표로 정권을 몰아냈다. 이런 상황이 벌어질 수 있었던 이유는 에스파냐 정부가 미국의 이라크 침공을 지지해서 에스파냐를 테러에 더욱 취약하게 만들었다고 봤기 때문이며, 또 정부가 부정적인 태도로 나오면서 테러의 책임을 바스크 분리주의자들에게 돌리려고 시도했기 때문이다.

19. 2001년 9월 20일 조지 부시의 의회 연설, http://www.presidency.ucsb.edu/ws/index. php?pid=64731&st=&st1=.

20. Becker, *Denial of Death*, p. 149.

21. 이런 효과는 2003년과 2004년에 솔로몬과 다른 연구자들이 실시한 실험연구에서도 뚜렷이 나타난다. 연구자들은 사람들에게 (무의식적으로라도) 9·11 테러를 일깨워주는 방법은 자신의 죽음을 떠올리게 하는 방법에 상응하고, 두 가지 방법 모두 부시에 대한 지지를 끌어올린 효과를 입증했다. Mark J. Landau *et al.*, "Deliver us from evil: the effects of mortality salience and reminders of 9/11 on support for President George W. Bush", *Personality and Social Psychology Bulletin* 30, 9 (2004), pp. 1136~50.

22. 이 원리는 정치관뿐만 아니라 공포와 위협을 받는 순간의 불확실성에 대한 방지책으로 적절한 모든 대상에 적용된다. 종교가 있는 사람은 신앙에 더 매달릴 수 있다. 가족을 중시하는 사람은 사랑하는 사람들에게 더 다가갈 수 있다. 옥스퍼드 대학교의 2013년 실험에서 입증한 것처럼 세계를 과학적으로 이해하는 것을 중시하는 사람은 더 합리적이 될 수 있다. 실존적인 불안 앞에서 세속주의자들에게는 과학에 대한 믿음이 종교가 있는 사람의 신앙과 같은 심리적 역할을 수행하는 것으로 보인다. M. Farias, A.-K. Newheiser, G. Kahane and Z. de Toledo, "Scientific faith: belief in science increases in the face of stress and existential anxiety", *Journal of Experimental Social Psychology* 49, 6 (2013), pp. 1210~13 참조. 핵심적 가치 체계라는 주제에 관한 논의는 주 35를 참조하라.

23. Landau *et al.*, "Deliver us from evil", 연구 4. 이 결과는 선거 6주 전에 반복 검증되었다. Florette Cohen, Daniel M. Ogilvie, Sheldon Solomon, Jeff Greenberg and Tom Pyszczynski, "American roulette: the effect of reminders of death on support for George W. Bush in the 2004 Presidential Election", *Analyses of Social Issues and Public Policy* 5 (2005), pp. 177~87.

24. Drew Westen, *The Political Brain: The Role of Emotion in Deciding the Fate of the Nation*(Public Affairs, 2007), p. xv.

25. Dan M. Kahan, "Ideology, motivated reasoning, and cognitive reflection: an experimental study", *Judgment and Decision Making* 8 (2013), pp. 407~24를 참조하라.

26. *Time* magazine, 3 May 2004, p. 32.

27. 2003년 1월 28일 텔레비전으로 중계된 양원 합동 회의에서 한 말이다. http://www. presidency.ucsb.edu/ws/index.php?pid=29645&st=&st1=.

28. 2003년 3월 18일 하원에서 열린 이라크 관련 토론의 개회사.

29. 테러에 대한 비합리적인 공포가 일상생활에 얼마나 영향을 끼치는지 보여주는 예로, 보험 회사가 테러 공격이 한 번도 발생한 적 없는 런던의 주택지역에서 테러 공격에 대한 보장으로 엄청나게 과도한 보험료를 책정한 사건이 있다. 집주인들의 요구로 세입자와 임차인이 부담해야 하는 요건이다.

30. 통계자료 요약집 자료, 미국통계국.

31. 노동통계국 자료, 미국노동부.

32. 1979년 7월 15일 자 방송. http://www.presidency.ucsb.edu/ws/index.php?p id= 32596&st=&st1=.

33. Richard M. Doty, Bill E. Peterson and David G. Winter, "Threat and authoritarianism in the United States, 1978~1987", *Journal of Personality and Social Psychology* 61, 4 (1991), pp. 629~40.

34. Carl Iver Hovland and Robert R. Sears, "Minor studies of aggression: VI. Correlation of lynchings with economic indices", *Journal of Psychology: Interdisciplinary and Applied* 9, 2 (1940), pp. 301~10. 조지프 헵워스Joseph Hepworth와 스티븐 웨스트Stephen West는 거의 반세기 뒤 호블랜드-시어스 데이터세트를 재분석해서 상관관계를 확인하긴 했지만, 상관관계가 덜 확고하다는 결과를 얻었다. Joseph T. Hepworth and Stephen G. West, "Lynchings and the economy: a timeseries reanalysis of Hovland and Sears (1940)", *Journal of Personality and Social Psychology* 55, 2 (1988), pp. 239~47.

35. 사형에 대한 강력한 요구가 보수적인 주에서는 나타나지만 진보적인 주에서는 나타나지 않는다는 현상은 사람들이 위험을 받으면 지배적인 문화적 세계관으로 복귀한다는 공포 관리 이론의 예측을 보여준다(관용을 옹호하는 진보주의자들은 사형에 덜 우호적인 편이다). 실제로 연구 결과에 따르면 미국의 진보적인 주들에서는 위험이 있

는 시기에 사형에 대한 지지가 더 줄어드는 것으로 나타난다. Stewart J.H. McCann, "Societal threat, authoritarianism, conservatism, and US state death penalty sentencing(1977~2004)", *Journal of Personality and Social Psychology* 94, 5 (2008), pp. 913~23.

36. 1930년대 독일의 사회경제적 조건과 심리학의 상호작용을 분석한 고전으로 독일의 사회심리학자 에리히 프롬의 《자유로부터의 도피*Escape from Freedom*》(Rinehart, 1941, ch. 6)를 참조하라.

37. Thomas Ohlemacher, "Public opinion and violence against foreigners in the reunified Germany", *Zeitschrift für Soziologie* 23, 3 (1994), pp. 222~36.

38. *British Social Attitudes* 29(2012), National Centre for Social Research, London. 보고서는 http://www.bsa-29.natcen.ac.uk에서 참조하라.

39. David Goodhart, *The British Dream: Successes and Failures of Post-War Immigration*(Atlantic, 2013), p. xxi.

40. R.D. Putnam, "*E pluribus unum*: diversity and community in the twenty-first century", *Scandinavian Political Studies* 30 (2007), pp. 137~74.

41. Ashutosh Varshney, *Ethnic Conflict and Civic Life: Hindus and Muslims in India*(Yale University Press, 2002)를 참조하라. 최근에 바시니는 스리랑카와 인도네시아, 말레이시아의 여러 도시에서 비슷한 연구를 실시하여 엇갈린 결과를 얻었다. 초기의 분석에서는 인도 모형이 스리랑카에서도 적용되는 것으로 나오지만(예를 들어 니곰보[스리랑카 서부 인도양에 위치한 항만도시-옮긴이])는 이례적으로 민족들이 통합되어 있고 전통적으로 평화로운 도시다), 말레이시아에서는 스리랑카만큼 적용되지 않는 것으로 나온다(말레이와 중국 공동체가 거의 융합되지 않는 쿠알라룸푸르에서는 1969년부터 상대적으로 조용했다). 다만 깊은 차원으로 통합된 공동체가 과격하게 돌변한 사례는 발견되지 않은 것으로 보아, 통합이 평화의 필요조건은 아니어도 충분조건인 것으로 보인다. "Civil society, Islam and ethnocommunal conflict", in Alfred Stepan (ed.), *Democracies in Danger*(Johns Hopkins University Press, 2009).

42. T. Cantle, *Community Cohesion: A Report of the Independent Review Team*(Home Office, London, 2001), p. 9.

43. Goodhart, *British Dream*, p. 78.

44. Paul Nolan, *The Northern Ireland Peace Monitoring Report*(Community Relations Council, Belfast, 2012).

45. G.W. Allport, *The Nature of Prejudice*(Perseus Books, 1954).

46. www.theparentscircle.com.

47. www.arikpeace.org.

48. 1938년 잡지 기사, 존 스타인벡John Steinbeck의 《생쥐와 인간*Of Mice and Men*》(Penguin, 1994), p. vii에 부치는 수전 실링글로Susan Shillinglaw의 서문.

49. Zachary K. Rothschild, Abdolhossein Abdollahi and Tom Pyszczynski, "Does peace have a prayer? The effect of mortality salience, compassionate values, and religious fundamentalism on hostility toward out-groups", *Journal of Experimental Social Psychology* 45, 4 (2009), pp. 816~27.

50. Matt Motyl, Joshua Hart, Tom Pyszczynski, David Weise, Molly Maxfield and Angelika Siedel, "Subtle priming of shared human experiences eliminates threat-induced negativity toward Arabs, immigrants, and peace-making", *Journal of Experimental Social Psychology* 47, 6 (2011), pp. 1179~84.

51. 셰리프의 실험에 대한 완전한 설명은 http://psychclassics.yorku.ca/Sherif를 참조하라.

52. 팔레스타인인과 이스라엘인의 협력을 보여주는 더 많은 사례는 Daniel Gavron, *Holy Land Mosaic: Stories of Cooperation and Coexistence between Israelis and Palestinians*(Rowman and Littlefield, 2008)를 참조하라.

53. 2011년 4월, 미국은 2002년에 도입되어 엄청난 비난을 받아온 색상 코드 경보 시스템(초록-파랑-노랑-주황-빨강)을 중단하고 더욱 단순한 테러 위험도를 갖춘 자문 시스템(없음-상승-임박)으로 대체했다.

54. 2010년 11월 24일 전 런던 경찰청장 폴 스티븐슨Paul Stephenson 경이 왕립합동군사연구소Royal United Services Institute에서 한 연설. http://www.met.police.uk/pressbureau/burspeeches/page03.htm.

55. 이례적인 사건으로는, 2011년에 극우 과격분자 안데르스 브레이빅이 77명을 학살했을 때 노르웨이 정부가 무슨 일이 일어나도 노르웨이의 핵심 가치는 약화되지 않는다고 단언한 일이 있다. 옌스 스톨텐베르그Jens Stoltenberg 총리는 "더 큰 민주주의, 더 큰 개방성, 더 폭넓은 정치 참여"를 요구했으며, 이 덕분에 폭넓은 정치적 지지를 끌어냈다. 법을 개정하지도 않았으며, 경찰에 더욱 힘을 실어주지도 않았다. 현재 노르웨이에서 브레이빅 같은 유형의 극단주의 이념은 그 어느 때보다 외면당한다.

56. 정치 지도자가 대중의 공포와 집단 경계의 유동성을 조작해서 지지를 강화하는 공통된 방법 중 하나로 국내 불안의 책임을 외부로 돌리는 방법이 있다. 예를 들어 호스니 무바라크

정권은 2011년 이집트 혁명 초반에 사회 불안의 원인을 "외국의 대리인"과 "이집트의 반역자" 탓으로 돌렸고, 2013년 7월 무르시 대통령이 하야한 뒤 이슬람 형제단과 충돌할 때 이집트의 군 지도자들이 다시 이 방법을 써먹었다. 2013년 6월 오바마 대통령은 정부의 비밀 감시 프로그램에 쏟아진 비난의 화살을 다른 곳으로 돌리기 위해 단지 외국인에 대한 감시일 뿐이라고 주장했다.

57. R. Gillespie and D.C. Jessop, "Do reminders of terrorist events influence acceptance of racial pride? A terror management theory perspective"(미발표 원고, 2007).

58. 갤럽연구소의 이슬람연구센터(http://www.gallup.com), 퓨리서치센터(http://www.people-press.org/), 에식스 대학교의 유럽무슬림연구센터(http://centres.exeter.ac.uk/emrc/)를 포함한 다수 출처의 자료.

59. 건강에 끼치는 영향도 있다. 몇몇 연구에서는 9·11과 이라크전쟁 같은 처참한 사건을 다루는 매체에 반복적으로 노출되는 것과 PTSD를 비롯한 다른 스트레스 관련 장애의 증가 사이의 연관성을 발견했다. R.C. Silver, E.A. Holman, J.P. Andersen, M. Poulin, D.N. McIntosh and V. Gil-Rivas, "Mental and physical health effects of acute exposure to media images of the 9/11 attacks and the Iraq War", *Psychological Science* 24 (2013), pp. 1623~34.

60. *Anti-Muslim Hate Crime and the Far Right*, 2013년 6월 티스사이드 대학교의 '파시스트, 안티파시스트, 포스트파시스트 연구소'에서 페이스 매터스Faith Matters의 '엄마에게 말해Tell Mama'(www.tellmamauk.org) 프로젝트를 활용하여 작성했다.

61. Andrew Weaver, *Keeping Our Cool: Canada in a Warming World*(Penguin, 2008).

62. 또한 2009년 1월 이스라엘군의 가자 침공 기간에 설문조사에 응한 이스라엘의 아랍 시민들은 기후변화 시나리오를 함께 제시하면 이스라엘의 유대인과의 평화로운 공존에 더 우호적인 태도를 보이지만, 이런 결과는 단지 다른 인류와 공통의 유대관계를 맺는다는 관점이 이미 확고한 아랍인에게만 해당된다. Tom Pyszczynski, Matt Motyl, Kenneth E. Vail III, Gilad Hirschberger, Jamie Arndt and Pelin Kesebir, "Drawing attention to global climate change decreases support for war", *Peace and Conflict: Journal of Peace Psychology* 18, 4 (2012), pp. 354~68. 연구자들은 이런 결과가 현장에서 어떻게 적용되는지에 관해 실용적으로 접근하면서, 기후변화는 정치적 사안이라는 사실과 일단 파국적인 변화가 일어나면 충돌이 발생할 가능성이 높다는 사실을 모두 인정한다. 연대할 가능성이 가장 높은 때는 변화가 일어나기 전, 위협이 임박한 순간이다.

63. 기후변화처럼 상위의 위협이 주는 또 하나의 심리적 효과로, 사회 안에서 범죄자나 과격 파나 도덕 위반자처럼 집단의 질서를 위협할 법한 사람들에 대한 권위적인 태도가 강화된 다는 점이다. Immo Fritsche, J. Christopher Cohrs, Thomas Kessler and Judith Bauer, "Global warming is breeding social conflict: the subtle impact of climate change threat on authoritarian tendencies", *Journal of Environmental Psychology* 32, 1 (2011), pp. 1~10.

64. Sigmund Freud, *The Future of an Illusion*(1927), p. 16, Pyszczynski *et al.*, "Drawing attention"에 인용.

65. Cormac McCarthy, *The Road*(Alfred A. Knopf, 2006).

8. 혼자일 때조차 혼자가 아니다

1. F. Spencer Chapman, *Northern Lights: The Official Account of the British Arctic Air-Route Expedition 1930~1931*(Chatto & Windus, 1932), p. 117의 녹음 자료.

2. Diary of A. Courtauld, vol. 1, 6 July 1930 to 6 August 1931. 원본. 케임브리지 스콧 극 지연구소에서 참고함: MS 123/125/126; BJ.

3. Augustine Courtauld, *Man the Ropes*(Hodder and Stoughton, 1957), p. 65.

4. Diary of A. Courtauld.

5. 같은 책.

6. 같은 책.

7. 약혼녀 몰리 몽고메리에게 보낸 편지.

8. Diary of A. Courtauld.

9. 같은 책.

10. 항공편이나 도로를 이용하는 승객들에게는 걱정스럽게도, 장거리 비행사와 트럭 운전사 들도 이런 종류의 환상을 보고한다. 이를테면 거대한 빨간 거미가 앞유리를 기어가거나 상 상 속의 동물들이 도로를 가로지르는 등의 환상이다.

11. 이 실험에 관한 자세한 내용은 Woodburn Heron, "The pathology of boredom", *Scientific American* 196 (1957), pp. 52~6; and Philip Solomon *et al.* (eds.), *Sensory Deprivation: A Symposium Held at Harvard Medical School*(Harvard University Press, 1961)을 참조하라.

12. D.O. Hebb, "The motivating effects of exteroceptive stimulation", *American Psychologist* 13, 3(1958), pp. 109~13, p. 111.

13. Chapman, *Northern Lights*, p 175.

14. Diary of A. Courtauld.

15. Chapman, *Northern Lights*, p. 176.

16. 같은 책, p. 187.

17. 클로이 코톨드의 탐험은 http://www.icecapstation.com에서 자료를 참조하고, http://www.gregatkins.tv/productions/ice/index.html에서 동영상을 확인할 수 있다.

18. Mollie Butler, *August and Rab: A Memoir*(Weidenfeld and Nicolson, 1987), p. 9.

19. Courtauld, *Man the Ropes*, p. 64.

20. Chapman, *Northern Lights*, p. 186.

21. Nicholas Wollaston, *The Man on the Ice Cap: The Life of August Courtauld* (Constable, 1980), p. 144.

22. J.M. Scott, *Portrait of an Ice Cap*(Chatto & Windus, 1953), p. v.

23. 전문全文은 다음과 같다 " 우리의 언어는 인간의 두 가지 면을 현명하게 감지했다. ' 외로움'이라는 말로 혼자 남는 고통을 표현했다. 그리고 '고독'이라는 말로 혼자 남는 기쁨을 표현했다." Paul Tillich, *The Eternal Now*(SCM Press, 1963), p. 11.

24. John Milton, *Paradise Lost*, book 1, lines 254~5.

25. Richard E. Byrd, *Alone*(Putnam, 1938), pp. 94~6.

26. 1911년 앱슬리 체리 개러드가 에번스 곶에서 크로지어 곶까지 간 "세상 최악의 여행". 3장 참조.

27. Byrd, *Alone*, p. 226.

28. Edwin P. Hoyt, *The Last Explorer: The Adventures of Admiral Byrd*(John Day Company, 1968), pp. 327~8.

29. Joe Simpson, *Touching the Void* (Jonathan Cape, 1988), p. 152.

30. 메스너와의 인터뷰, John Geiger's *The Third Man Factor*(Canongate, 2009), p. 157. www.thirdmanfactor.com도 참조하라.

31. 71일 14시간 18분 33초에 2만 7354마일(약 4만 4000킬로미터 - 옮긴이)을 항해했다.

32. 맥아더는 또한 육지의 승무원이 심리적으로 얼마나 중요한지 알았다. "최고의 팀이었어요. 우리는 모든 것을 함께했어요. 배도 함께 만들고 배에서 함께 훈련받았어요. 분위기가 아주 좋았어요. 우리는 한 가족 같았고, 아주 효과적이었죠"(2013년 7월 *Engineering & Technology* 지와의 인터뷰).

33. 길트스퍼Giltspur라는 이름의 이 요트는 1982년에 매클린을 태우고 대서양을 횡단했다. 당

시 3미터 길이로, 대서양을 횡단한 가장 작은 배였다. 3주 뒤 미국인이 20센티미터 더 짧은 요트로 대서양을 건넜다. 매클린은 뒤지지 않으려고 사슬톱으로 길트스퍼를 60센티미터 잘랐으며 이듬해에는 기록을 되찾았다.

34. Diary of A. Courtauld.

35. Byrd, *Alone*, p. 85.

36. "The greening of the astronauts", *Time*, 11 December 1972, p. 43.

37. 고립된 사람들 중에는 독서로 온전한 정신을 지켰다고 주장하는 사람들이 있다. 여행 작가 실뱅 테송 Sylvain Tesson은 책 8권을 가지고 시베리아 바이칼호의 오두막에 들어가서 6개월 동안 은둔생활을 했다. 그는 "책은 동반자를 얻는 길"이라고 적었다("Russia: solitude in Siberia", *Guardian*, 31 May 2013, http://www.theguardian.com/travel/2013/may/31/siberiacabin-lake-baikal-russia). 다만 그는 개 두 마리도 데리고 들어가서 비슷한 혜택을 보았다. Sylvain Tesson, *Consolations of the Forest: Alone in a Cabin in the Middle Taiga*(Alan Lane, 2013)를 참조하라.

38. Stuart Grassian, "Psychiatric effects of solitary confinement", *Journal of Law and Policy* 22 (2006), p. 357. 연인이나 부부가 이런 문제에서 자유로운지에 관해서는 연구가 거의 이루어지지 않았다. 다만 북극에서 9개월 동안 얼음에 갇힌 부부 세 쌍에 관한 연구에 따르면 정서적 지지가 더해지면 소집단에 도움이 되는 것으로 나타났다. Gloria R. Leon and Gro M. Sandal, "Women and couples in isolated extreme environments: applications for long-duration missions", *Acta Astronautica* 53 (2004), pp. 259~67.

39. Byrd, *Alone*, p. 16.

40. 케이프타운 근처에서 새총으로 쏘아 지나가는 배의 갑판으로 날아든 그의 메시지는 1969년 3월 23일 자 《선데이 타임스》 3쪽, 데니스 헵스타인 Denis Herbstein이 쓴 "날아온 프랑스 남자가 '내 영혼을 구제'하기 위해 태평양으로 떠나다"라는 제목의 글에 실렸다.

41. 1998년에 개봉한 영화로, 짐 캐리가 리얼리티 텔레비전 프로그램 안에서 지속적으로 관찰당하면서 살아가는 남자를 연기한다.

42. 바누누와 하우넘이 주고받은 개인 서신, 1997년 4월 17일.

43. 병리에 관한 좀 더 자세한 내용은 Craig Haney, "Mental health issues in long-term solitary and 'supermax' confinement", *Crime and Delinquency* 49, 1 (2003), pp. 124~56; *Reforming Punishment: Psychological Limits to the Pains of Imprisonment*(American Psychological Association Books, 2006); Peter Scharff Smith, "The effects of solitary confinement on prison inmates: a brief history and

review of the literature", *Crime and Justice* 34, 1 (2006), pp. 441~528; Stuart Grassian, "Psychiatric effects of solitary confinement", *Journal of Law and Policy* 22 (2006), pp. 325~83을 참조하라.

44. David Lovell, "Patterns of disturbed behavior in a supermax population", *Criminal Justice and Behavior* 35, 8 (2013), pp. 985~1004를 비롯한 많은 연구에서 추정한 범위다. 재소자 중 감금되기 전에 정신장애나 뇌손상이 있던 사람의 비율이 항상 명확한 것이 아니라는 점을 알아야 한다.

45. 캘리포니아 교도소의 수치.

46. Grassian, "Psychiatric effects of solitary confinement", pp. 331~2.

47. 이 인용문의 일부는 "Does solitary confinement breach the Eighth Amendment?", *New Scientist* 2012년 6월 29일 온라인판에 실려 있다. www.newscientist.com/article/dn21992-does-solitary-confinement-breach-the-eighth-amendment.html.

48. Craig Haney, "Taming the dynamics of cruelty in supermax prisons", *Criminal Justice and Behavior* 35 (2008), pp. 956~84.

49. 아프가니스탄과 관타나모 수용소: 샤피크 라술, 아시프 이크발, 루헬 아흐메드의 진술, 2004년 7월 26일 발행, 199 단락.

50. "심각한 정신적 고통이나 괴로움"을 수반할 경우 독방에 감금하는 방법은 제네바협정과 국제인도법에 위반된다. 2011년 10월, 유엔 고문특별조사위원은 민간 교도소에서 독방 감금을 규제하는 세계적 금지령을 요청하면서 독방 감금이 "교도소 제도의 목표인 사회 복귀와 배치되는 가혹한 조치"라고 기술한다("독방 감금은 대개의 경우 금지해야 한다고 유엔 전문가가 말한다." UN 뉴스센터, https://www.un.org/apps/news/story.asp?NewsID=40097). 국제적십자위원회The International Committee of the Red Cross에서는 독방 감금이 학대인지 여부를 사례별로 판단하는 편인데도 "원칙적으로 바람직하지 않고 피해야 한다"는 견해를 밝혀왔다(ICRC Israel/Occupied Territories E-Newsletter, August 2012).

51. Sarah Shourd, "Tortured by solitude", *New York Times*, 5 November 2011.

52. "Saying no to Saddam", *New Scientist*, 26 June 2004, p. 44.

53. 이디스 본은 *Seven Years Solitary*(Hamish Hamilton, 1957)에서 자신의 경험과 살아남기 위해 활용한 정신 연습을 기술한다.

54. Ahmed Errachidi, *The General: The Ordinary Man who Challenged Guantanamo*(Chatto & Windus, 2013), p. 132.

55. Terry Waite, *Taken on Trust* (Hodder & Stoughton, 1993), p. 241.

56. Brian Keenan, *An Evil Cradling* (Hutchinson, 1992); Terry Anderson, *Den of Lions: Memoirs of Seven Years in Captivity* (Hodder & Stoughton, 1993).

57. John McCain, *Faith of My Fathers: A Family Memoir* (Random House, 2008), p. 201.

58. 야전교범 2-22.3: 인간 정보 수집가 작전. 2006년 9월, 워싱턴 DC, 육군성 본부.

59. 심문관들이 사용하고 훈련에서 가르치는 방법은 2차 세계대전 이후로 거의 바뀌지 않았다. 2006년에 심문 방법을 검토한 미국 정부 쪽 대표 로버트 페인Robert Fein은 이런 방법의 효과에 관한 과학 연구가 거의 존재하지 않아서 심문관이 "그때그때 봐가면서 만들어야" 한다고 보고했다(www.fas.org/irp/dni/educing.pdf를 참조하라). 2009년에 오바마 행정부는 행동 과학을 활용해 인터뷰 기법을 개선하고 효과가 없는 방법(대부분 폭력적인 방법)을 걸러내는 고급구금자심문집단High Value Detainee Interrogation Group이라는 정보수집부를 만들어 변화의 조짐을 보였다.

60. "Saying no to Saddam", *New Scientist*, 26 June 2004, p. 44.

61. 이 단락의 일부가 "The enforcer", *New Scientist*, 20 November 2004에 실려 있다.

62. Tillich, *Eternal Now*, p. 12.

63. 사회적 거부는 사실상 '상처'를 주는 일이다. 다른 감정 반응과 달리 거부는 신체적 고통을 감지하는 뇌 영역인 배측전대상피질과 전전두엽피질 같은 영역을 활성화한다. Ethan Kross, Marc G. Bermana, Walter Mischel, Edward E. Smith and Tor D. Wager, "Social rejection shares somatosensory representations with physical pain", *PNAS* 108, 15 (2011), pp. 6270~5. 이 결과와 관련한 한 가지 해석으로, 우리의 원시 조상들에게 한 집단이나 부족에서 제외되는 것은 신체적으로 부상을 입는 것만큼 생존에 위협이 되었다는 설명이 있다.

64. 추가 자료: S.W. Cole, "Social regulation of human gene expression", *Current Directions in Psychological Science* 18, 3 (2009), pp. 132~7; John T. Cacioppo and Louise C. Hawkley, "Perceived social isolation and cognition", *Trends in Cognitive Sciences* 13, 10 (2009), pp. 447~54; John T. Cacioppo, Louise C. Hawkley, Greg J. Norman and Gary G. Berntson, "Social isolation", *Annals of the New York Academy of Sciences* 1231(Social Neuroscience: Gene, Environment, Brain, Body) (2011), pp. 17~22; Lisa M. Jaremka, "Loneliness promotes inflammation during acute stress", *Psychological Science* 24, 7 (2013), pp. 1089~97.

65. John T. Cacioppo and William Patrick, *Loneliness: Human Nature and the Need*

for Social Connection(W.W. Norton, 2008), p. 5.

66. 수용시설 환경이 뇌와 행동 발달에 끼치는 영향에 관한 연구는 툴레인 대학교와 메릴랜드 대학교와 보스턴 어린이병원의 공동 프로젝트인 '부쿠레슈티 초기개입 프로젝트Bucharest Early Intervention Project'를 참조하라. www.bucharestearlyinterventionproject.org.

67. 사회적 박탈은 인간만의 고통은 아니다. 사회적 박탈의 심각한 효과를 가장 생생하게 보여주는 예로, 1960년대에 심리학자 해리 할로Harry Harlow가 위스콘신-매디슨 대학교에서 레서스원숭이에게 실시한 실험이 있다. 할로는 이 실험에서 원숭이에게 생후 몇 달이나 몇 년 동안 사회적 접촉을 박탈했다. 원숭이들은 30일이 지나서도 "몹시 불안정"했으며 1년 뒤에는 사회적으로 "제거"되어 어떤 종류의 소통도 불가능했다. 마침내 원숭이들을 풀어주었을 때 일부는 먹기를 거부했는데, 연구자들은 이 상태를 "정서적 거식증"으로 판단했다. 다른 원숭이들은 충격 상태에 빠져서 우리 한구석에서 제 몸을 움켜잡고 흔들었다. 생애 후기에 고립된 동물들은 풀려난 후 사회성을 회복하는 듯 보이긴 하지만 더 공격적으로 변했다. H.F. Harlow, R.O. Dodsworth and M.K. Harlow, "Total social isolation in monkeys", *PNAS* 54, 1 (1965), pp. 90~7.

68. 카초포의 연구를 바탕으로 외로움과 싸우기 행동 계획을 자세한 알아보려면 Cacioppo and Patrick, *Loneliness*, ch. 13을 참조하라.

69. Dave Grossman, *On Killing: The Psychological Cost of Learning to Kill in War and Society*(Little, Brown, 1995), p. 290.

70. 이런 관점은 캐나다 왕립사관학교의 저명한 교수이자 군정신의학사 연구자인 리처드 게이브리얼Richard Gabriel을 비롯한 여러 분석가들이 피력해왔다. PTSD가 있는 베트남 참전용사의 수는 논란의 여지가 많다. 미국 정부에서 연구비를 지원받은 '국립 베트남 참전군인 재적응 연구'에서는 전쟁에서 돌아온 뒤 20~25년 후까지 참전용사의 15.2퍼센트(40만 명 이상)가 계속 완전히 발달한 PTSD 증상을 보였으며, "교전지역 노출 수준이 높은" 참전용사의 35.8퍼센트가 PTSD 증상을 보였다. 정신과 의사들은 이 결과도 대체로 보수적인 수치라고 본다.

71. Stephani L. Hatch, Samuel B. Harvey, Christopher Dandeker, Howard Burdett, Neil Greenberg, Nicola T. Fear and Simon Wessely, "Life in and after the Armed Forces: social networks and mental health in the UK military", *Sociology of Health & Illness* 35, 7 (2013), pp. 1045~64, p. 1048.

72. Deirdre MacManus, Kimberlie Dean, Margaret Jones, Roberto J. Rona, Neil Greenberg, Lisa Hull, Tom Fahy, Simon Wessely and Nicola T. Fear, "Violent

offending by UK military personnel deployed to Iraq and Afghanistan: a data linkage cohort study", *The Lancet* 381, 9870 (2013), pp. 907~17.

73. Roy R. Grinker and John P. Spiegel, *Men Under Stress* (Blackiston, 1945), p. 454.

74. Angus Macqueen, "Los 33: Chilean miners face up to a strange new world", *Observer*, 17 July 2011. 매퀸의 다큐멘터리 〈칠레의 광부들: 산 채로 매장된 17일 Chilean Miners: 17 Days Buried Alive〉은 2011년 8월 BBC2에서 방송되었다.

75. Theodore Kaczynski, "The Unabomber manifesto: industrial society and its future", http://editions-hache.com/essais/pdf/kaczynski2.pdf.

76. 퍼킷은 현재 샌프란시스코 캘리포니아 대학교에서 정신의학과 법 프로그램의 법집행 자문위원이다. 외로운 테러범에 관한 퍼킷의 연구를 자세히 보려면 Terry Turchie and Kathleen Puckett, *Hunting the American Terrorist: The FBI's War on Homegrown Terror* (History Publishing Company, 2007)를 참조하라.

77. 일부 정신의학자는 해리스가 사이코패스였다고 주장했는데, 이것은 거의 전적으로 그의 일기를 토대로 유추한 판단이었다.

78. C. McCauley, S. Moskalenko and B. Van Son, "Characteristics of lone-wolf violent offenders: a comparison of assassins and school attackers", *Perspectives on Terrorism* 7, 1 (2013), pp. 4~24.

79. Mark R. Leary, Robin M. Kowalski, Laura Smith and Stephen Phillips, "Teasing, rejection, and violence: case studies of the school shootings", *Aggressive Behavior* 29 (2003), pp. 202~14.

80. 우리의 원시 조상들은 집단에서 거부당하면 오래 살아남지 못한다는 뜻이었을 것으로 진화적으로 설명할 수 있다.

81. William James, *The Principles of Psychology* (Henry Holt, 1890), vol. 1, ch. 10, p. 293.

나가며

1. Matthew D. Lieberman, *Social: Why Our Brains Are Wired to Connect* (Oxford University Press, 2013), p. 9.

2. World Health Organization, International Association for Suicide Prevention, *Preventing Suicide: A Resource for Media Professionals* (2008).

3. In Antonio Damasio, *Self Comes to Mind: Constructing the Conscious Brain* (Pantheon, 2010), p. 23.

참고문헌

Akerlof, George, and Shiller, Robert J., *Animal Spirits*(Princeton University Press, 2009).

Allen, Colonel Ethan, *A Narrative of Colonel Ethan Allen's Captivity Containing His Voyages and Travels Interspersed with Some Political Observations, Written by Himself* (Robert Bell, 1779; The Georgian Press, 1930).

Anderson, Terry, *Den of Lions: Memoirs of Seven Years in Captivity*(Hodder & Stoughton, 1993).

Arendt, Hannah, *The Human Condition*(University of Chicago Press, 1958).

＿＿＿＿, *Eichmann in Jerusalem: A Report on the Banality of Evil*(Faber and Faber, 1963).

Arthur, Max, *Forgotten Voices of the Great War*(Ebury Press, 2002).

Atran, Scott, *Talking to the Enemy: Faith, Brotherhood, and the (Un)making of Terrorists*(Ecco, 2010).

Barrie, J. M., *Courage*(Hodder and Stoughton, 1922).

Barrows, Susanna, *Distorting Mirrors: Visions of the Crowd in Late Nineteenth-Century France*(Yale University Press, 1981).

Bauman, Zygmunt, *Modernity and the Holocaust*(Polity Press, 1989).

Becker, Ernest, *The Denial of Death*(Simon & Schuster, 1973).

Beharry, Johnson, *Barefoot Soldier: A Story of Extreme Valour*(Sphere, 2006).

Berman, Eli, *Radical, Religious and Violent: The New Economics of Terrorism*(MIT, 2009).

Bishop, Bill, *The Big Sort: Why the Clustering of Like-Minded America Is Tearing Us Apart*(Marina Books, 2009).

Blass, Thomas, ed., *Obedience to Authority: Current Perspectives on the Milgram Paradigm*(Psychology Press, 1999).

Blass, Thomas, *The Man Who Shocked the World*(Basic Books, 2004).

Bone, Edith, *Seven Years Solitary*(Hamish Hamilton, 1957).

Borch, Christian, *The Politics of Crowds: An Alternative History of Sociology*(Cambridge University Press, 2012).

Bourke, Joanna, *An Intimate History of Killing: Face-to-Face Killing in Twentieth-Century Warfare*(Granta, 1999).

Brazier, Kevin, *The Complete Victoria Cross*(Pen & Sword, 2010).

Brownfield, Charles, A., *Isolation: Clinical and Experimental Approaches*(Random House, 1965).

Browning, Christopher R., *Ordinary Men*(Aaron Asher, 1992).

Burney, Christopher, *Solitary Confinement*(Clerke and Cockeran, 1952).

Byrd, Richard E., *Alone*(Putnam, 1938).

Cacioppo, John T., and Patrick, William, *Loneliness: Human Nature and the Need for Social Connection*(W. W. Norton, 2008).

Canetti, Elias, *Crowds and Power*(Claassen Verlag, 1960; in English, Victor Gollancz, 1962).

Cannadine, David, *The Undivided Past: History Beyond Our Differences*(Allen Lane, 2013).

Cesarani, David, *Eichmann: His Life and Crimes*(William Heinemann, 2004).

Cherry-Garrard, Apsley, *The Worst Journey in the World*(Constable, 1922).

Christakis, Nicholas, and Fowler, James, *Connected*(Little, Brown, 2009).

Courtauld, Augustine, *Man the Ropes*(Hodder and Stoughton, 1957).

Croucher, Matt, *Bulletproof*(Random House, 2010).

Damasio, Antonio, *The Feeling of What Happens: Body and Emotion in the Making of Consciousness*(Houghton Mifflin Harcourt, 1999).

Davis, Wade, *Into the Silence: The Great War, Mallory, and the Conquest of Everest* (The Bodley Head, 2011).

Decety, J., and Ickes, W., eds., *The Social Neuroscience of Empathy*(MIT Press, 2009).

DeSteno, David, and Valdesolo, Piercarlo, *Out of Character*(Crown, 2011).

Drury, John, and Stott, Clifford, eds., *Crowds in the 21st Century: Perspectives from Contemporary Social Science*(Routledge, 2013).

Enden, Richard van, *The Soldier's War: The Great War Through Veterans' Eyes* (Bloomsbury, 2008).

Ferguson, Niall, *The Ascent of Money*(Allen Lane, 2008).

Fogelman, Eva, *Conscience and Courage*(Anchor, 1994).

Friedman, Milton, and Jacobson Schwartz, Anna, *A Monetary History of the United States 1867~1960*(Princeton University Press, 1963).

Fromm, Erich, *Escape from Freedom*(Rinehart, 1941).

Fulbrook, Mary, *A Small Town Near Auschwitz: Ordinary Nazis and the Holocaust* (Oxford University Press, 2012).

Gambetta, Diego, ed., *Making Sense of Suicide Missions*(Oxford University Press, 2005).

Gardner, Dan, *Risk: The Science and Politics of Fear*(McClelland and Stewart, 2008).

Geiger, John, *The Third Man Factor: Surviving the Impossible*(Canongate, 2009).

Geras, Norman, *Solidarity in the Conversation of Humanity*(Verso, 1995).

Gerbaudo, Paolo, *Tweets and the Streets*(Pluto Press, 2012).

Ginneken, Jaap van, *Crowds, Psychology, and Politics, 1871~1899*(Cambridge University Press, 1992).

Glover, Jonathan, *Inhumanity: A Moral History of the Twentieth Century*(Jonathan Cape, 1999).

Golway, Terry, *So Others Might Live: A History of New York's Bravest—The FDNY from 1700 to the Present*(Basic Books, 2002).

Goodhart, David, *The British Dream: Successes and Failures of Post-War Immigration*(Atlantic, 2013).

Graffagnino, J. Kevin, Hand, Samuel B., and Sessions, Gene, eds., *Vermont Voices, 1609 through the 1990s: A Documentary History of the Green Mountain State*(Vermont Historical Society, 1999).

Grinker, Roy R., and Spiegel, John P., *Men Under Stress*(Blackiston, 1945).

Grossman, Dave, *On Killing: The Psychological Cost of Learning to Kill in War and Society*(Little, Brown, 1995).

Haidt, Jonathan, *The Righteous Mind: Why Good People Are Divided by Politics and Religion*(Allen Lane, 2012).

Haslam, Alex, *The New Psychology of Leadership*(Psychology Press, 2010).

Hatfield, Elaine, Cacioppo, John, and Rapson, Richard, *Emotional Contagion: Studies in Emotion and Social Interaction*(Cambridge University Press, 1993).

Heller, Robert, and Stephens, Rebecca, *The Seven Summits of Success*(Capstone, 2005).

Hood, Bruce, *The Self Illusion*(Constable, 2012).

Hounam, Peter, *The Woman from Mossad: The Story of Mordechai Vanunu and the Israeli Nuclear Program* (Vision Paperbacks, 1999).

Hull, William L., *The Struggle for a Soul* (Doubleday, 1963).

Jackson, Joe, *A World on Fire: A Heretic, an Aristocrat, and the Race to Discover Oxygen* (Viking, 2005).

Janis, Irving L., *Groupthink* (Houghton Mifflin, 1982).

Keenan, Brian, *An Evil Cradling* (Hutchinson, 1992).

Khalil, Ashraf, *Liberation Square: Inside the Egyptian Revolution and the Rebirth of a Nation* (St Martin's Press, 2011).

Khalil, Karim, *Messages from Tahir: Signs from Egypt's Revolution* (AUC Press, 2011).

Kolk, Bessel van der, *Psychological Trauma* (American Psychiatric Publishing, 1987).

Krakauer, Jon, *Into Thin Air* (Macmillan, 1997).

Lang, Jochen von, ed., in collaboration with Claus Sibyll, *Eichmann Interrogated: Transcripts from the Archives of the Israeli Police* (The Bodley Head, 1983).

Lankford, Adam, *The Myth of Martyrdom* (Palgrave Macmillan, 2013).

Le Bon, Gustave, *The Crowd: A Study of the Popular Mind* (Macmillan, 1896).

Lieberman, Matthew D., *Social: Why Our Brains Are Wired to Connect* (Oxford University Press, 2013).

Lipstadt, Deborah, *The Eichmann Trial* (Schocken Books, 2011).

Logan, Richard, *Alone: A Fascinating Study of Those who Have Survived Long, Solitary Ordeals* (Stackpole, 1993).

Macaulay, J., and Berkowitz, L., eds., *Altruism and Helping Behavior* (Academic Press, 1970).

Mackey, Chris, and Miller, Greg, *The Interrogator's War: Inside the Secret War against Al Qaeda* (John Murray, 2004).

Marshall, S. L. A., *Men Against Fire: The Problem of Battle Command* (William Morrow, 1947).

McCauley, Clark, and Moskalenko, Sophia, *Friction: How Radicalization Happens to Them and Us* (Oxford University Press, 2011).

McClelland, J. S., *The Crowd and the Mob: From Plato to Canetti* (Unwin Hyman, 1989).

McManus, John C., *The Deadly Brotherhood: The American Combat Soldier in World War*

II(Presidio Press, 1998).

McNeill, William H., *Keeping Together in Time: Dance and Drill in Human History*(Harvard University Press, 1995).

McPherson, James M., *For Cause and Comrades: Why Men Fought in the Civil War*(Oxford University Press, 1997).

Mear, Roger, and Swan, Robert, *In The Footsteps of Scott*(Jonathan Cape, 1987).

Merari Ariel, *Driven to Death: Psychological and Social Aspects of Suicide Terrorism* (Oxford University Press, 2010).

Michel, Lou, and Herbeck, Dan, *American Terrorist: Timothy McVeigh and the Oklahoma City Bombing*(Regan Books, 2001).

Milgram, Stanley, *Obedience to Authority*(Tavistock, 1974).

Nisbett, Richard, *The Geography of Thought*(Nicholas Brealey, 2003).

Noyce, Wilfrid, *They Survived: A Study of the Will to Live*(Heinemann, 1962).

Oliner, Samuel P., and Oliner, Pearl M., *The Altruistic Personality*(The Free Press, 1988).

Perry, Gina, *Behind the Shock Machine: The Untold Story of the Notorious Milgram Psychology Experiments*(Scribe, 2012).

Post, Jerrold M., *The Mind of the Terrorist: The Psychology of Terrorism from the IRA to Al-Qaeda*(Palgrave Macmillan, 2007).

Press, Eyal, *Beautiful Souls*(Farrar, Straus and Giroux, 2012).

Priestley, Joseph, *An Appeal to the Public on the Subject of the Riots in Birmingham* (J. Thomson, 1791).

_____, *An Appeal to the Public on the Subject of the Riots in Birmingham*(J. Johnson, 1792).

_____, *Memoirs of the Rev. Dr. Joseph Priestley, to the Year 1795*(James Belcher, 1810).

Pyszczynski, Tom, Solomon, Sheldon, and Greenberg, Jeff, *In the Wake of 9/11: The Psychology of Terror*(American Psychological Association, 2003).

Randall, Willard Sterne, *Ethan Allen: His Life and Times*(Norton, 2011).

Reading the Riots: Investigating England's Summer of Discontent(Guardian Shorts e-book, 2011).

The Register of the Victoria Cross(This England Books, 1981).

Reicher, Stephen, and Stott, Clifford, *Mad Mobs and Englishmen: Myths and Realities of the 2011 Riots*(Constable & Robinson e-book, 2011).

Renwick Monroe, Kristen, *The Heart of Altruism: Perceptions of a Common Humanity*(Princeton University Press, 1996).

Rorty, Richard, *Contingency, Irony and Solidarity*(Cambridge University Press, 1989).

Rude, George, *The Crowd in History: A Study of Popular Disturbances in France and England 1730~1848*(John Wiley, 1964).

Rusesabagina, Paul, *An Ordinary Man*(Bloomsbury, 2006).

Sageman, Mark, *Leaderless Jihad: Terror Networks in the Twenty-First Century* (University of Pennsylvania Press, 2008).

Schofield, Robert, *The Enlightenment of Joseph Priestley: A Study of His Life and Work from 1733 to 1773*(Pennsylvania State University Press, 1997).

_____, *The Enlightened Joseph Priestley: A Study of His Life and Work from 1773 to 1804*(Pennsylvania State University Press, 2004).

Scott, J. M., *Portrait of an Ice Cap*(Chatto & Windus, 1953).

Scott, Jeremy, *Dancing on Ice*(Old Street Publishing, 2008).

Sennett, Richard, *Together: The Rituals, Pleasures and Politics of Cooperation*(Yale University Press, 2012).

Shephard, Ben, *A War of Nerves: Soldiers and Psychiatrists 1914~1994*(Jonathan Cape, 2000).

Shiller, Robert J., *Irrational Exuberance*(Princeton University Press, 2000).

_____, *The Subprime Solution: How Today's Global Financial Crisis Happened, and What to Do About It*(Princeton University Press, 2008).

Sighele, Scipio, *La foule criminelle: essai de psychologie collective*(Felix Alcan, 1901).

Smith, Joanna, and Haslam, Alexander, eds., *Social Psychology: Revisiting the Classic Studies*(Sage, 2012).

Smith, Richard B., *Ethan Allen and the Capture of Fort Ticonderoga*(The History Press, 2010).

Spencer Chapman, F., *Northern Lights: The Official Account of the British Arctic Air-Route Expedition 1930~1931*(Chatto & Windus, 1932).

_____, *Watkins' Last Expedition*(Vanguard Library, 1953).

Staub, Ervin, *The Roots of Evil*(Cambridge University Press, 1989).

_____, *Overcoming Evil: Genocide, Violent Conflict, and Terrorism*(Oxford University Press,

2011).

Stott, Clifford, and Pearson, Geoff, *Football Hooliganism: Policing and the War on the English Disease*(Pennant Books, 2007).

Streatfeild, Dominic, *Brainwash: The Secret History of Mind Control*(Hodder & Stoughton, 2006).

Stroud, Mike, *Shadows on the Wasteland*(Jonathan Cape, 1993).

Sunstein, Cass R., *Why Societies Need Dissent*(Harvard University Press, 2003).

_____, *On Rumors*(Farrar, Straus and Giroux, 2009).

_____, *Going to Extremes*(Oxford University Press, 2009).

Thaler, Richard, and Sunstein, Cass, *Nudge: Improving Decisions about Health, Wealth, and Happiness*(Yale University Press, 2008).

Tillich, Paul, *The Eternal Now*(SCM Press, 1963).

Todorov, Tzvetan, *The Fragility of Goodness*(Weidenfeld and Nicolson, 2001).

Turchie, Terry, and Puckett, Kathleen, *Hunting the American Terrorist: The FBI's War on Homegrown Terror*(History Publishing Company, 2007).

Varshney, Ashutosh, *Ethnic Conflict and Civic Life: Hindus and Muslims in India*(Yale University Press, 2002).

Waite, Terry, *Taken on Trust*(Hodder & Stoughton, 1993).

Watts, Duncan, *Everything Is Obvious: How Common Sense Fails*(Atlantic Books, 2011).

Westen, Drew, *The Political Brain: The Role of Emotion in Deciding the Fate of the Nation*(Public Affairs, 2007).

Wollaston, Nicholas, *The Man on the Ice Cap: The Life of August Courtauld*(Constable, 1980).

Zillmer, Eric, Harrower, Molly, Ritzler, Barry and Archer, Robert, *The Quest for the Nazi Personality: A Psychological Investigation of Nazi War Criminals*(Lawrence Erlbaum, 1995).

Zimbardo, Philip, *The Lucifer Effect*(Random House, 2007).

감사의 말

이 책에 언급된, 제게 소중한 시간을 내주신 분들 외에도 도움을 주거나 격려해주신 여러 분들께 감사의 말씀을 전합니다. 클로이 코톨드, 바셈 파시, 나스라 하산, 루스 메이어, 토머스 피스츠진스키, 스티븐 레이처, 카림 리즈크, 셸던 솔로몬, 클리퍼드 스톳, 마이크 스트라우드, 지네트 탈레르, 《뉴사이언티스트》의 제러미 웹, 리처드 월먼, 원월드 출판사의 편집자 마이크 하플리, 캐슬린 매컬리, 로빈 데니스, 그리고 제 에이전트인 A. M. 헬스의 빌 해밀턴에게 각별히 감사의 뜻을 전합니다.

찾아보기

타인의 영향력

옮긴이 문희경

서강대학교 사학과를 졸업하고, 가톨릭대학교 대학원에서 심리학을 전공했다. 옮긴 책으로는
《플로팅 시티》《장사의 시대》《너브》《우리는 왜 빠져드는가》《유혹하는 심리학》《공감의 뿌리》
《빅 브레인》 등이 있다.

타인의 영향력
그들의 생각과 행동은 어떻게 나에게 스며드는가

초판 1쇄 발행 2015년 6월 22일
초판 8쇄 발행 2020년 12월 15일

지은이 | 마이클 본드
옮긴이 | 문희경
발행인 | 김형보
편집 | 최윤경, 박민지, 강태영, 최승리, 이경란
마케팅 | 이연실, 김사룡, 이하영
경영지원 | 최윤영

발행처 | 어크로스출판그룹(주)
출판신고 | 2018년 12월 20일 제 2018-000339호
주소 | 서울시 마포구 양화로10길 50 마이빌딩 3층
전화 | 070-5080-4037(편집) 070-8724-5877(영업) 팩스 | 02-6085-7676
e-mail | across@acrossbook.com

한국어판 출판권 ⓒ 어크로스출판그룹(주) 2015

ISBN 978-89-97379-66-8 03180

이 도서의 국립중앙도서관 출판시도서목록(CIP)은 e-CIP홈페이지(http://www.nl.go.kr/
ecip)에서 이용하실 수 있습니다. (CIP제어번호 : CIP2015016253)

만든 사람들
편집 | 서지우
교정교열 | 김미경
표지디자인 | 오필민
본문디자인 | 성인기획